航空港规划丛书

中国式机场集团融资模式与公司治理
（第二版）

刘武君 / 著

上海科学技术出版社

航 空 港 规 划 丛 书

图书在版编目（CIP）数据

中国式机场集团融资模式与公司治理 / 刘武君著
. -- 2版. -- 上海：上海科学技术出版社，2022.1
（航空港规划丛书）
ISBN 978-7-5478-5482-2

Ⅰ.①中… Ⅱ.①刘… Ⅲ.①机场—航空运输企业—融资模式—研究—中国②机场—航空运输企业—企业管理—研究—中国 Ⅳ.①F562.6

中国版本图书馆CIP数据核字(2021)第186676号

中国式机场集团融资模式与公司治理（第二版）

刘武君　著

上海世纪出版(集团)有限公司
上 海 科 学 技 术 出 版 社　出版、发行
(上海市闵行区号景路159弄A座9F-10F)
邮政编码 201101　　www.sstp.cn
上海中华商务联合印刷有限公司印刷
开本 787×1092　1/16　印张 14.75
字数 300千字
2018年2月第1版
2022年1月第2版　2022年1月第1次印刷
ISBN 978-7-5478-5482-2/V·31
定价：140.00元

本书如有缺页、错装或坏损等严重质量问题，请向印刷厂联系调换

内容提要

自从2002年国务院提出"机场下放、属地管理"以来，各省、自治区、直辖市基本上都成立了机场集团，并对中国式机场集团的融资模式和治理结构进行了大量卓有成效的探索。

本书在国内多家机场集团众多实践案例的基础上，开展了"中国式机场集团的融资模式与公司治理"的课题研究，提出了机场集团治理结构优化和现代企业制度建设的有关解决方案。

本书共分8章，包括：第1章，机场的经济属性和利益循环；第2章，机场集团的公益性和融资方案；第3章，股份公司融资平台的搭建；第4章，临空产业链的拓展；第5章，固定资产投资的管控；第6章，经营性效益的最大化；第7章，融资方案与公司治理的设计；第8章，结语。

本书对从事机场融资、机场建设、机场管理、基础设施融资等的专业人员，以及国资委管辖下的国有企业集团高管人员具有一定的参考价值。

第二版前言

《中国式机场集团融资模式与公司治理》第一版自2018年2月出版以来，承蒙广大读者的厚爱，现已售罄，但市场需求依然很大。应上海科学技术出版社的邀请，我决定再版本书，并着手对本书第一版的问题和不足进行搜集与补充。本书第一版出版以来，收到了许多读者、民航界领导、专家和朋友们的热情指教和点评，特别是对许多案例的研讨热情让我感动。大家普遍希望有更多更有广泛意义、更具代表性的案例。因此，在第二版中我着重新增了部分案例。这些案例还是依据之前的原则：尽量采用我亲身经历过的实例。希望这一版能够引发大家更多的讨论和交流。

"十四五"时期将是我国民航高速发展的5年时期，一个宏大的机场发展规划蓝图已经绘就。新的规划建设必将引发新一轮的投融资体制改革和机场治理结构新的发展，这其实也是"十四五"规划实施落地的前提和保障。甚至可以说"十四五"期间，机场投融资体制的改革创新是否成功，将决定中国机场"十四五"发展的成败。"如此巨大的发展资金从哪来，怎么用，如何还"及"新的投资会带来机场治理结构什么样的变化，如何实现可持续发展"是中国每一个机场必须回答的问题，谁都回避不了。因此，我们认为在接下来机场高速发展的"十四五"期间，"融资模式和公司治理"将是机场发展最主要的课题。

改革开放40多年来，我国的投融资工具已经非常丰富了，机场的融资渠道也越来越多。从银行贷款到上市交易，我们已经做出了丰富

多样的探索和实践，并取得了丰硕的成果。特别是去年中国证券监督管理委员会、国家发展和改革委员会联合发布了《关于推进基础设施领域不动产投资信托基金(REITs)试点相关工作的通知》，拉开了我国在基础设施建设领域公募REITs市场的大幕。在我国，REITs将被运用到基础设施领域，包括交通基础设施，成为盘活基础设施存量资产、促进投资良性循环的一项重要举措。特别是民用机场，其资产优质、现金流充足，特别适合REITs的实施。因此，我认为REITs为"十四五"中国机场的资产运营管理体制改革提供了一个新的平台。

希望《中国式机场集团融资模式与公司治理》(第二版)的出版能够为中国机场"十四五"规划发展添砖加瓦，能够成为机场融资和公司治理领域改革创新者们研讨的话题和引子，能够对大家研讨和实践起到抛砖引玉的作用。

最后，感谢航港(上海)机场运营发展有限公司的陈立、李起龙先生，以及美国SPS(上海)交通咨询有限公司[Strategic Planning Services (Shanghai) Co., Ltd.]、上海觐翔交通工程咨询有限公司、中国民航机场建设集团有限公司等单位的各位朋友为本书出版给予的帮助！

谢谢各位读者！

刘武君

2021年7月于北京

目录

第1章 机场的经济属性和利益循环 1
1.1 机场的基本经济属性 3
1.1.1 机场的准公共产品属性 3
1.1.2 机场的自然垄断属性 6
1.1.3 机场的基础设施属性 7
1.2 机场项目的融资与规划设计 8
1.2.1 机场集团的发展战略规划 8
1.2.2 机场的总体规划与控制性详细规划 11
1.2.3 机场周边的产业发展规划 25
1.3 交通基础设施的利益循环与机场集团的融资平台 32
1.4 小结 34

第2章 机场集团的公益性和融资方案 37
2.1 集团公司的定位 39
2.2 机场规划用地的划拨 47
2.3 机场地区管理条例 50
2.4 项目资金和政策支持 51
2.5 国有资产的杠杆作用 52

2.6 小结　57

第3章　股份公司融资平台的搭建　59
3.1　我国机场公司的资产管理现状　60
3.2　机场设施的区分　62
3.3　机场集团的资本运作平台　68
3.4　公司治理结构的变革　70
3.5　关于REITs　73
3.6　小结　75

第4章　临空产业链的拓展　77
4.1　临空产业的开发主体　79
　4.1.1　建立临空产业的平台型开发公司　79
　4.1.2　公私合资合作型项目公司　81
　4.1.3　项目公司资本结构的策划　84
4.2　综合交通枢纽与商务园区的开发　84
4.3　货运物流园区的开发　93
4.4　航空产业园区的开发　102
4.5　生产生活服务设施的开发　105
4.6　四大产业链的交叉点——会展设施　111
4.7　市政基础设施的融资　115
4.8　从"买进卖出"走向"资本运作"　116
4.9　走"港产城一体化"的可持续发展之路　118
4.10　小结　130

第5章　固定资产投资的管控　133
5.1　机场运营成本与固定资产规模　135

5.2 管控固定资产的投资　137
5.2.1 "无效资产"的最小化　138
5.2.2 功能性设施的投资管控　141
5.2.3 经营性设施的投资管控　145
5.2.4 严格控制"负资产"　147
5.3 设计管理与投资管控　148
5.4 小结　152

第6章 经营性效益的最大化　153
6.1 建设充足的经营性资产　154
6.2 追求最大经营收益　160
6.3 预留充足的发展空间　163
6.4 小结　172

第7章 融资方案与公司治理的设计　173
7.1 投资多元化　174
7.2 融资与企业改革　177
7.3 机场工程的融资方案与治理结构　182
7.4 机场集团的治理结构　189
7.5 小结　191

第8章 结语　193
8.1 造一艘航母,还是建一支舰队　194
8.2 投资管控永远都是成败的关键　198
8.3 做大做强经营性资产才是成功之道　200
8.4 多元融资是公司健康发展的起点　201

8.5 融资方案决定公司治理模式　201

附录　上海市民用机场地区管理条例　205

图表索引　216

案例索引　220

参考文献　222

后记　225

第 1 章

机场的经济属性和利益循环

机场是什么？2009年7月1日起施行的《民用机场管理条例》的第三条明确指出："民用机场是公共基础设施。各级人民政府应当采取必要的措施，鼓励、支持民用机场发展，提高民用机场的管理水平。"自中国民用航空局（简称"中国民航局"）成立以来，业内外对民航运输机场的定位就一直存在着不同的认识，机场到底是"公益性设施"还是"经营性设施"的争论也从来没有结论。但是有关这些基本理念的讨论，对我们研究机场集团的融资模式和公司治理还是很有必要的。最起码，"民用机场"与"机场管理公司"是两个不同的概念，大部分人在这一点上还是达成共识的。

早期关于公共产品的思想，都是包含在关于政府和国家职能的论述中，政府在解决这些公共事务时，参与了社会资源的配置过程，与市场机制同时成为配置社会资源的方式。所谓公共产品是指"每个人对这种产品的消费都不会导致其他人对该产品消费的减少"的产品。相对而言，私人产品是指："如果一种产品能够加以分割，因而每一部分能够分别按竞争价格卖给不同的个人，而且对其他人没有产生外部效果"。

公共产品相对于私人产品具有以下特点：第一，效用的不可分割性，即公共产品是向整个社会提供的，具有共同受益或联合消费的特点，其效用为整个社会成员所共享，而不能将其分割成若干部分，分别属于某些个体；第二，消费的非竞争性，即个体对公共产品的享用不排除、也不妨碍其他个体同时享用；第三，受益的非排他性，即在技术上没有办法将拒绝为之付款的个体排除在公共产品的受益者范围之外。只有同时满足上述三个特征的公共产品才是"纯粹的公共产品"。与之相对应，"纯粹的私人产品"是指那些只向为其付款的个体提供的、消费上具有竞争性、且很容易将未为其付款的个体排除在受益者范围之外的产品。纯粹的公共产品即使初衷只提供给某一特定的个体，其结果也会使社会的所有个体享受到广泛的外部效益。因此，我们可以将纯粹的公共产品与纯粹的私人产品视作一个区间的两个极点，居于他俩之间的就是既具有公共产品特征、又具有私人产品特征的"准公共产品"。准公共产品又

可以分为两种,即拥挤性准公共产品和价格排他性准公共产品。拥挤性准公共产品是指消费人数达到一定规模后,消费者在消费时发生拥挤,从而具有竞争性的产品,显然民用机场是拥挤性准公共产品。价格排他性准公共产品是指消费上非竞争、效益上可定价、技术上可排他的产品,比如收门票的公园。

即使是公共产品,其公共性也不是一成不变的。有许多相关条件的变化可以导致产品的竞争性和排他性发生变化,从而使产品的公共性发生变化。所以,下述情况会导致产品公共性的变化:一是技术水平的提高会改变产品的性质,通常情况下,技术进步会使产品的排他性增加而竞争性减弱;二是制度设计水平的提高可以改变产品的性质,例如特许经营权的出现,使公共产品可以合法地对使用者收费,这使纯粹的公共产品变成了价格排他的公共产品;三是随着消费者收入和购买力的提高,公共产品有变为私人产品的趋向。比如30年前人们出门用出租车,现在许多家庭都有了自己的车,哪怕经常让它闲着。就像一张纸条是有正反两个面的,当你把它首尾相连成一个莫比乌斯带时,你就可以在不换面的情况下从正面走到其反面了。

本章从基础理念开始,着重探讨机场的基本经济属性、规划设计特点和利益循环模式,这是本书对中国式机场集团的融资模式与公司治理研究的逻辑起点。我们会从机场的基本功能、设施构成、运行规律和投资特点等方面逐步展开,对宏观经济、公共行政、社区服务、临空产业、市场竞争、企业管理等方面进行比较深入细致的研究与讨论。

1.1 机场的基本经济属性

机场属于市政基础设施,从总体上说具有准公共产品的特征,既要提供公共服务,满足公共利益需求,又要取得一定的经济效益。由于每个机场具体项目的公益性和经营性设施的组合方式不同,相应的经济特征也不同,其融资模式选择和公司治理的设计也会不同。接下来先对机场的准公共产品属性、自然垄断属性和基础设施属性进行讨论,并在此基础上对机场集团的基础设施及其运营公司进行分类,最后提出机场融资模式和公司治理模式的总体思路。

1.1.1 机场的准公共产品属性

绝大多数交通基础设施都是准公共产品,它们具备以下特征:第一,从社会生产流程看,交通基础设施处于社会生产链的上游,它所提供的产品和服务,是其他生产部门赖以生产的条件,也是其他生产部门产品的成本。交通基础设施的规模和质量直接影响社会生产的水

平;第二,就其资本规模和工程技术而言,交通基础设施需要巨额的投资,而且投资及其所形成的资产具有"不可拆分性";第三,生命周期长,交通基础设施投资、建设、运营中资金回收周期长,对于私人资本来说门槛高,需要得到政府的支撑;第四,交通基础设施资本流动性差,很难实现产品结构和行业结构的转变,很难实现物资资本的转产和流动;第五,从投入产出效益看,交通基础设施虽然社会效益好,但对直接投资者的回报率低、投资风险较大;第六,交通基础设施应先于经济发展而投入,还需要不断地按经济社会发展的需要进行改扩建;第七,交通基础设施的建设涉及各地区、各部门、各企业及各团体和个人之间的关系,交通基础设施多属于社会公共部门,其建设项目需要全社会统筹安排、协调行动,需要政府出面动员投资、组织建设、协调管理、集中领导,因此其投资、建设、运营一般由政府直接管理和经营,或在政府监督和扶持下,由私人企业垄断经营,故其竞争性有限。

机场是典型的准公共产品。一方面,机场是民航运输不可缺少的组成部分,机场为飞机的起降提供场所和相应的设施、设备、服务。机场是一个地区或区域对外空中交通运输的桥梁,特别是在枢纽机场发展的过程中,机场对区域经济的发展发挥着重要作用。因此,机场具有明显的公益性,机场的投资和建设往往表现为政府的行为。另一方面,机场处于航空运输中的特殊位置,汇集了大量的人流、物流、信息流和资金流,潜藏着巨大的商业价值,在机场企业化运作时,应该追求经济效益最大化。因此,机场又具有一定的收益性。

机场在运行过程中,如果要充分发挥机场公益性功能,体现交通基础设施的作用,则要求机场对航空公司的收费尽可能低,以减少航空公司运营的成本,间接促使票价降低,从而吸引航空公司增加航班架次,增加旅客和货物的运输量,促进经济发展。但机场作为一个企业,从"经济人"的特性出发,机场还需要追求自身经济效益的最大化。这就决定了民用机场同时具有公益性和收益性的特点,亦即机场的公共产品特性和正外部性,并扮演产业链条中的纽带角色,加上其具有对使用者收费的特点、市场竞争的存在等特点,这些构成了机场特有的准公共产品特色。

1) 机场的公益性定位

具有公益性是因为机场的建设最初大多都是以地区经济社会发展、改革开放、适应国际需求、实现国家或行业整体发展为目标,以服务公众为出发点的。

从横向上看,机场是地区经济的发动机。在一些经济发达的区域,传统意义上机场作为航空运输的节点,主要起到了运送旅客的作用,但随着机场规模的扩大,客货运量的大幅增长,航线网络在全球的扩展,机场开始逐渐对其周边地区的土地利用模式产生影响。这种土地利用模式随着机场的集聚效应、扩散效应的加强开始发生变化,促使机场周边地区的经济结构、产业结构随之改变,机场逐渐同周边的区域进行融合,从而逐渐演化组合成一个航空经

济高度集中的区域,最终演化成具有自我组织能力的经济区域——航空城。机场的这种地区辐射效应支撑了机场本身和附近地区的就业,而且间接支撑了提供产品和服务供应链中的就业。这些间接和直接雇员的收入又创造了对产品和服务的需求,从而又进一步支撑社会就业。

从纵向上看,机场是许多行业赖以生存的重要环节。如旅游业、保险业、银行金融业、印刷业、饮料业、石油业、通信业、精密仪器和光学仪器业等行业对航空服务的依赖都很大,因此又被称为"航空密集型"行业。机场的运输服务对这些行业的竞争能力和景气状况影响巨大;反过来,方便而快捷的航空运输服务也将吸引这些航空密集型行业在机场附近落户,在形成完整的产业供应链的同时,繁荣机场经济圈。

从整个社会经济来看,机场作为经济活动的基础设施,通过发挥对地区经济带动力、上下游产业的联结作用,推动着整个社会经济的发展。机场快捷便利的运输服务和四通八达的运输网络,降低了商业活动的交易成本,提高了经济效益。

2) 机场的收益性定位

机场的收益性是指机场所提供的飞机起降服务、客货过港服务,以及巨大的客流、物流所带来的潜在资源,将为机场提供一定程度的补偿和报酬。从机场功能角度看,机场由飞行区、航站区和其他功能延伸区构成,各功能区域的性质不尽相同。除了机场飞行区具有明显的公益性特点,起降服务收入往往不能弥补初始投资的折旧、运行维护费用等成本外,航站区和其他功能延伸区都是经营性很强的优质资产。同时,机场具有消费的非竞争性与受益的非排他性,可以通过对特定消费者的收费来弥补投资,获得一定的经济补偿,即兼有公共消费与私人消费的特点。机场收入主要包括航空业务收入和非航空业务收入。随着航空运输业的快速发展,机场的运营规模不断扩大,当机场的航班量、吞吐量达到一定水平时,就可以实现正收益。因此,机场企业化经营比企业性管理更有效率,政府可以转移社会成本,让企业承担机场的经营管理。由于其特殊的交通节点位置和稳定的客货流,只要控制好投资规模和节奏就可以获得良好的投资收益。

可见,机场同时具备了多种经济属性。当然新制度经济学认为,任何一种产品都有许多属性,要将所有的属性都界定清楚需要充分的信息,从而要花费极高的费用。因此,属性完全界定的情况往往是无效率的,任何产品都可能会有部分属性没有被完全界定。产权界定总是不完全的,虽然从个人利益出发,不对产权作完全的界定是合理的,但这并不意味着对那些没有被清楚界定的属性的利用是有效率的。相反,那些落入公共领域的产品或那部分产品的属性往往会产生一些问题。问题的根源就在于产品的所有权在不同个人之间的分割,表现为使用一方的过度利用或滥用,以及供应一方的供给不足。

3) 机场作为准公共产品的供给方式

公共产品资源配置的理论主要有三种,即政府配置论、市场配置论及多中心公共经济论。这三种不同理论,是设计公共产品资源配置制度、履行公共产品供给职能的主要理论依据。

政府配置论认为:当物品是公共物品,不可排他和不可分时,其生产和需求就难以通过市场机制来反映。而且公共产品始终存在着规模报酬递增的性质,具有递减的边际成本,如果按边际成本等于边际收益的原则确定其价格和产量,将不能弥补产品生产的全部成本,使得由市场机制决定的公共产品供给量往往低于有效率的水平。为了实现公平与效率,只有政府才能弥补市场机制的这一缺陷。

市场配置论理论则认为:资源的有效配置只能由市场来执行,任何市场以外的力量都不能代替市场的作用,反而只会起破坏作用;即使市场本身具有难以克服的缺点,但克服市场缺点的唯一办法仍然在于通过产权明晰等措施来加以完善,而决不能依赖市场以外的力量,即政府干预来解决;以往之所以出现市场失灵,正是由于政府干预,而不是市场自身的原因;政府本身也有不可克服的缺陷,即"政府失灵"(或"公共失灵")也是一种客观存在。

多中心公共经济理论认为:既然公共经济及其每一个公共产业部门内部是有层次、多属性的,那么以生产和提供公共产品为基本职责的公共经济的制度安排,也就存在多种可能的选择与组合,而并非只是在政府与市场之间非此即彼地单一选择。如果再对这些制度安排视具体情况进行组合,公共产品供给制度的选择就更为丰富了。这一理论不只是解决公共产品生产环节的横向制度安排问题,更重要的是它冲破了政府与市场相互替代的思维定式,为公共产品理论研究和政策设计打开了新的想象空间。

1.1.2　机场的自然垄断属性

自然垄断有别于行政垄断,自然垄断来自产业自身的性质,"自然"决定。在自然垄断行业中,单一企业生产所有产品的成本小于多个企业分别生产这些产品的成本之和。所以,最有利的状态是某些企业垄断地提供产品和服务。这些行业往往投资量较大,投资回收周期长,在市场发展水平低、私营企业力量有限的情况下,大都由政府投资经营。机场关系到国家利益、社会安全的基础设施,往往被认为是政府保护的公共事业。在民航机场规模和布局上,政府要综合考虑宏观经济发展水平,以及各地区经济、文化、旅游等各种社会经济因素,因此机场的不可替代和不可增设性使其具有较明显的区域垄断特征。

由于存在一些技术经济方面的理由,即"进入壁垒"的存在,使得机场在许多领域无法引入竞争或不适宜竞争。这种壁垒也是机场产业重要的结构性特征,在决定企业数量和企业规

模中起着重要作用,并进而影响到机场产业的竞争程度和绩效。任何可以降低企业进入的可能性、进入的范围和进入的速度的因素或原因都属于进入壁垒范畴,进入壁垒是不完全竞争市场结构存在的根本原因。进入壁垒就是无法引入竞争或不适宜竞争进而形成自然垄断型市场结构的技术经济理由。机场的进入壁垒和自然垄断特性产生于规模经济性、资本沉淀大和生命周期长,还由于机场设施存在范围经济效应等原因。具体来说,一方面是机场准入"门槛"高。机场占用大量土地资源,投资巨大,在保证安全等方面的设施设备投入要求很高,准入条件严格;同时为了避免噪声污染,保持净空环境,机场大多远离市区,所有市政交通设施都要自行配套,并且设施设备的配备还因"机场建设适度超前"的要求而提高。另一方面,由于与公众利益和国家利益密切相关,要求所提供的基本服务必须具有稳定性、可靠性和高标准。于是,为了保障资源的有效配置,在一定区域内是不允许存在重复建设的,这就使得自然垄断成为机场的一种必然的生产模式。

正是由于这些技术经济方面的进入壁垒,才限制了潜在竞争者的进入,从而减少产业中企业的数目,提高产业集中度,形成该市场的自然垄断结构。当然,由于机场涉及国家和地区安全,以及其他因素,也使得机场必须存在垄断。

1.1.3 机场的基础设施属性

机场是航空运输的基础设施,航空运输又是运输业的重要组成部分,运输业则是整个国民经济的基础。因此,机场在整个社会经济中发挥着基础设施的作用,具有明显的基础产业特征。从社会生产的"流程"来看,基础产业是处在"上游"的生产部门。所谓"上游"是指基础产业所提供的产品和服务,是其他生产部门赖以进行生产的基础性条件;基础产业所提供的产品或服务,是其他生产部门生产和再生产时所必需的投入品;就价格构成来说,基础产业所提供的产品或服务的价格,构成了其他部门产品或服务的成本。

从机场在航空运输业中的地位和作用来看,机场作为民航运输市场体系中的一个重要组成部分,是衔接民航运输市场供给和需求间的纽带。机场的社会价值体现在以优质的服务为民航运输市场的供求双方提供更多的汇合点。从产业环节上看,机场处于航空公司的上游,而航空公司的收入则是整个民航运输业生存发展的血脉。机场服务的好坏和收费标准的高低直接关系到下游航空公司的业绩,进而关系到整个民航运输业的兴衰。

机场与其他基础设施一样,具有超前投资、生命周期长、规模经济性、边际成本低、资本沉淀大的特点。

第一,机场要好用,要获得民航局的运营许可,就必须事先有巨大的、超前的投入。作为

基础设施,它不可能刚刚建成就很快满负荷运营,必须要有一定的超前性。总之是要有巨大的、超前的投入,但这不是谁都能做和愿意做的。

第二,机场一旦建成,其生命周期超长,是典型的百年大计,从而它的可持续性就显得非常重要,输赢都是一百年。因此,作为公司基因的融资模式和由此建立起来的公司治理结构,就必须认真研究、精心设计、准确建构。

第三,机场具有明显的规模经济特征,运营成本超稳定、边际成本几乎为零。即机场一旦建成,其运营成本就稳定在一个数值上下,与机场所承担的运输量关联性不大;其旅客量和货运量的增加几乎不增加运营成本,例如在航站楼的设计能力之内,一天进出旅客量的增加并不会带来运营成本多大变化。

总之,民航机场是国民经济的基础性行业,具有基础性和先导性特征,是其所在地区的交通基础设施,是提供准公共产品的基础性先导部门,特别是在如今这个时代,对其所在地区经济社会的发展具有巨大的牵引和推动作用。

1.2 机场项目的融资与规划设计

通常讲的"三大规划",即机场集团的发展战略规划、机场设施的总体规划和机场周边的产业发展规划,是机场融资的一个很重要的前提。规划建设一个什么样的机场及其临空产业群,就需要配备一套相应的投融资方式,而不同的投融资方式又需要不同的设施规划与之相配合。这就像一场规划与融资间的"双人舞",两人的步伐和舞姿必须高度协调一致才会精彩,才会给予观众美感和艺术享受。

实际上,规划和融资不是两个事情,它是一个事情的两个侧面。规划是对事物之物理形态的描述,是外在的东西;而融资方式和公司治理则是对这些物理形态的内部支撑,是设施规划的需求之源,是其内在的要素。

现在,我国的大型机场都会花大量的精力和财力做"三大规划"。北京、上海、广州、重庆、昆明、西安等,大型机场都有常设的规划管理部门,并一直在研究制定或修订自己的"三大规划"。

1.2.1 机场集团的发展战略规划

机场集团的发展战略是高层管理者为保证机场的生存和发展,通过对机场外部环境和内部条件的分析,特别是为了抓住战略机遇期,为机场集团设定的发展目标,以及为达到这些目标所制定的政策和行动计划。通过战略规划这样的方式,界定了未来的资源分配模式,界定

了机场集团从现在开始应该从事什么样的业务和将来必须开展哪些业务,界定了机场目前的类型和未来的类型。根据这个战略,机场集团各层次的管理者必须设计出一系列不同领域的目标和计划,并准备好必要的资源和实施方法。显然,这是指导机场集团工作的根本思想,是其他所有工作的大纲,每个机场集团都必须有这样的战略规划。

对于机场集团来说,战略规划通常包含两个方面的内容,即机场(枢纽)战略规划和企业战略规划。这机场战略与企业战略既可以是一本战略规划的两个方面,也可以是两个相对独立的发展战略。例如上海机场集团最早的"上海航空枢纽发展战略规划"和"上海机场集团企业发展战略规划"就是两个不同的文本,并且是两个不同的咨询公司提供的咨询服务。但是我们逐步将两者整合在了一起,变成了今天的"上海机场集团发展战略规划"。其实,这里面也反映了上海机场集团对自身公益性与经营性特征的认识过程,反映出上海机场集团走向准公共产品过程中的一个跌宕起伏的心理历程。

所谓发展战略,就一定是一个前瞻性的东西,起码要管10年,甚至要管20年、30年。机场集团的战略规划既要有权威性和稳定性,也需要不断优化调整。上海机场集团的发展战略规划是以15年为目标年的,每5年一个阶段,共分三个阶段。但该战略规划每十年是要修订一次的,即做的是十五年的战略规划,但是每十年修订一次,中间有一个五年时间是重叠的。战略规划的不断调整,一方面是为了修订发展战略的偏差,保证其科学性;另一方面也是为了保证战略规划的连续性。

战略规划是机场总体规划和临空产业规划的上位规划,对机场集团的融资策划、开发策划、项目规划、工程实施、运营管理、旅客服务等一切企业行动都具有指导意义。因此,机场集团一定要有很强大的、战略规划的运营维护部门。实际上,上海机场集团除了有专门的战略发展部做战略规划本身的维护之外,还有规划技术部、计划经营部、财务部门等多个部门,常年都在研究怎样把战略规划转换成考核指标并付诸实施。

其实,推进发展战略规划的落地就是整个机场集团的中心工作。

案例1-1 关于乌鲁木齐机场发展战略的研讨

2016年,在做乌鲁木齐机场扩建工程融资策划时,为了配合融资策划的推进,我们对乌鲁木齐机场发展战略做了一个初步研究。我们的结论是乌鲁木齐机场发展战略应该是以下六个方面,也是机场的六个发展目标和功能定位。

(1)新疆的航空中转枢纽。新疆的航空枢纽网络现在基本上已经形成了,10多个机场以

乌鲁木齐机场为枢纽，形成了一个很好的全向型(或曰轮辐式)航空枢纽。这个网络以乌鲁木齐机场为枢纽，该枢纽的建设和运营也有了比较成熟的经验。当然要运营好这个枢纽，在旅客中转的时间、便捷性等方面还有很大的优化空间。

(2) 疆内对疆外(含国内、国际)的空中客货运门户枢纽。就是疆内的旅客和货物运往疆外，无论是国内还是国外，乌鲁木齐机场都是一个很重要的客货运的门户，即将疆内支线的客货运到乌鲁木齐机场后，再转到连接疆外枢纽的干线上，现在已经在这样运营了。第一个战略明确它是疆内支线的运营枢纽，加上这样的对外联络的门户功能，因此它既是一个中转性的枢纽，又是一个门户性的枢纽。

(3) 乌鲁木齐机场与吐鲁番机场形成组合型枢纽。吐鲁番机场凭借其三疆枢纽的地理优势，重点发展航空货运，突出货运中转功能。很幸运，乌吐机场之间已经先有了一条高铁联络线，车站就在吐鲁番机场航站区的门口。该高铁已经开到了乌鲁木齐市中心，离乌鲁木齐机场也就差很短的距离，只要接上去就非常完美了。乌鲁木齐机场规划了三条跑道，一般的枢纽机场规划通常有两组两辅四条跑道。由于历史的原因，机场南面要再加一条跑道已无可能。但是实际上，乌鲁木齐机场的第四条跑道可以认为就是吐鲁番机场的这一条跑道。实际上，两场之间高铁 30 min 的距离连接上了以后，可以使这两场成为一个组合型的枢纽机场。从两场的运行来看，乌鲁木齐机场到冬天常受大雪、大雾的影响，吐鲁番机场的气候条件正好能够弥补这一缺憾。任何一个大型的枢纽，一定要有一个备降机场，这个备降的机场必须有一定的规模才能满足备降的需求，而这样一个规模的备降机场平时是不能是空着的。例如浦东机场的备降机场(虹桥机场和杭州机场、合肥机场、南京机场)都是有相当规模的。浦东机场的规模越大，备降的需求就越大。吐鲁番机场乘高铁到乌鲁木齐只要半个小时，如果换乘服务便捷了，这就如同在一个机场的不同航站楼之间换乘一样。有的机场从自己的从1号航站楼换乘到2号航站楼也要半个小时以上；一市两场的浦东机场和虹桥机场之间的换乘，半个小时是绝对到不了的。因此，我们认为乌鲁木齐机场与吐鲁番机场应该一体化运营，形成组合型枢纽。

(4) 乌鲁木齐市的综合交通枢纽。乌鲁木齐机场是"一带一路"的关键节点之一，仅仅考虑航空和航空旅客的疏散，肯定是不够的。这个地方必将是一个很重要的对外窗口，是一个很重要的"空路轨"综合交通枢纽。现在，陇新欧、渝新欧、蓉新欧、豫新欧、汉新欧、苏新欧等专列，其实都是从乌鲁木齐这个地方走的。在这个地区到底会带来多少产业的集聚、多少人口的集聚？在国家战略里到底是一个什么样的地位等，都需要进行很细致的研究。这是机场作为综合交通枢纽必须要考虑的。同时，由于机场离城市很近，这里还会成为城市的一个重大交通枢纽。因此，毫无疑问这里将形成一个强大的综合交通枢纽，它实际上也是国家综合交通网络中的一个重要节点。

(5) 中亚与东欧未来的航空枢纽。由于丝绸之路战略的推进,新疆及乌鲁木齐就变成了关键地区,而其他地区和城市还不能形成有效的竞争。但是,现在这还只能是一个潜在的功能。为什么说是潜在的功能定位呢?因为该功能还没有实现,并且有竞争对手。当然有竞争并不是坏事,能够促成我们更加努力。乌鲁木齐机场作为中亚与东欧未来的航空枢纽,其潜力是巨大的。

(6) 西亚、欧洲、北非对东亚、东南亚的客货运门户枢纽。在航空枢纽模型中,这种被称为定向型或曰沙漏型航空枢纽(图 1-1),就是从西亚、欧洲、北非飞到乌鲁木齐机场来,然后再转机去东亚、东南亚;或反过来从东亚、东南亚飞来乌鲁木齐机场,然后再转机去西亚、欧洲、北非。因为乌鲁木齐特殊的地理位置,使得客货在这里中转绕航率最低。利用好乌鲁木齐与我国东部地区约 4 h 的时差,打造乌鲁木齐特色的"时差航班波"。这种沙漏型的航空枢纽的典型就是阿联酋的迪拜机场。因为迪拜机场提供了非常方便中转服务,到 2016 年年旅客量已经增长到了 8 365 万人次,绝大多数是中转旅客。乌鲁木齐机场与迪拜机场有很多相同或相似之处,非常值得借鉴。

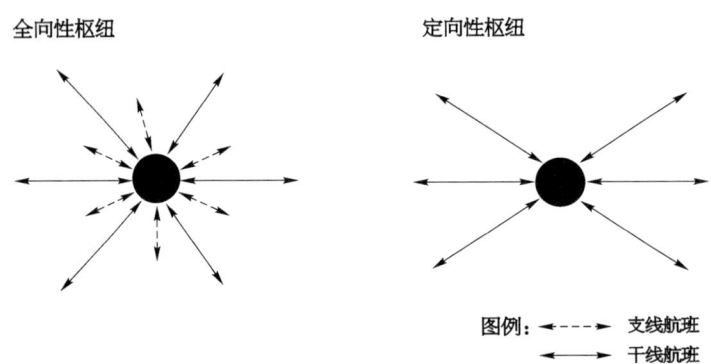

图 1-1 全向型枢纽和定向型枢纽示意图

确认这样的一些发展战略,对于接下来的机场设施规划和未来机场的运营管理都是非常重要的,它们都需要这些发展战略的指导。这个战略还是用来统一认识的,只有所有的机场人都统一了认识,大家才能把劲往一处使。如果我们能做到发展战略 30 年不变,能够坚持住,一直做下去,我们就一定能做成。

1.2.2 机场的总体规划与控制性详细规划

接下来,我们以虹桥国际机场(以下简称"虹桥机场")为例,来认识一下机场的功能分区

和总体规划。

虹桥机场的所有设施加起来占地约 9 km²，生产性设施也就 6 km² 左右，其他还有华东管理局、华东空管局、东航集团公司、华东航空油料公司、机场集团等管理机构用地约 3 km²。也就是说，可以认为虹桥机场 6 km² 的土地能够承担每年 4 000 万人次的旅客量的生产任务。我们从浦东国际机场一期、二期工程到虹桥机场扩建工程得到的一个很重要的经验教训，就是机场的功能分区应该尽量清楚、紧凑。从图 1-2 可以清楚地看到虹桥机场有两条近距离跑道，两座航站楼及两个综合交通枢纽，相关管理机构集中在东区。虹桥机场是虹桥综合交通枢纽的一部分。虹桥综合交通枢纽设计的日处理能力是 110 万人次的旅客量（2017 年春运已经达到），虹桥机场、虹桥综合交通枢纽和虹桥商务区的面积共计 26.26 km²。

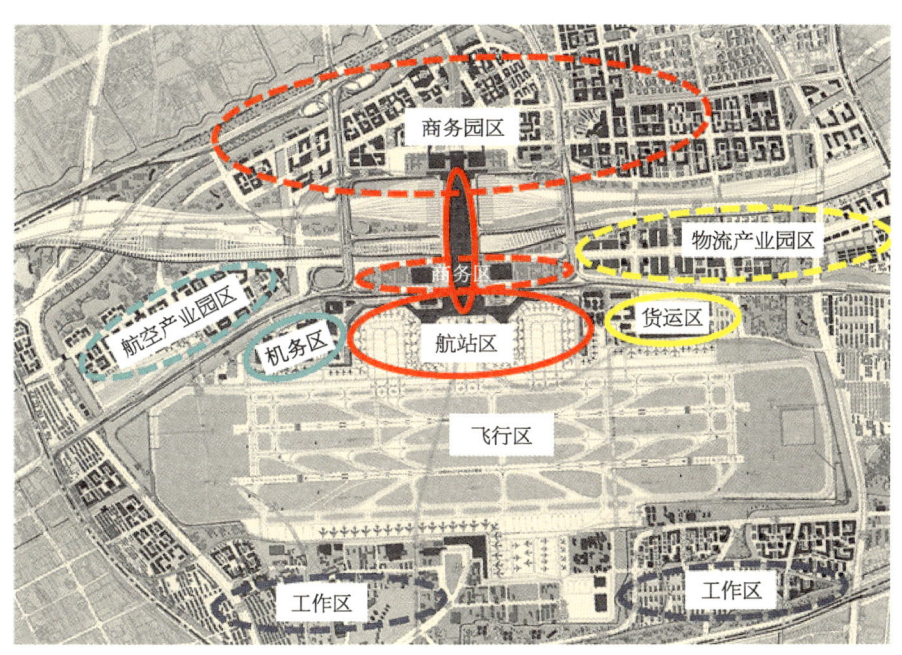

图 1-2 虹桥机场的功能分区

所有的民航运输机场都可以分为六个功能区和设施群，即飞行区、航站区、货运区、机务区、工作区和陆侧的集疏运系统。

飞行区主要由跑道、滑行道、停机坪，以及相应的消防救援设施、通信导航设施等组成，一定是采用物理的飞行区围界与外界完全隔离的。虹桥机场的飞行区在做了南北两个绕行滑行道以后，其界面是非常清楚的。飞行区设有专门供车辆和人员进出的通道和卡口。飞行区

是机场的核心,它与城市没有直接联系,跟外界没有接触,所以飞行区没有产业链接口。

航站区是旅客运输的空、陆转换区域,集聚了大量人流。以航站楼、站坪为核心形成综合交通枢纽,向外延伸会形成拥有客流、资金流、信息流的超长产业链。通过陆侧的集疏运系统,航站区可以跟外界建立紧密的联系。

货运区是机场各种货物运输的空、陆转换区域,汇集了大量物流。以货站为龙头,向外延伸会形成一个物流产业链。货运区发展达到一定规模以后,就会发展出航空物流园区、保税园区,甚至自贸区,与之相关联的一系列产业设施都会向这里集聚。因此,货运区跟外界的联系是非常紧密的。

机务区是航空器检测、维修、改装、制造,以及机上用品供应等的功能区域,专业性很强。随着机场飞行架次的增长,以及机务维修、机上用品保障等业务发展的需要,机务区也会形成延伸的产业链。

工作区是机场各进驻单位的办公、商务、商业、生活设施,以及公用市政配套设施集聚的区域。这些功能设施的逐步完善和发展,会使工作区逐渐城镇化,集聚第三产业,形成一条完整的城市服务产业链。

陆侧客货运集疏运系统是机场与城市和区域相连的交通设施群,由不同类型、不同等级的各种交通方式组成,包括高速公路、一般道路、城市轨道交通、城际铁路、高铁,以及水上交通设施等。

按照《民用机场管理条例》和《民用机场总体规划管理规定》的要求,每个机场都必须编制机场总体规划。机场总体规划就是要研究并协调好上述各功能区和设施群的发展,制定出各方认可的空间发展前景,所以必须经过民航局和地方政府审批以后方能进行项目可行性研究工作,然后才能开展设计工作。机场总体规划是机场建设、发展的最基本依据,应该维持其严肃性。总体规划的内容也是政府相关部门审批项目的依据。这一点在机场规划建设中是非常重要的,对工作的有序、高效也是有很大影响的。

然而有了机场总体规划是不是就可以开展初步设计了呢?按照《民用机场管理条例》和《民用机场总体规划管理规定》是可以的。我个人认为这还不行!因为《民用机场管理条例》和《民用机场总体规划管理规定》缺乏法规层面应该有的许多东西,其法规体系还不够全面、不够系统,过于偏重技术性,大量相关课题都没有做细致的研究,相关条文缺乏对机场相关项目开发建设的支撑、引导和规范。建议这两部法规在下次修订时至少要增加控制性详细规划这一重要层面的一系列规范,为设计与工程实施提供一套完整的、方便认识、可以操作的、详细具体的规范体系。

案例1-2 北京大兴国际机场临空经济区详细规划(北京部分,2020—2035年)

1. 区位及规划范围

北京大兴国际机场及临空经济区涉及京冀两地,位于京津冀区域以及北京中心城区、北京城市副中心、河北雄安新区的地理中心,同时位于北京南中轴延长线上。距离北京中心城区约45 km,距离北京城市副中心约55 km,距离河北雄安新区约65 km。临空经济区总面积约150 km²,其中北京市所属用地面积约50 km²,涉及大兴区礼贤镇、榆垡镇,包括东侧礼贤片区、西侧榆垡片区两处城镇集中建设区。其中,礼贤片区东至京台高速、西至大兴机场高速、南至永兴河、北至大兴机场北线高速,面积约24 km²;榆垡片区东至京九铁路西侧路、西至京开高速—永兴河北路西段、南至永定河北侧、北至大兴机场北线高速,面积约26 km²。

北京大兴国际机场临空经济区鸟瞰如图1-3所示,北京大兴国际机场临空经济区位置如图1-4所示。

图1-3 北京大兴国际机场临空经济区鸟瞰图

2. 战略定位

北京大兴国际机场临空经济区的定位为:国际交往门户区、创新开放引领区、和谐宜居实践区、港城融合示范区。落实北京"四个中心"的城市战略定位,以京津冀协同发展战略为统领,紧密围绕对接中心城区功能疏解,提升首都国际交往中心功能,辐射带动周边地区转型升级,努力打造北京发展的新引擎、京津冀协同发展的新高地。

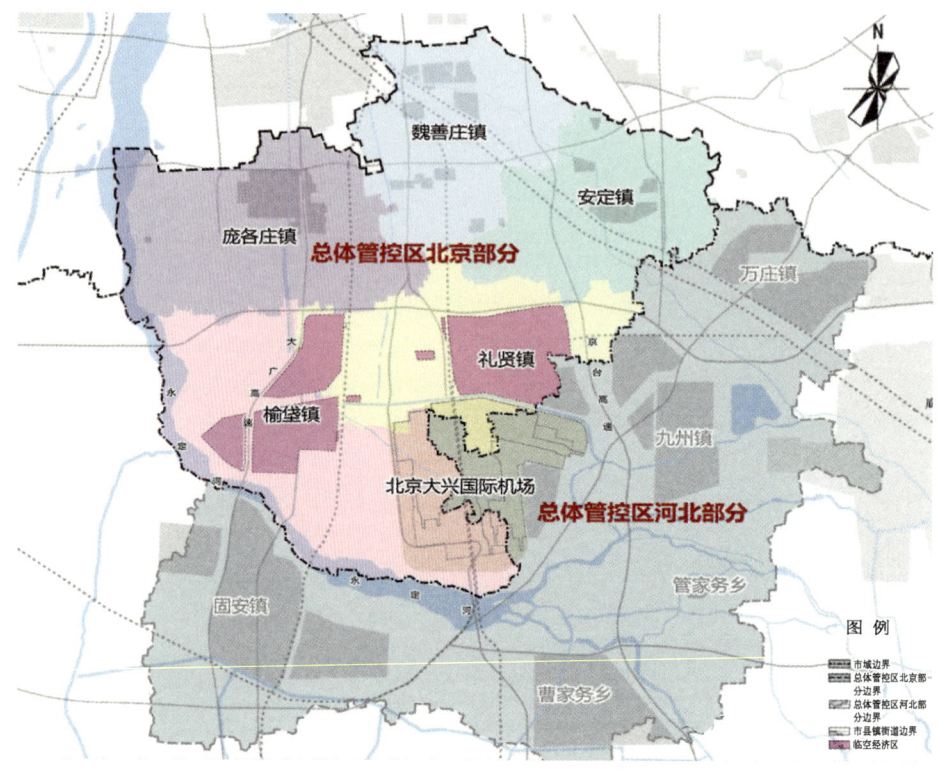

图1-4 北京大兴国际机场临空经济区位置

北京大兴国际机场临空经济区总体规划如图1-5所示。

国际交往门户区：服务国家开放大局，建设满足国际交往服务要求的软硬件环境，塑造具有大国风范的门户形象，服务保障人文交往、经贸交往、科技交往等国际交往活动，与机场共同成为国家对外交往的重要窗口。

创新开放引领区：着眼产业发展前沿，着力构建临空紧密相关的高精尖产业，促进区域产业对接协作，打造融入全球产业体系的重要节点。借助临空区、自贸区、综保区的"三区"叠加政策优势，积极探索高质量创新发展路径，高水平推进规划建设。

和谐宜居实践区：塑造高质量蓝绿空间、高品质公共服务、高标准基础设施、高水准城市风貌，提升城市的吸引力与魅力。

港城融合示范区：强化机场大型国际枢纽地位，紧密围绕"国家发展新动力源"建设要求，与机场在产业功能、基础设施、空间环境等方面深度融合，实现临空服务功能、城市综合功能的共建共享共荣。

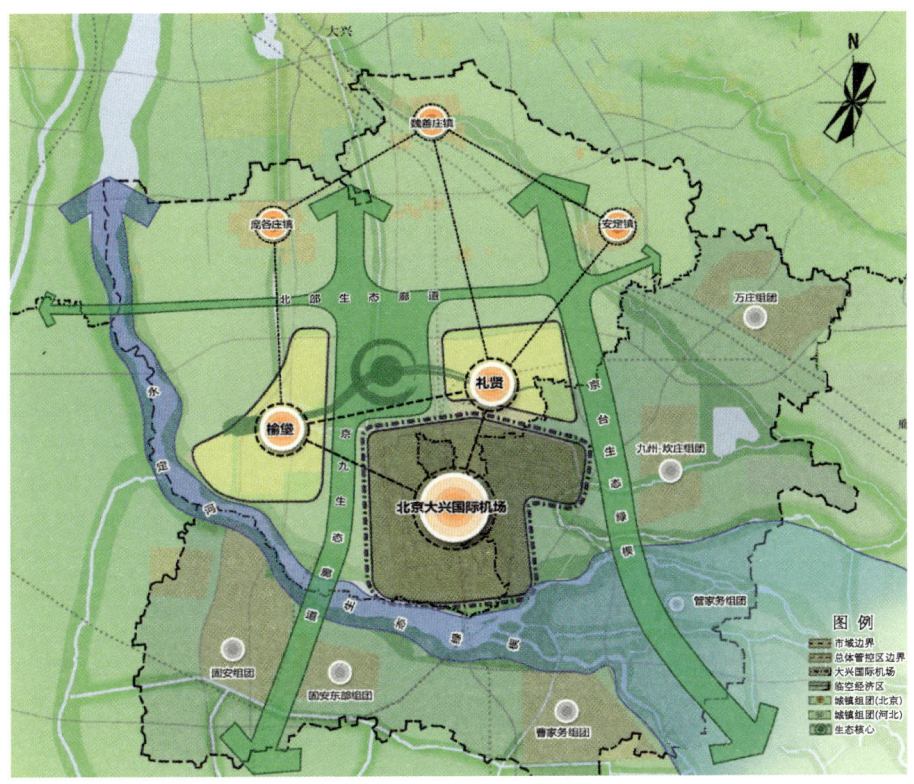

图1-5 北京大兴国际机场临空经济区总体规划

3. 发展目标

构建以航空服务为基础,以知识密集型、资本密集型的高端临空产业集聚为目标,具有国际竞争优势的临空经济区。使其成为绿色高效的通达之城;成为多元融合的交往之城;成为创新驱动的活力之城;成为形象鲜明的印象之城;成为生态智慧的韧性之城。

4. 规模结构

到2035年,临空经济区常住人口规模控制在27万人左右。优化人口结构,有序推进本地农村人口城镇化,吸引高端人才集聚。到2035年,临空经济区职住用地比例约1∶1.2。加强建设时序管控,为国家级及市级重大项目、未来重大技术变革等预留充足空间,结合大兴区整体发展要求,将礼贤片区中轴沿线、榆垡片区机场起降沿线等区域约15 km² 划定为战略留白地区,占临空经济区总用地面积的30%左右。

5. 空间布局

构建"两区、三心、多组团"的空间结构。

第1章 机场的经济属性和利益循环

"两区",即礼贤片区与榆垡片区。东侧礼贤片区以航空物流、商务金融、会展商贸、科技研发等高端产业功能为主,重点依托航空枢纽与综合交通网络,建设集多种方式于一体的空陆联运系统,着力发展航空物流、电子商务等产业,设立综合保税区,打造国际航空物流枢纽。西侧榆垡片区以综合服务保障功能为主、兼具科技创新功能,重点结合航空枢纽建设需求,配套建设航空运输相关企业的生产生活服务保障系统,适当发展航空科教、特色金融、科技创新服务等产业,建设综合服务保障基地。

"三心",即中部大地景观核心、东侧礼贤片区核心、西侧榆垡片区核心。大地景观核心重点结合拆迁腾退,构建机场周边重要的生态郊野游憩地区以及飞机起降视角下重要的空中景观控制地区。礼贤片区核心重点结合城际联络线礼贤站在南北两侧布局以展示交流、商务商业服务等为主的功能空间,将建设空间与生态空间有机结合,并为承接大事件提供空间。榆垡片区核心重点结合永兴河景观节点承接面向未来的创新产业空间,并借助京九市郊铁路等轨道交通支撑条件布局综合配套服务功能空间。

北京大兴国际机场临空经济区结构规划如图1-6所示。

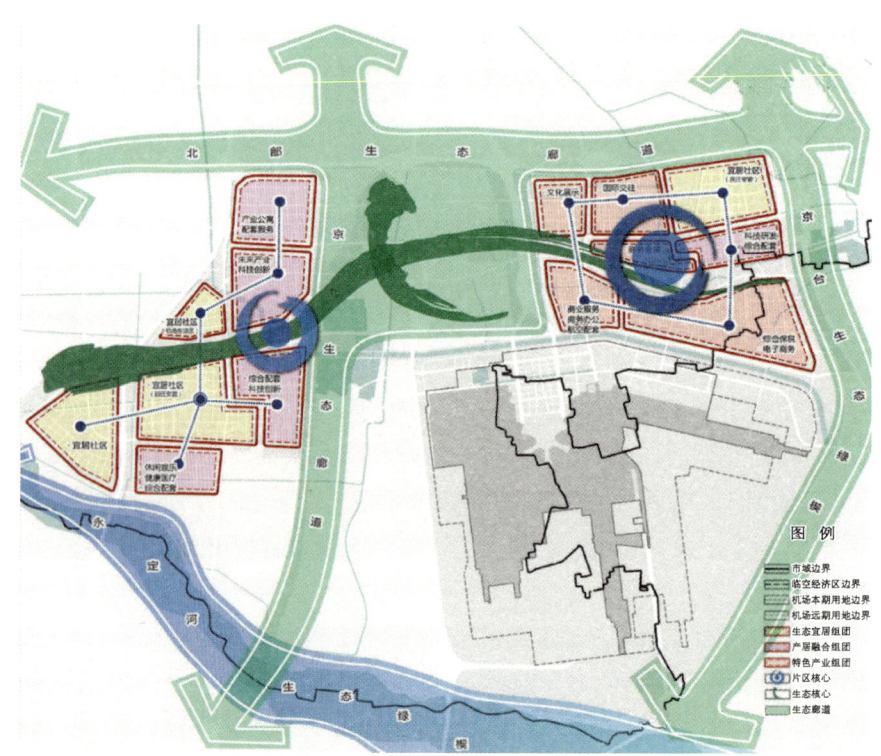

图1-6 北京大兴国际机场临空经济区结构规划

"多组团",即 15 个功能组团(街区)。每个街区的用地规模在 2~4 km²。其中,礼贤片区 7 个组团(街区),榆垡片区 8 个组团(街区)。将 15 个街区划分为生态宜居、产居融合、特色产业 3 种功能类型。

(1) 生态宜居:以居住及生活配套服务功能为主的街区。重点提升居住空间品质及基础教育、医疗养老、文化体育等公共服务设施配套水平,打造生态宜居的生活环境。

(2) 产居融合:兼具居住、产业公寓、生活配套服务及临空特色产业等功能的街区。重点保障居住空间品质、建设满足不同居住人群差异化需求的配套服务设施,打造产居融合的功能片区。

(3) 特色产业:以临空特色产业功能为主的街区。在政策允许的条件下,引导产业用地的适度兼容,完善员工宿舍等相关配套服务功能;结合产业员工需求,强化生活性服务业、文体休闲等服务保障水平,丰富开放空间与交往场所建设,打造集约高效、开放共享、舒适便捷的活力空间。

6. 产业规划

构建以生命健康为引领、以枢纽高端服务和航空保障为基底、以新一代信息技术和智能装备为储备的"1+2+2"产业发展体系。其中,生命健康聚焦精准医疗及服务、干细胞技术和医疗耗材等细分产业,以研发、应用、服务全产业链为特色打造创新聚集区;枢纽高端服务重点打造自贸临空金融、智慧物流与商贸、国际会展、技术咨询与培训等高端服务名片;航空保障着力发展航空培训、航空维修和公务机保障等细分领域;新一代信息技术以应用服务环节为发力点,主要发展大数据应用、云计算服务和物联网应用层等;智能装备大力发展机器人系统集成及航空产业研发、零部件制造等。

生命健康产业:在高端医疗耗材和植入器械、生物医药和医学外包服务等方面打造院企合作、药械创新、跨界共赢的产业集群,提供全球前沿生物医药产品,为医疗机构研究提供资源和资金支持,为医疗机构输送先行先试患者资源。引入综合型医药和国际专科医药,形成面向患者需求、枢纽流量和本地居民的优质医疗服务中心,提供全球顶尖专家资源,推动生活医药创新的临床转化,为全球顶尖生物医药研发成果提供先行先用的试验田。远期布局医疗大数据产业,深入探索研发方向,支撑临床试验,帮助创新研发提速降本,并整合患者历史健康数据,为临床治疗提供系统化的数据支持。

航空保障产业:重点发展航空维修、航空金融等,对接航空公司需求引入航空总部,利用后发优势补足首都机场发展瓶颈,实现差异化发展。

枢纽高端服务产业:聚焦物流、会展、科技和金融服务等方向,补充地区跨境冷链物流短板,增强首都专业会展实力,夯实京津冀生产性服务基础,建设大兴枢纽金融服务

特色。

新一代信息技术产业：集聚全球创新资源，瞄准大数据、云计算、物联网技术的应用环节。其中，在大数据领域，着重发展创新活跃、国际交往潜力大的大数据应用环节；在云计算领域，着重发展初创企业多、未来增长空间大的软件服务环节；在物联网领域，侧重布局创新性高的智能终端和应用服务等细分领域。

智能装备产业：聚焦航空产业与机器人产业。其中，航空产业一方面聚焦商业航空原材料、机电航电系统等研发环节，一方面积极参与通航飞机研发与部分生产环节，逐步形成产业集聚；机器人产业与京津冀已初具规模的研发和生产能力协同发展，立足空地综合交通枢纽，聚焦机器人集成环节。

北京大兴国际机场临空经济区土地利用规划如图1-7所示。

图1-7 北京大兴国际机场临空经济区土地利用规划

7. 建设高品质公共服务配套

保障基础教育事业优先发展，全面提升配置标准。积极引入优质教育资源，鼓励和引导增设国际学校，提升对优质人才的吸引力。

积极承接中心城区优质医疗资源，鼓励和引导国际医疗机构入驻。优化医疗设施的空间布局。鼓励医疗设施、公益性福利设施、养老设施等邻近设置，共享共建，促进医养空间高效集约利用。提升基层卫生设施建设标准，加强社区卫生服务中心建设，建立各级医疗机构长效合作协同机制，实现基层首诊、分级诊疗。

结合礼贤片区中心绿地、榆垡片区带状绿地布局区级/新城级设施，推进高水平设施落地，形成区域公共文化、体育服务支点。加强街镇级、社区级设施建设，重点结合街区的社区中心均衡布局文化服务中心、体育活动中心。

构建区域级、地区级、街镇级、社区级四级商业设施体系。区域级中心依托北京大兴国际机场发展以旅游休闲、商务商贸等为主的功能业态，服务国内外及京津冀区域消费者。地区级中心以购物休闲为主导功能，服务新城及周边镇村。重点完善街镇级、社区级生活服务水平，以满足日常生活需求为主，优先配置生活性服务业等内容。

在生态宜居、产居融合街区，结合居住类用地的空间布局，建立以社区中心为基础、邻里街坊中心为补充的公共服务网络。其中，社区中心以街区为单位设置，重点涵盖街区级、社区级的公共服务设施及小型商业中心等的建设，构建 15 min 社区服务圈，通过各类设施用地的统筹配置提供一站式社区生活服务，高效解决教育、医疗、养老、文化、体育、休闲、购物等日常生活需求；在此基础上，设置邻里街坊中心，重点涵盖社区级、项目级的公共服务设施以及便民商业设施等的建设，形成 5~10 min 的便民生活圈，通过社区配建等方式，满足便民商业、养老看护等便民服务需求。

8. 绿色空间规划

构建"四廊环绕、两带串联、一心多点"的绿色生态空间结构。依托交通绿廊、河道绿廊等线性空间有机串联中心公园、社区公园、口袋公园，构建多层级复合的绿地空间系统。四廊：永定河、京台、京九、临空经济区北部 4 条区域性生态廊道。两带：永兴河、大礼路南侧干路（及永兴河北路）2 条内部东西向景观带。一心：东西片区之间的生态景观空间（大地景观）。多点：中心公园、社区公园、口袋公园等多处公园绿地节点。

北京大兴国际机场临空经济区绿地规划如图 1-8 所示。

9. 塑造临空经济区特色风貌

传承中华建筑文化基因，汲取国际先进设计理念，体现传统风韵、国际风尚。积极推广绿色建筑，严谨细致做好建筑设计，形成融于自然、简洁大方、端正大气，具有东方神韵和现代气

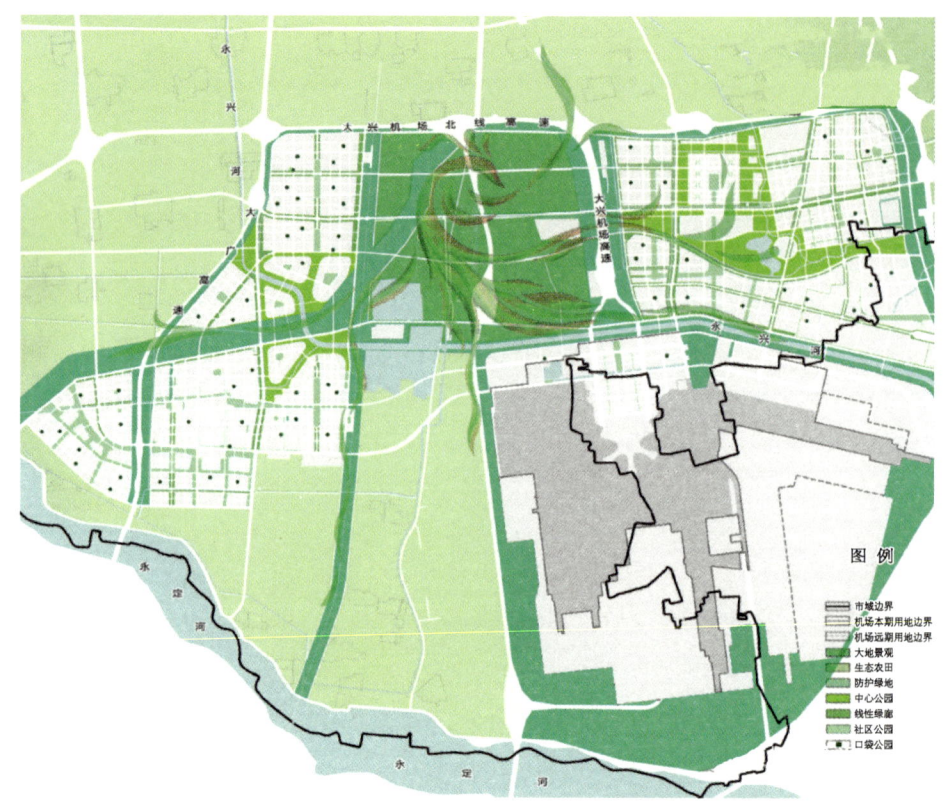

图1-8 北京大兴国际机场临空经济区绿地规划

息的建筑风格。塑造比例均衡、尺度宜人的建筑体量和富有变化的建筑形态,形成协调统一、开放共享的建筑界面。

构建疏密有致的空中景观。实施分级管控,以风貌分区为基础,划定重点片区和一般片区。重点管控东西片区核心及中部大地景观核心,对城市格局、建筑肌理、建筑屋顶、标志物等要素进行精细管控。

构建简约素雅的色彩环境。突出"中国特色、简约素雅"的基本原则,强调环境色彩的和谐统一。结合主导功能、风貌分区,划定七类色彩分区,实施分类控制和引导。

北京大兴国际机场临空经济区总平面图如图1-9所示。

10. 探索构建国际交往平台

发挥临空区位优势,利用自贸区等政策优势,服务国家开放大局,打造为国际交往服务的

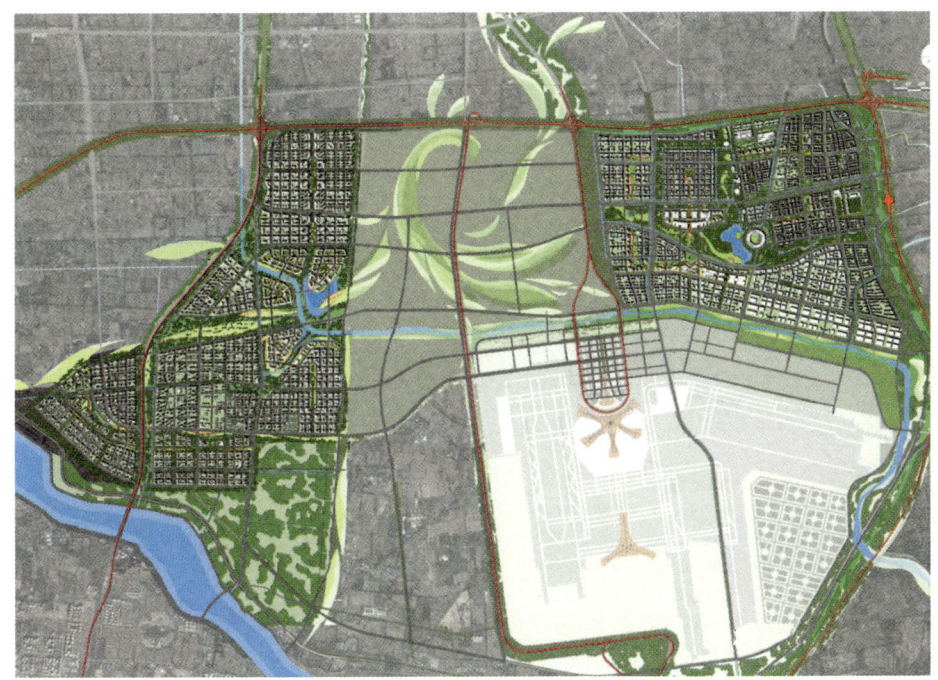

图 1-9　北京大兴国际机场临空经济区总平面图

优良软硬件环境。重点结合礼贤片区的轨道站点布局国际会议会展功能,积极承接中心城区的对外交往、文化展示、科技交流等功能。依托野生动物园,积极培育旅游休闲产业,努力提升国际化服务水平和国际影响力。

结合战略留白,在中轴线及其延长线沿线预留国家级、市级公共文化设施建设空间,并为承接大事件提供可能。

11. 构建快捷高效的对外交通系统

加强轨道交通建设,构建面向区域、层次多样的对外轨道交通及铁路系统。以大容量快速轨道交通系统为主体,充分利用既有铁路富余资源,强化与中心城区、城市副中心、新城等的中长距离快捷联系。

临空经济区四级公共交通系统:对外联系主要以城际铁路、机场专线为主的一级对外轨道交通体系和以区域快线、地铁快线为主的二级公共交通体系承担,其中城际铁路、机场专线和区域快线为主体,地铁快线为补充;内部组团间主要以中低运量为主的三级内部骨架公共交通体系承担;组团内部主要以接驳公交为主的四级微型公交体系

实现客流饲喂。四级体系由快到慢,由疏至密,共同形成内外衔接的高效优质公共交通系统。

临空经济区内部结合功能布局设置三级交通枢纽体系。其中,特级交通枢纽为机场交通中心换乘枢纽;一级枢纽结合礼贤片区的礼贤站、榆垡片区的榆垡南站各设置一处;此外,设置二级枢纽站四处。通过三级枢纽实现多层级公共交通体系的无缝衔接。

结合交通枢纽及近期对外轨道站点,重点围绕礼贤站、榆垡南站等推动站城一体化开发建设。后续结合站点及周边用地的深化研究,进一步落实轨道交通建设与城市功能的一体化发展要求。

规划与临空经济区(河北部分)轨道交通:构建临空经济区内部及其与临空经济区(河北部分)的大运量公共交通廊道,以轨道交通中低运量(有轨电车系统)或地面快速公交系统(BRT系统)为主,串联起北京大兴国际机场、临空经济区榆垡和礼贤片区的主要功能节点和对外交通枢纽。该线路重点满足内部通勤出行。

结合全市轨道交通远景线网规划,在下一步工作中,进一步优化临空经济区涉及的相关线网及站点设置;同时,结合临空经济区近期建设发展需求,协同推动相关配套轨道交通规划建设工作。

12. 道路交通规划

落实小街区、密路网。到2035年,集中建设区路网密度达到9 km/km² 左右(不含综保区等特殊功能区域)。

突出以人为本、绿色低碳的理念。在传统规划主、次、支路网的基础上,依据道路功能对路网进行五级细分。

突出公共交通路权优先。在快速路和主干路设置对外快速公交线路(公交专用道),弥补轨道交通覆盖盲区。

在内部结合功能组团选择适当道路形成大运量公交走廊,并尽量与主要机动车廊道分开设置。在公交走廊道路上预留下一步布设有轨电车或BRT的断面条件。

将机动车主廊道与公共交通主廊道在空间上进行错位规划,减少机动车与行人的冲突,保障交通安全性,提高出行效率。同时,结合东西片区职住用地布局特征,在东西向机动车主廊道预留潮汐车道。

在组团内部街坊路的道路断面设计上,注重人本需求。充分保障步行、自行车的通行空间,建设更加宜人的街道出行环境。

北京大兴国际机场临空经济区路网系统规划如图1-10所示。

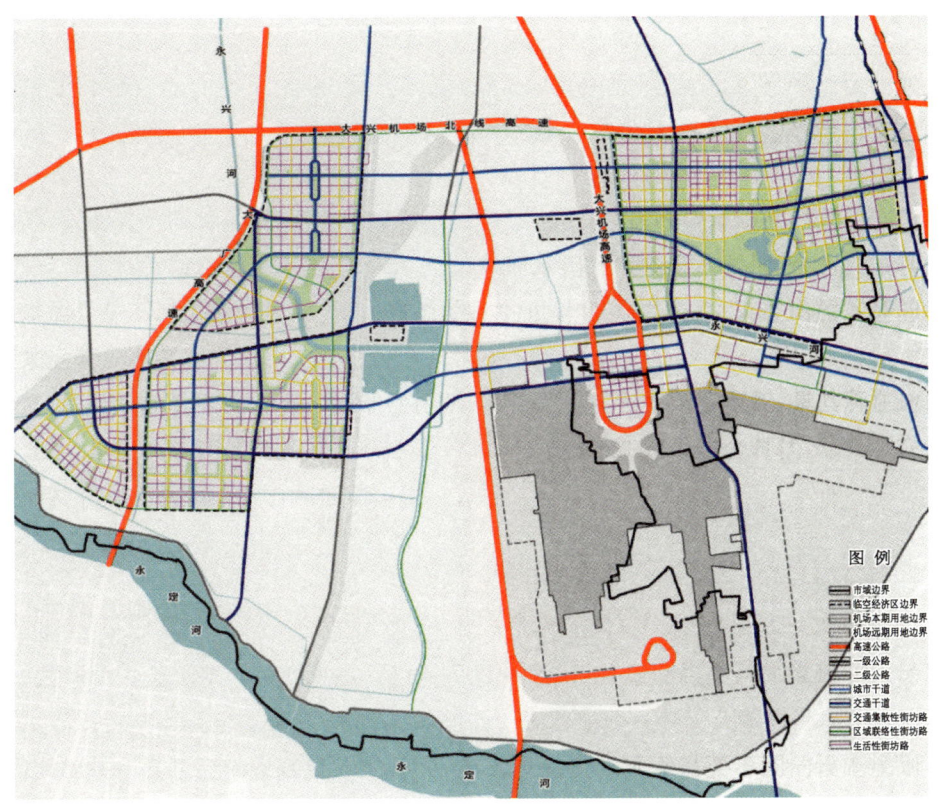

图 1-10 北京大兴国际机场临空经济区路网系统规划

13. 合理安排建设时序,有序建设

启动区是临空经济区实质性启动建设的地区,突出重点项目引领,主要包括近期启动建设的产业项目及必要的配套服务功能,着力提升临空经济区整体形象与产业氛围。

起步区是战略留白、已批已建回迁安置区等之外的土地一级开发实施范围。在启动区基础上,逐步纳入必要的产业功能,保障临空经济区的分期分步可持续建设。

战略留白是为国家级及市级重大项目、未来重大技术变革等城市长远发展预留的战略空间,面积约 15 km^2,主要位于礼贤片区中轴沿线、榆垡片区机场起降沿线等区域。

北京大兴国际机场临空经济区建设时序引导图如图 1-11 所示。

图 1-11 北京大兴国际机场临空经济区建设时序引导图

1.2.3 机场周边的产业发展规划

临空产业指那些在机场功能区周围地区(即临空地区)集聚的、与航空运输直接或间接相关的产业。这些产业的生存和发展直接或间接地依托于机场和航空运输,它们不仅只是产品和生产资料的运输依靠航空,而且其生产过程本身也就是机场和航空运输生产的一部分。

机场规模较小时,通常以城市的交通配套设施的形式出现,随着机场运输量的逐步增长,在临空地区就会出现临空集聚,一些与机场功能相关的产业设施就会与机场一起发展壮大。因此,为了保障机场与临空产业的协调发展和临空产业自身的健康发展,达成各方共识的,甚至是官方的临空产业发展规划就是必需的。

在机场,特别是大型机场的周围地区,由机场的主要功能分区向外延伸,会形成性质、规模不同的四大临空产业链(图1-12)。

(1) 以航站区为起点往外延伸的商务交流产业链。包括金融设施、会务会展设施、商务

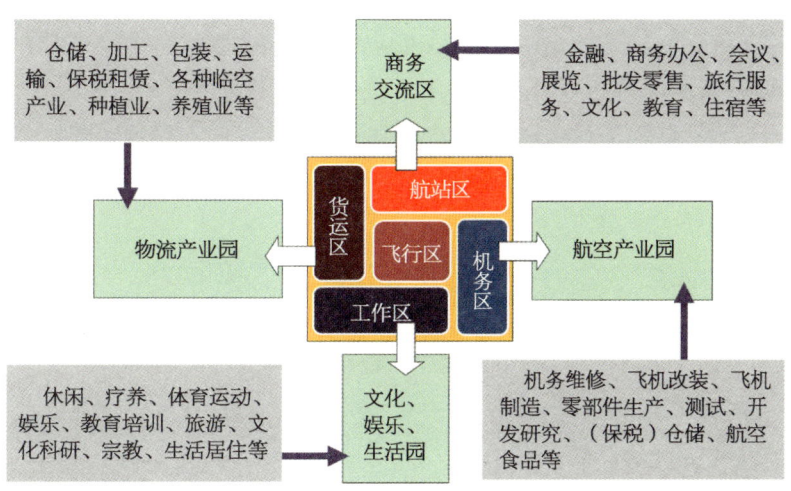

图1-12 临空产业链的设施群

设施、商业零售设施、旅游设施、其他服务设施等,还可以进一步将产业链延伸出去。多数情况下,这些人流、资金流、信息流会以航站楼为起点,沿着陆侧集疏运系统的两侧往城市方向延伸。这是临空产业中最重要的设施群,也可以称之为商务交流园区。

(2) 物流产业链。这是与货运区相关联的,或者是以货运设施为龙头的。包括各种仓储设施、包装设施、加工设施、制造设施、运输相关设施,以及相应的海关、边防、检验检疫、工商行政等设施。这是一个很大的产业链,也可以称之为临空物流产业园区。

(3) 以飞机为中心的航空业务方面的产业链。包括机场管理与运营维护、航空公司运营维护等相关设施群。具体而言,就是飞机的维修、改装、制造设施、零部件的制造、存储、测试、开发设施,以及以航空食品为代表的各种机上用品的生产、储存设施群和其他相关设施,也可以称之为航空产业园区。

(4) 航空关联的居住与生活服务、文化娱乐,以及高端的教育培训、科学研究等也会形成产业链。这一产业链在空间上与前面三大产业链的设施往往是关联在一起的。但当这一链上的设施具备一定规模以后,就会相对独立的形成一块区域,也可以称之为文化娱乐生活园区,即城镇。该园区最常见的是与商务交流园区最早形成一体化城区。

总之,机场的四大临空产业链都可能会形成相应的临空产业园区。每一条产业链的发展情况、土地使用情况又都跟机场的三大运营指标直接关联。需要说明的是,这四条产业链之间的界面也并不是泾渭分明的,它们总是相互联系、互为因果、相辅相成的。临空产业园区的发展规划实质上也是机场集团发展战略的重要组成部分,也是机场集团的融资平台之一。

第1章 机场的经济属性和利益循环

案例 1-3 济宁市"空铁新城"发展规划

山东济宁新机场定位为 4E 级民用中型机场、国际定期航班机场。它将成为儒家文化、鲁西南经济深化外向型发展的"空中桥梁",对推动儒家文化走出去,办好世界儒学大会、尼山世界文明论坛等国际节会,更好地贯彻落实国家"一带一路"倡议具有强大的推动作用。

为了充分把握机场带来的发展机遇,发挥济宁临空经济对鲁西南及周边区域经济的拉动作用,为济宁市、特别是兖州区的产业转型升级和城市发展拓展新的空间,并以山东省新旧动能转化为主要基调,结合城市长远发展的总体要求,逐步完善临空港的城市功能,兖州区政府牵头,我们开展了"济宁市临空产业发展策划"和"济宁市临空经济区分区规划"。

济宁临空经济区位于兖州城区北部,紧邻济宁新机场,规划面积约 20 km^2。规划范围东至 104 省道;南至兖州工业园区北区;西至规划建设中的济微高速公路;北至机场红线(图 1-13)。

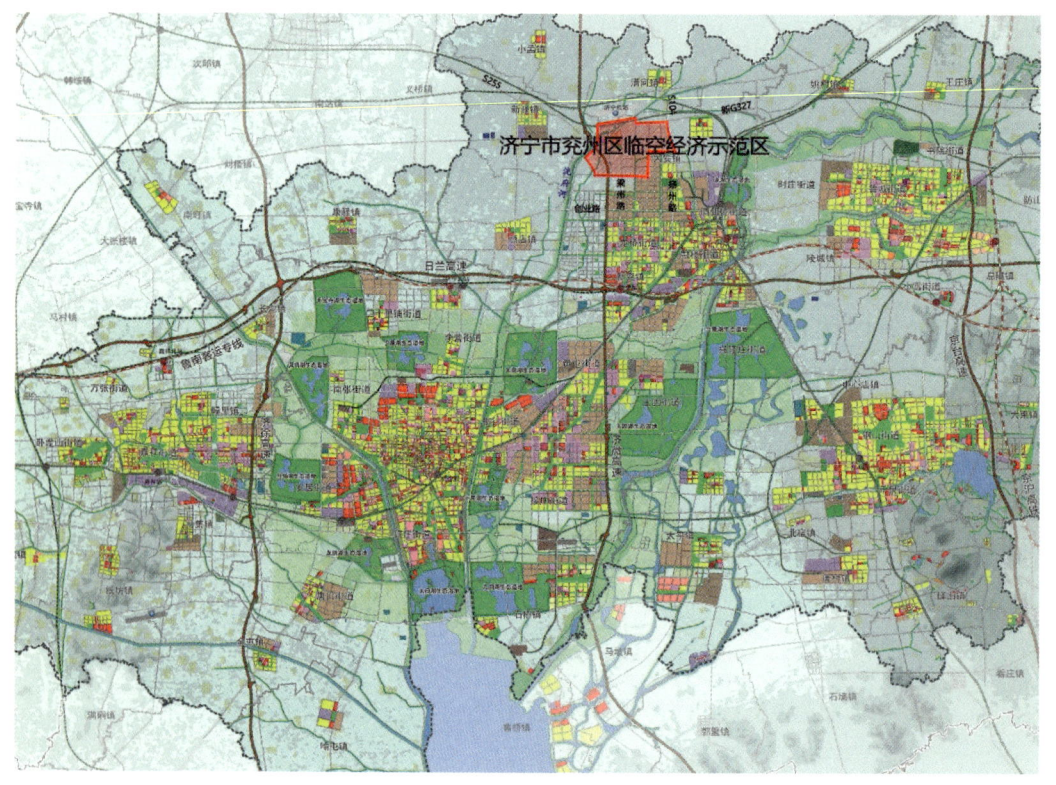

图 1-13 济宁临空经济区位置图

1. 产业策划

济宁临空经济区将打造山东省新旧动能转换的创业之地、淮海经济圈的商旅物流集散中心、济宁城市转型发展的全新平台。为此，临空经济区确立了四大功能定位：

(1) 济宁城市的新中心：形成空港、陆港、产业、商务配套聚集区，成为城市发展、新旧动能转换的驱动中心。

(2) 空陆物流产业联动区：利用空港、陆港之间的区域和机遇，发展航空物流及其延伸产业、高端制造、陆港物流及延伸产业、商业及生活配套区。

(3) 全国重要的旅游集散地和目的地：利用良好的区位优势，打造高端旅游集散区，延伸商旅产业链，完善配套，提升服务。

(4) 鲁西南最重要、最新的交通中枢：强化济微高速、董梁/日兰/济徐高速的集疏通道作用，提升发展京沪、京九等集疏通道的联系，对接联动兖州南站及曲阜东站，促进京沪高铁经济通道的资源导入兖州。

依据上述定位，济宁市临空产业的发展确立了四大基本策略：

(1) 以客流带物流。济宁具有众多优质的文化旅游资源，已经形成良好的旅游产业基础；同时还具有良好的制造业产业基础，可以大力发展商务旅行。因此，应该先行发展商旅客流，做大做强客运航线网络，并以此带动航空货运物流产业的发展壮大。

(2) 以陆港带空港。大力发展济宁"九省通衢、齐鲁咽喉"的地面交通优势，先行发展国家级"南北集散"的物流枢纽；同时与周边城市错位竞争，集中发展高端货物集散，逐步培育航空物流需求。

(3) 打造统一的物流信息平台。改变现状物流园区多、联动少的局面，打造公共信息平台；突出面向企业、面向制造业公共物流平台，深度服务临空经济的发展。

(4) 多港多维度联动。在全市域、特别是在兖州城市发展和经济发展的层面上，整合陆港、空港、信息港，整合客流、物流，整合机场、高铁站、火车站、长途车站等，整合产业、交通和人口布局，重组兖州新的城市结构。

基于济宁产业发展现状的调研，根据机场腹地的优势产业，抢抓政策红利、紧扣临空主题、深挖资源禀赋，筛选并锁定了济宁机场临空经济区核心区临空产业重点聚焦的领域为商旅产业链和物流产业链。在商旅产业链上，应聚焦商旅服务、餐饮零售、酒店住宿等。其相关产业设施以旅游集散中心为代表，包括旅行服务、文化教育、会议展览、商务办公、教育培训、文化科研、金融、批发零售、体育运动娱乐、住宿等设施。在物流产业链上，应聚焦高端装备制造、快递与跨境电商等。其相关产业设施以分拨中心为代表，包括仓储、加工、包装、运输、保税租赁、各种制造工厂、种植场、养殖场等设施。

第1章 机场的经济属性和利益循环

济宁临空经济区产业设施分区如图1-14所示。

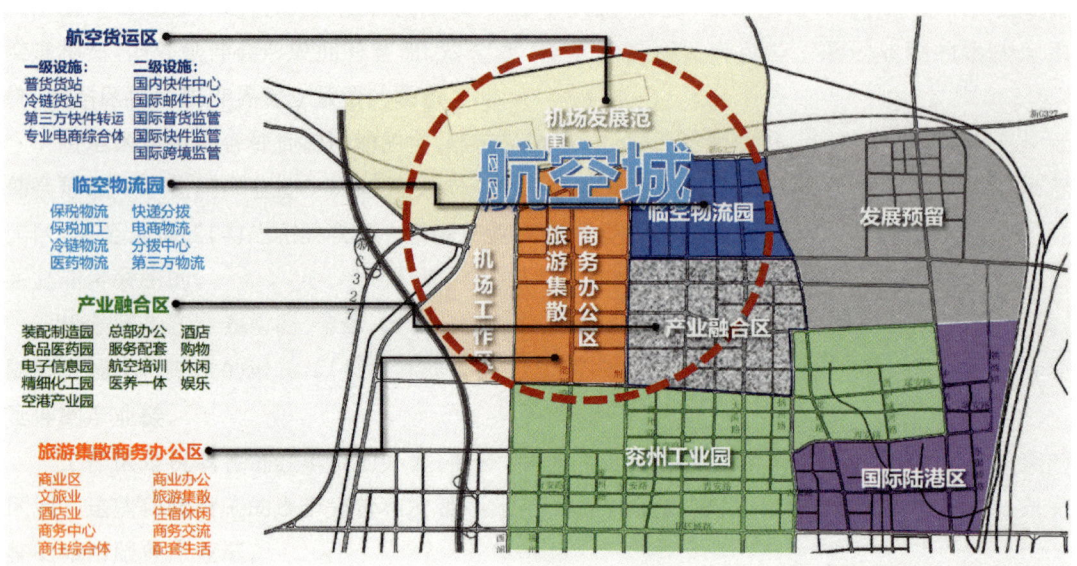

图1-14 济宁临空经济区产业设施分区图

2. 分区规划

根据上述临空产业策划,我们规划的临空经济区在空间布局,整体上要形成"一核两轴三片一环"的空间布局结构。

"一核",即临空综合服务核。它紧邻济宁新机场南侧的东西通道,包含旅游、商业、文化、商务、会展等多种服务功能。

"两轴"。即空港功能景观轴——沿梁州路为临空经济区主要的功能景观轴线,串联临空经济区的主要功能节点;临空产城融合轴——融合城市和产业功能的主要东西向轴线。

"三片"。① 商旅核心区:包括商旅中心、商务办公中心、会展中心,以及配套的居住功能,其中商旅中心是融合旅游服务、酒店住宿、商业、文化等功能的复合中心。② 临空生活区:为临空区域配套的品质住宅区,提供标杆性的教育、休闲等人才配套服务功能。③ 物流产业区:包括保税展示、海关办公、仓储物流,以及相关的临空产业等功能。

"一环"即临空生态活力绿环。加强城市公园、街道、广场等的绿化建设,形成环状的活力绿廊。

济宁临空经济区功能分区图如图1-15所示。

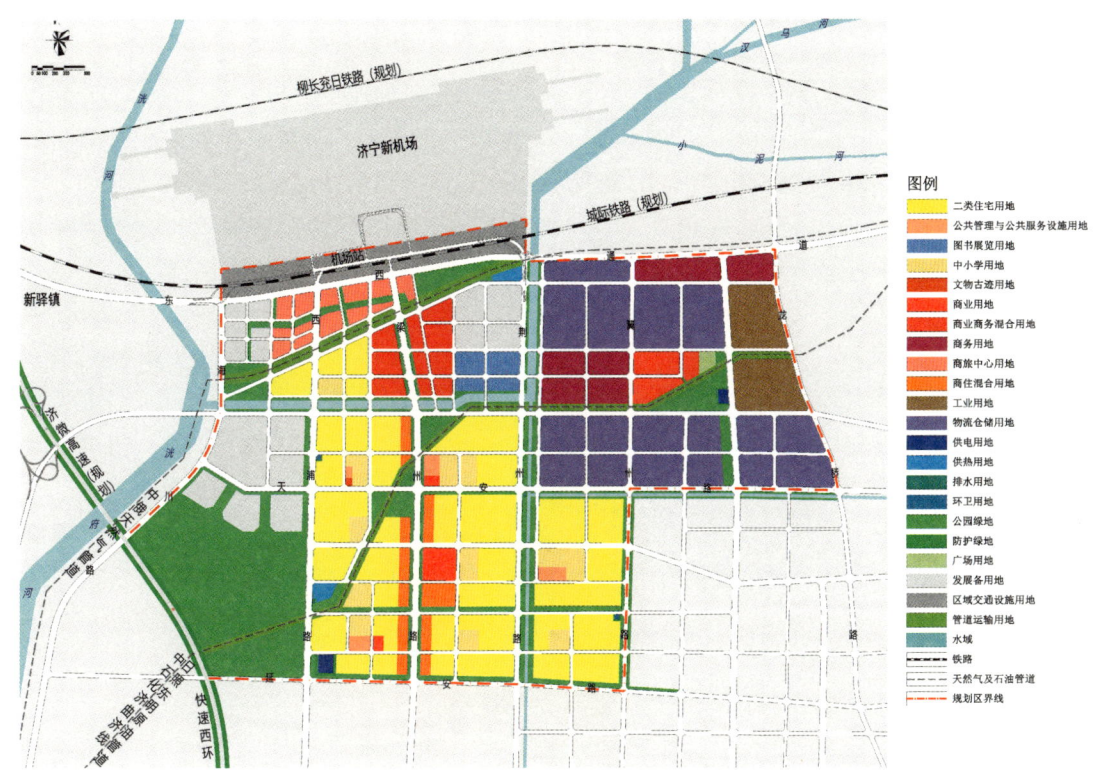

图 1-15　济宁临空经济区功能分区图

3. 空铁新城

仅仅只有上述临空产业园区的开发还是很不够的,一般而言,要让这种规模的机场来带动地区经济的发展,也显得有些力不从心,甚至临空经济区本身的发展也有些过于乐观了。但是,我们之所以对济宁临空产业的发展充满信心,主要还是基于临空经济区靠近城市建成区,特别是紧邻城市新兴产业园区。这就是策划与规划的信心所在,也是工作的突破点所在。

由于济宁新机场的选址离兖州已建成的城区比较近,使得策划一个带动城市经济发展的临空园区和带动临空园区发展的城市空间扩展、城市经济发展之规划方案成为可能。

因此,紧扣这一核心议题,提出规划建设一个以西浦路、梁州路、荆州路为主干的南北向城市发展轴,希望以此轴来重筑兖州城市空间结构,是济宁临空产业园区策划与规划的核心思想,也是策划工作的突破点,更是兖州未来发展的方向。当然这也是兖州在高速交通(航

空+高铁)时代城市新旧动能转换、城市结构升级、城市空间重筑的指导思想。在高铁与民航快速发展的时代里,兖州必须跟上这个时代的步伐。兖州"空铁新城"之城市结构如图1-16所示。

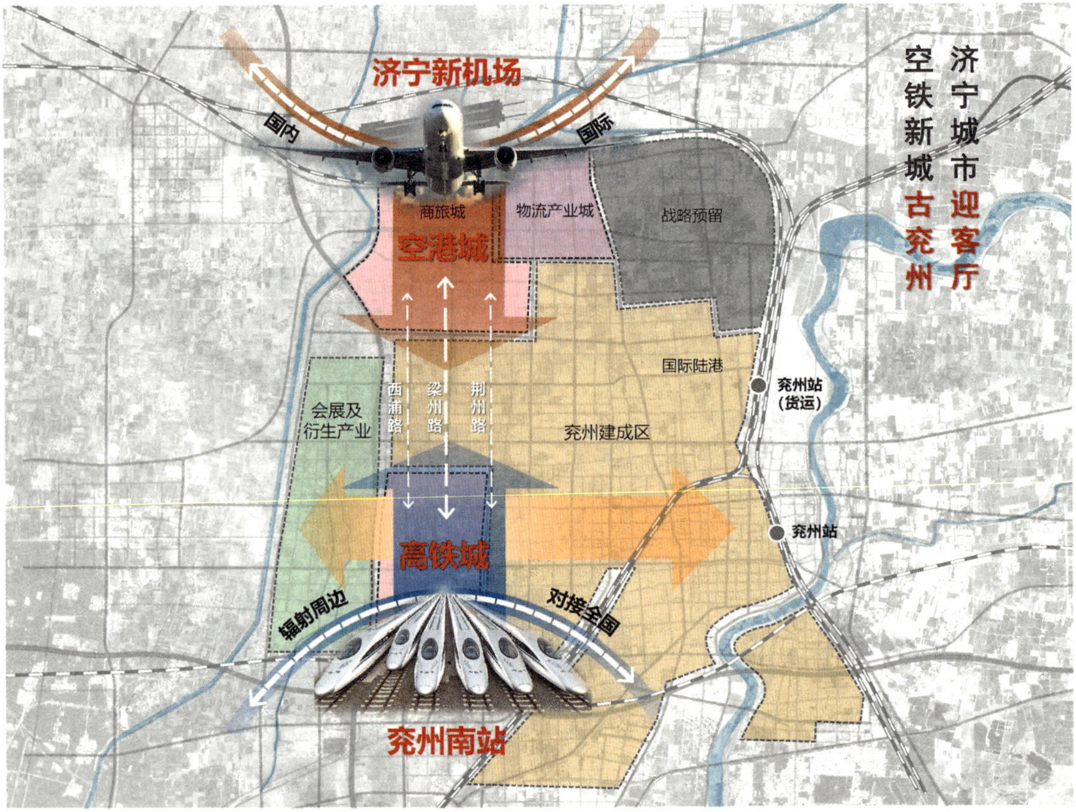

图1-16 兖州"空铁新城"之城市结构示意图

具体来说就是我们认为,应该"在城市的南北两端不断地投入,强化空港城和高铁城的功能,并通过不断加强这两个新城之间的交通联系,来锁定城市南北轴。同时以此轴的建设带动新一轮的兖州城市经济社会的转型升级和不断发展。"为此,我们要做好空港城、高铁城的城市设计、开发规划、产业引进;要加快西浦路、荆州路的"快速化"改造;要重点推进梁州路的"街市化"建设,推进地铁、地面公共交通的导入;重点规划建设空港、高铁两个综合交通枢纽的便捷换乘和TOD开发。

这就是我们策划和规划的核心思想。

1.3 交通基础设施的利益循环与机场集团的融资平台

图1-17所示是作为交通基础设施的机场的开发利益循环模型，这是一张我们非常熟悉的图。其实不仅仅是机场，其他交通基础设施、市政基础设施、公共设施等都是一样的道理。即所有公共基础设施都有两个方面的效益：社会效益和经济效益，道路、地铁、机场等基础设施都有很好的社会效益。因为有了道路、地铁和机场这样的城市基础设施，整个社会的运作效率就提高了，政府的税收和就业也会增加了。不仅仅是政府，企业、社团、老百姓个体也都能得到好处。既然存在较好的社会效益，那么政府对这个基础设施就应该有投入。

显然，我们的机场建设也应该拿到政府的投入。如果拿不到，可以拿这张图去跟政府讲道理。当然，政府用什么方式投入是可以商量的。图1-17只是从理论上告诉我们：政府投入理所应当。

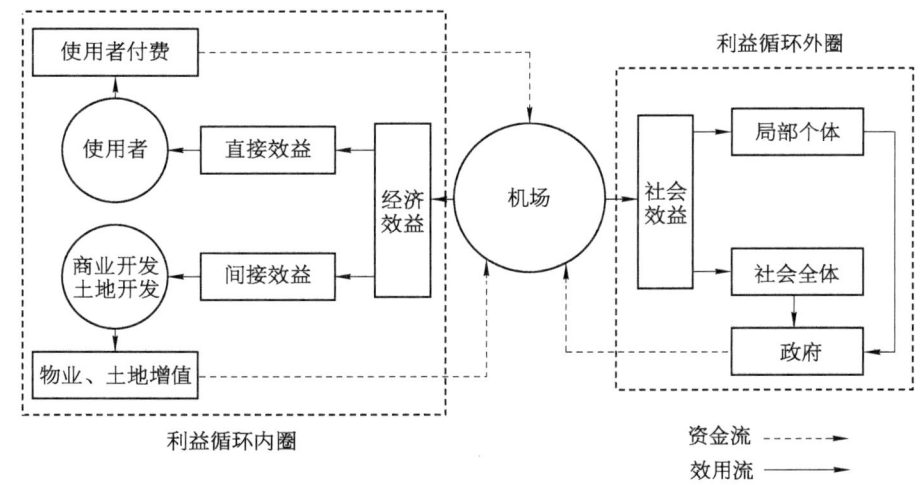

图1-17 机场的开发利益循环模型

图1-17中机场的经济效益是我要说明的重点。如图1-17所示，经济效益可以分为两部分：直接效益和间接效益。因为有了机场的建设投运，会带来土地增值、产业链的拓展、商业服务设施的开发，带来土地级差的扩大、物业的增值等。前面我们已经讲了机场的临空经济园区的开发、相关产业链的延伸等，这些对于机场集团来说都属于间接效益。这个间接效益我们要想办法收回来，最起码要收一部分回来。

经济效益里的另一部分叫"直接效益"。通过使用者付费,基础设施可以回收到一部分直接的经济效益。大家不要以为直接的经济效益简单,很容易就可以拿到手,其实不是的。有时候我们就是收不回来这部分直接的效益,例如机场里的很多货运设施、很多的道路等,都收不到直接的效益。

机场集团关键是要把这两块经济效益做好,并想办法尽可能多的收回经济效益。直接经济效益带有自然垄断的特征,需要机场集团把它做大做强。而难度相对更大一点的、需要我们动脑子多一点的是间接经济效益的获得,很大程度上这一块就是机场的土地开发问题(可参见《机场土地开发研究》,上海科学技术出版社 2014 年出版)。这是一个开放的市场,是需要机场集团通过竞争的方式去拿回这一块收益的。

综上所述,机场集团应该根据其收益的三大来源,即社会效益、直接经济效益、间接经济效益,组建三大融资平台,即机场集团公司、股份公司和一批公私合作(public-private partnership,PPP)公司,并由此建立各具特色的公司治理结构,以适应其可持续发展的要求,如图 1-18 所示。

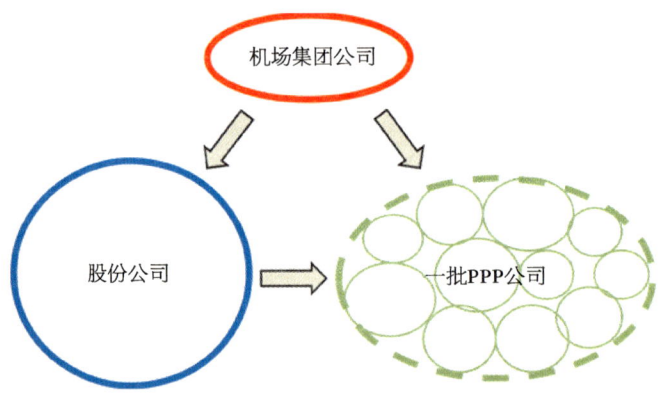

图 1-18　机场集团的三大融资平台

首先,我们应该把机场集团公司自己作为融资平台,主要用来体现机场的公益性特征,并从政府那里得到资本金。因为把政府该给的那部分利益拿回来这件事不是市场行为,所以只能用一个百分之百国资的机场集团公司作为平台去做。因此,集团公司要"营销"好政府,处理好各种公共关系,维护好机场区域内市场环境的公平、公正,并能够引起适度的竞争。机场集团公司还要运营好大量公益性国有资产,在机场及其周围地区把投资环境做好,为临空产业链的形成和发展发挥作用。

虽然各个机场集团所处的环境和条件不一样,各自会有一些不同的做法,但是所有的机场集团都必须这样"定位"!否则成立机场集团公司就没有意义,成立一个股份公司就可以了。如果真的机场集团公司整体上市变成了股份公司,那就有一个缺点,就是机场作为公益平台的那一块职责就不好做了,国家要给你资金也就不可能了。因为如果你不是国资或不是百分之百的国资,而是一个上市公司,那国家怎么给你资金呢?同样,要得到划拨土地也不行了。所以,我认为"把机场集团公司搭建成一个百分之百国资的融资平台"是必需的。

第二,机场集团成立股份公司这个融资平台,就是利用其自然垄断的资源做大做强航空主业,通过出售部分资产,吸收社会资本来共享机场的主业资源。股份公司融资平台是用来不断融资的,只要公司的业绩好,就能不断从证券市场上进行融资。股份公司做的是主业,具有一定的自然垄断性,旅客增加、航空公司增加会带来稳定的收益增长,因此股份公司应该可以在市场上不断地增资扩股把自己做大做强。股份公司运营的都是机场集团在航空主业这一块的资产,从现在各个机场集团的实践来看,他们对主业这一块都是控股的。过去国家政策要求一定要控股,就是绝对控股,现在只要求相对控股了。

第三,机场集团还可以在非自然垄断领域,利用其产业龙头地位、区位优势和"先入"优势建立一系列融资平台,用来融入市场上的资金。要把机场发展带给其周边地区的经济效益拿回来一部分,肯定要用市场的办法。而且不同的项目要用不同的模式去做,就是要通过一系列合资合作的方法来组建各种各样的双赢或多赢的机制(有限责任公司),参与市场竞争,争取获得航空辅业以及其他关联产业的最大收益。例如货运、机务、地服等项目,因为与航空主业关联度高,机场集团具有产业链龙头的优势、土地的优势,那就应该发挥这些优势深度参与。

原则上,与航空主业越近,机场集团就越有优势,就越应该深度参与;反之,离航空主业越远,就越没有优势,参与的程度就越可以少一点。例如宾馆项目,机场方面有优势,可以把宾馆规划建设在航站楼的边上,那一定比其他地方的宾馆的收益更好。但是机场方面没有经营管理宾馆的优势,那就应该交给专业的人去经营管理。所以,机场集团公司必须针对不同的经营项目,采用不同的融资模式和运营管理方式去参与产业链上的竞争,以期实现机场集团利益的最大化。

1.4 小结

机场的准公共产品属性、自然垄断属性、基础设施属性三个方面的属性,对机场集团的融资模式和公司治理的影响是比较大的。机场既不是一个市场竞争性商品,也不是一个纯公益产品,它同时具有两方面的属性。而且这两方面是一张纸的两面,是分不开的,这就是所谓的

准公共产品。准公共产品就必须按准公共产品的规律来运营管理。

机场发展的战略规划、机场设施的总体规划和临空产业的发展规划等三大规划,是机场融资的重要前提。规划建设一个机场及其临空产业群,就需要配备一套相应的投融资模式,而不同的投融资模式又需要不同的设施规划与之相配合。这就是我说的"双人舞"。

机场集团应该根据机场效益的三大来源,即社会效益、直接经济效益、间接经济效益,对应于机场的公益性、自然垄断性和经营性,组建集团公司、股份公司和PPP公司群三大融资平台,并相应地建立起各具特色的公司治理结构,以适应各公司自身可持续发展的要求。

第 2 章

机场集团的公益性和融资方案

我们民航有些人有一种错误的认识，那就是认为"机场就一定是亏损的"，甚至认为"机场就应该亏损"，但持这种观点的人并没有提出相应的理论依据。在我看来，他们只是基于我国的多数机场处于亏损状态这一实情，得出的"感叹"。对于这样的认识，我是极不能赞同的，是坚决反对的！

中国机场为什么会亏损？可归纳为以下五个方面的原因：一是机场承担了过多的公共职能（例如水电气、道路、绿化等公共设施的建设与养护、航空器噪声的治理、社区公共服务、政府摊派等）；二是资本金不到位或资本金占总投资的比例偏低；三是过度超过市场需求的投资建设，即项目过度超前、规模过大造成建设和运营的成本过大；四是建设和运营的相关法规体系过于僵硬，导致建设运营成本居高不下（例如对支线机场采用了过高的空防标准、消防标准和医疗急救标准等）；五是体制机制原因造成的经营管理不善，表现在人浮于事、缺乏考核、没有激励等，即他们就没有想盈利。

应该看到，我国几家上市的机场公司的市盈率都是不错的；同时也可以看到，绝大多数年处理1 000万人次旅客量以上的机场，在大规模扩建之前也都是盈利的。因此，是否可以得出"当机场的运营规模达到一定量之后是可以盈利的"的结论？其实，我国已经出现了年处理旅客量50万人次也能够盈利的机场，在国外也有不少类似案例。这些了不起的实践和众多案例，是非常值得我们静下来认真分析、研究的。

机场是一个复杂的多项目、多设施的综合体，能够弄清楚哪些项目或设施在赢利，哪些项目或设施在亏损吗？这很重要！一定要弄清楚，并让每一个经营管理者都非常明白。只有这样才能够使盈利的项目或设施多盈利，亏损的项目或设施少亏损。如果盈亏不分"一锅炒"，只能导致更大的亏损，直至破产。但是，机场还有另一个重要特征，那就是由于使用者付费的实施，使它具备了充足的现金流，并且未来预期非常稳定向好。这为"用未来的钱，做今天的事"，从事资本运作等提供了很好的基础条件。

第 2 章　机场集团的公益性和融资方案

2.1　集团公司的定位

机场作为一个公共设施必须承担相当多的社会责任、公共职责,这些都不是以盈利为目的的。我们不能让机场集团内的所有企业都背负如此沉重的社会责任,它们中的绝大多数应该作为一个标准的公司法人参与市场竞争。因此,最好的顶层设计就是让机场集团公司一家来承担这些社会责任,体现公共利益的最大化,而其他所有的集团下属公司都是公司法人、市场竞争的主体。为了机场集团公司能够起到承担机场必须承担的社会职责和公共服务功能的话,从融资的角度来说,我们就一定要把它定义成为100%的国资企业。

将机场集团做成为100%的国资企业,存在着以下利弊:

(1) 有利于体现机场作为准公共产品的公益性特征。这样机场集团公司就可以放开、大胆地做大做强基础设施公益性方面的事情。可以在表现城市形象、提供公共服务、保障社会平等方面给予更多的投入,甚至可以不计成本地完成政府交给机场的各种"任务"。

(2) 有利于吸收各级政府(国资委)的投入。机场作为一个公共产品提供者,给城市和区域带来了广泛的社会效益,集团公司可以从政府那里要钱、要地、要政策,100%的国资当然是最好的平台。作为一个公共产品,机场的收益就是其他行业的成本,政府为了营造一个好的投资环境,应该给予机场相应的支持。一个100%的国资主体,有利于吸收各级政府的各种投入。

(3) 有利于更广泛地调动社会资源。例如,机场出现紧急情况的时候,请武警、公安来做各种应急处置,或者叫所在城市的公交来帮机场做集疏运等,这时候由机场集团公司出面就比较顺畅,顺理成章。如果是一个一般的企业或者上市公司出面,在应急救援中可以调动的资源就太少了,反应就会慢许多,甚至根本无法进行下去。

(4) 有利于承接各种政策支持。由于机场集团公司是100%的国企,为了支持机场发展,政府就可以把土地通过协议价便宜一点出让给机场集团公司。但是不可能这样给一个合资公司或上市公司。政府还可以通过注入资本金的方式,为机场集团公司直接提供资金支持。甚至还可以通过人民代表大会常务委员会授权让机场集团公司承担一些政府职能,以利于机场地区的城镇管理。

(5) 不利于公司的市场化运作。为了要保证其他公司持有经营性资产轻装出征,在顶层设计时我们应该把大量不盈利、少盈利的国有固定资产放在机场集团公司。这样,在集团整体的生产规模达到一个相当高的水平之前,机场集团公司是很难盈利的,或将是亏损的,很难进行完全市场化的运作。

(6) 不利于提高运营效率。作为100%的国资企业,要承担大量的社会责任、提供高水平的公共服务,机场集团公司就不大可能再正常地参与市场竞争,就不可能再作为一个完全独立的市场主体来提高运营管理效率。换而言之,钱不应该放在机场集团公司这里,集团公司只负责把钱要来,然后再把它放到有效率的地方去。

综上所述,100%国资的机场集团公司,其实就只要做两件事情:对外"摆平关系"、对内"运作资产"。集团公司不要直接去进入市场,也不要直接去运行机场。只有这样,集团公司才有可能是有效率的公司。现实中,我国的许多机场集团公司都在做企业日常生产运营管理方面的事情,其实就是在做"伙计该做的事情",而不会做"老板该做的事情"。明明占着老板的位置、拿着老板的工资,却偏偏要做伙计的工作!

因此,请一定记住:集团公司要发挥集团公司的国资优势,做集团公司自己该做的事情。

案例 2-1 某机场集团多元化融资模式及推进路径研究

2017年,因为某省机场集团下辖的省会国际机场三期扩建工程正式完工投入使用以后,省机场集团面临较大的运营及财务压力。同时,根据省政府对机场集团的要求,机场集团还要推进省会国际机场临空土地开发利用、航空辅营新业务培育和以卫星厅、第四跑道为核心的新一期机场改扩建工程等多重任务。在此背景下,我们承担了"某省机场集团多元化融资模式及推进路径研究"课题,希望通过为某省机场集团提出具有针对性和操作性的多元化融资创新模式与推进路径,进而实现某省机场集团投资融资匹配、融资渠道多元、融资成本合理、融资风险可控、机场运营可持续发展的目的。针对该课题我们做了如下工作。

1. 现状与问题分析

在机场集团层面:政府以企业负债充当资本金投入,出资不到位;机场集团直接经营、管理各具体的业务板块,缺乏各专业类平台公司统筹,不利于业务风险隔离;机场集团整体业务经营情况不佳,净资产收益率与资产周转率不高,集团大部分资产的运营收入来自T2、T3与飞行区;折旧成本占总成本比例偏高(超过1/3)、部分资产闲置,不宜大规模扩建;资金来源单一,未建立集中的资金管理机制,机场集团短期偿债压力较大,可能影响信用评级。

在省会机场层面:整体收入偏低,非航收入提升空间大;东西区业务发展定位不清,航站楼利用率较低;省会机场公司资产尚未明确,业务界面不清。

在专业平台层面,航空货运物流板块:货站管理主体分散,产业链未打通,集聚效应不强。临空开发板块:临空公司承担过多职能,定位不清,资金需求大。支线机场板块:支线机场持续亏损,地方政府职能缺位。

2. 多元化融资模式的顶层设计

第一,机场集团的定位应该是战略管控型,同时可兼顾具体经营(如重大机场建设项目)和股权投资,打造多机场、多业态的大型航空产业集团。

第二,基于集团战略的业务分层与管控策略是:根据业务与航空主业的关联度,将集团业务分为保障类、经营类(核心非航和新兴非航)、投资类,打造专业化运营公司,实施分类管理,采用相应的管控策略(图2-1)。

图2-1 某机场集团基于集团战略的业务分层与管控策略

第三,战略实施的推进路径是:明晰航空主业、做强经营性业务、适度延伸至投资性业务,形成分层、分类的管控界面,建立与之相适应的投融资模式与体系。具体来说就是:组建省会国际机场股份有限公司(简称"股份公司");明确机场集团职能与定位;建构经营业务平台。

3. 多元化融资模式的建议方案和推进路径

首先是要组建省会国际机场股份公司。股份公司应该是机场集团航空主业资产的证券化平台;省会机场主业及相关经营性业务的开发、运营平台;机场集团后续资本运作的操作平台。因此,需要做好如下四点。

一是要做好机场集团与股份公司的业务与资产配置。股份公司要包括全部主业资产,要成为机场集团面向资本市场的投融资平台和后续资本运作的操作平台。围绕航空主业配置

相应业务和资产,优先考虑保障股份公司做到盈亏平衡、适当盈利。机场集团要关注现金流和信用评级,以现金流和资产运营为基础,配置相应业务和资产,承担财务层面的部分亏损,保现金流,保信用评级。

二是要做好股份公司的业务切分。要聚焦省会机场的航空主业;要确保航空主业业务链条完整,航空主营收入通过相关方式与集团进行分成;经营部分与主业资产不可分割的经营类业务,如航站楼场地租赁、特许经营等。

三是在向股份公司注入资产时,要保证股份公司业务链条的完整,同时消除同业竞争。未注入但与股份公司业务联系紧密的资产可由股份公司向机场集团租赁经营,并按照协议支付租金,如跑道、机坪等资产。同时,股份公司委托机场集团对航站楼内的动力能源系统、信息系统等设施进行日常维保,签订维保协议,明确服务价格,并支付委托管理费。见表2-1。

表2-1 股份公司注入项目建议

序号	注入项目	注入说明
1	T1、T2、T3航站楼	含楼内所有的设备设施。如土建、机电、能源等系统,以及信息系统和相关经营设施
2	现场指挥、飞行区保障、安检、消防、应急救援等	含跑道、滑行道、机坪系统,以及车辆、机电设备等
3	土地使用权	航站楼外侧立面垂直投影所对应的土地
4	人员	根据股份公司业务需要进行调配,原则上人随业务走

四是要明确股份公司的投融资模式与推进路径。股份公司投融资模式与推进路径可分为上市前和上市后两个阶段。上市前,可考虑引入战略投资者,以优化资本结构、提高经营管理水平、缓释资金压力。引入的战略投资者类型包括:符合国家和区域发展战略,能够为省航空枢纽建设提供战略支撑的行业头部企业;具有资本合作的战略协同属性,拥有机场投建营等行业投资与运营经验;认可机场集团发展战略,有资金实力,具有民航产业背景最佳。股份公司在上市以后,将打造对接资本市场的公众融资平台,形成多渠道、多品种的资本市场融资体系,满足省会机场生产经营和改扩建工程等所需的资金。具体融资方式包括:股权融资——发行股票、配股、增发、分拆等;债权融资——公司债、可转债、可分离债、股票质押、项目融资、商业信用、租赁等。

同时,要重新组建机场集团。在组建股份公司的同时,进一步梳理机场集团的其他业务、资产,确定装入机场集团的业务和资产类型,并构建相应的管控体系与投融资平台,重新组建机场集团。要做好以下三个方面的工作。

一是要明确机场集团的功能定位。机场集团要承担的职能是对接国资管理、对集团所属资本的管控和履行社会责任。因此可装入的资产是其他未装入股份公司的主业资产、需要机场集团统筹的重大项目与经营性资产，以及市政基础设施、公共设施等非经营性、公益性设施和机场红线范围内的预留土地。机场集团的管控要点是对外向政府要资金、要土地、要政策，对内管战略、管资本、管干部。

二是要建立机场集团的业务、资产、管控体系。如图 2-2～图 2-4 所示，业务、资产、管控体系相互之间要有严谨的逻辑关系，并很好地相互对应。业务、资产、管控界面明晰是多元化融资的基础和前提。

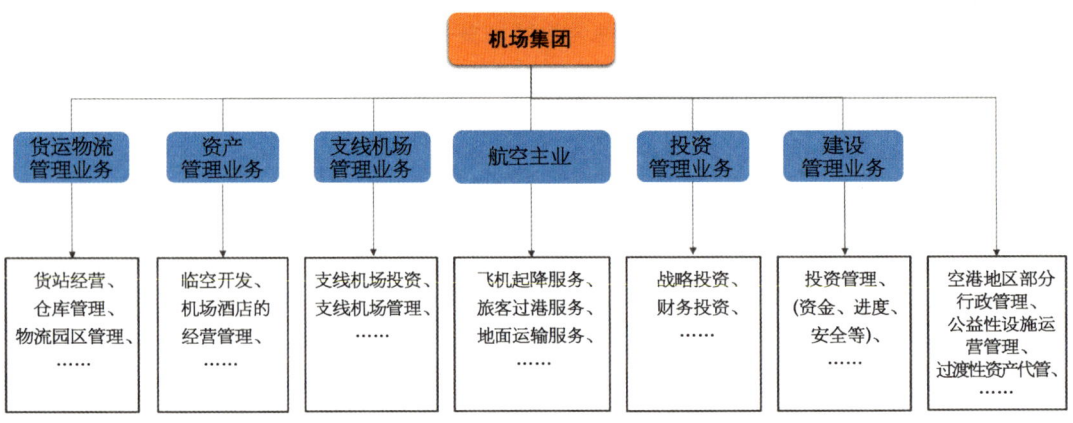

图 2-2 某机场集团的业务体系

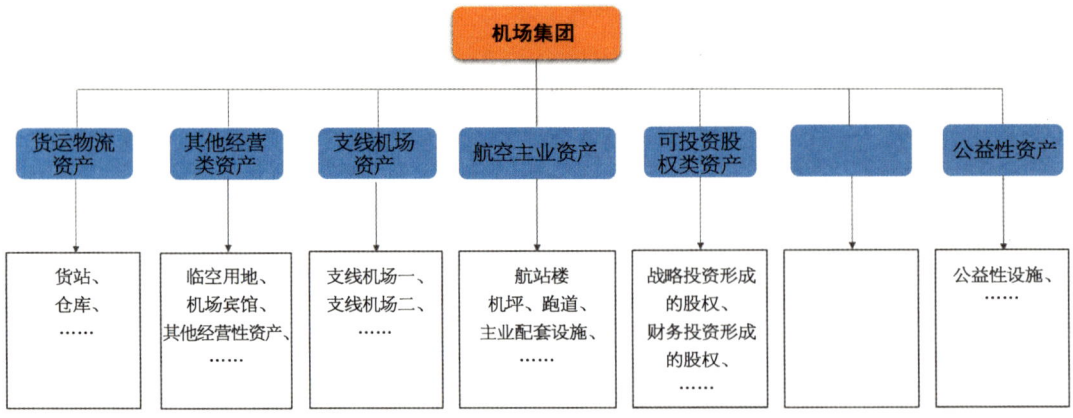

图 2-3 某机场集团的资产体系

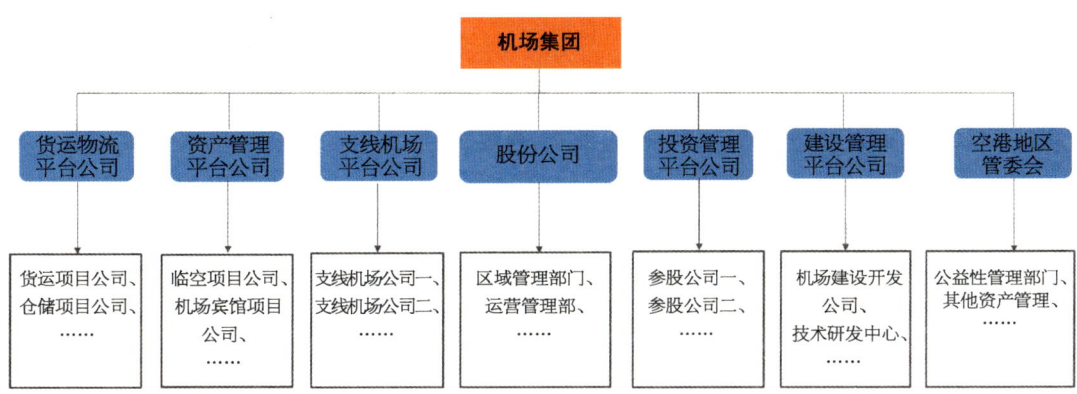

图 2-4 某机场集团的管控体系

三是要明确机场集团投融资模式与推进路径。建议机场集团对接国资管理,对接国资管理体系,吸收各级政府(国资委)及所属平台公司的投入,调动政府资源和承接各种政策支持。首先要申请项目资金和财政支持:申请国家、省、市等各级政府和民航局民航发展基金等对机场发展项目的资金支持。利用好专项债、企业债等各种方式拓宽融资渠道,推进重大建设项目。争取政府对机场集团承担公共职能的财政支持。其次要争取立法支持,比如争取出台"机场管理条例",将机场用地范围内的规划编制和前置管理授权给集团。最后,我们建议实施如下资本运作策略与路径:尽快推进以核心资产上市为前提的改革重组;利用上市平台筹集建设资金;优化配置股权资源,提升投资收益;探索混合所有制改革放大资产价值;丰富投资渠道释放现金价值;建设一体化资金结算中心。

然后要择机组建若干专业性业务平台公司。专业化经营领域要打造业务平台公司,划小业务单元,加大业务授权,形成多元化业务发展格局为此需要建立经营性业务、拓展类业务、财务投资类业务(股份公司以外)规划、管控平台,还需要建立相关业务后续资本运作平台。根据目前机场集团业务发展的实际,应该重点打造货运物流、临空开发、支线机场管理板块的平台公司,如图 2-5 所示。

1) 货运物流板块的投融资模式与推进路径

组建从事货运物流开发运营的平台公司,利用机场在航空货运物流产业链上的龙头地位,引入战略投资者和专业经营方,共同组建项目公司,业务的后续发展以项目公司为融资主体。为此,我们建议:

(1) 机场集团注入货运物流的相关资产组建平台公司,负责省会机场货运区以及相关园区的规划、开发、投资和经营管理,并为其项目公司提供服务保障;

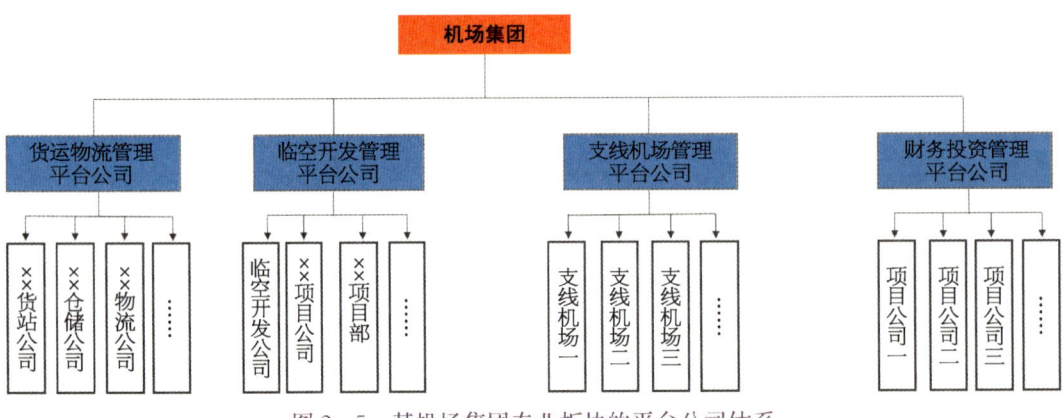

图2-5 某机场集团专业板块的平台公司体系

(2) 平台公司采取项目制运营管理模式,以项目为基础引入战略投资者和经营方组建项目公司,通过股权关系对项目进行管控;

(3) 切断集团和项目公司的直接联系,隔离风险。

2) 临空开发板块的投融资模式与推进路径

机场集团应当加强土地利用规划,以规划为龙头做好土地管控,充分利用掌握的土地资源做好项目开发。临空开发要覆盖临空土地开发的一、二、三、四级市场,在开发的不同阶段,机场集团参与的方式与重点应该不同。其中:一级开发由政府主导,机场集团适度参与。二级、三级、四级开发,建议机场集团以市场资源、已有资产和土地等作为资本金投入,不投现金。在核心地块(如航站楼前),建议由机场集团主导开发,可引入合作方,共享开发收益。

建议组建临空开发的平台公司,经营管理机场集团与临空相关的资产,承担临空产业开发规划、项目策划、项目公司筹建等工作;并承担引入细分市场上的战略合作方,共同打造一批具有市场竞争力的项目公司,以项目公司为主体进行项目开发运营,如图2-6所示。

3) 支线机场板块的投融资模式与推进路径

必须要建立专门从事支线机场投资和运营管理的平台型公司,作为支线机场业务板块的运营管理平台;并作为与地方政府界定权责和合作关系的责任主体,负责支线机场的发展规划、市场开发与资源导入等工作。

支线机场板块的职责和推进路径:组建支线机场平台公司,统一牵头向民航局申请支线机场新建及改扩建专项资金,省级财政、支线机场所在地财政按比例承担地方投资部分;通过省市级财政,对支线机场平台给予统一的专项补贴(含航班航线补贴、机场运营补贴)或以省市级财政、支线机场所在地财政分比例承担的方式给予补贴,如图2-7所示。

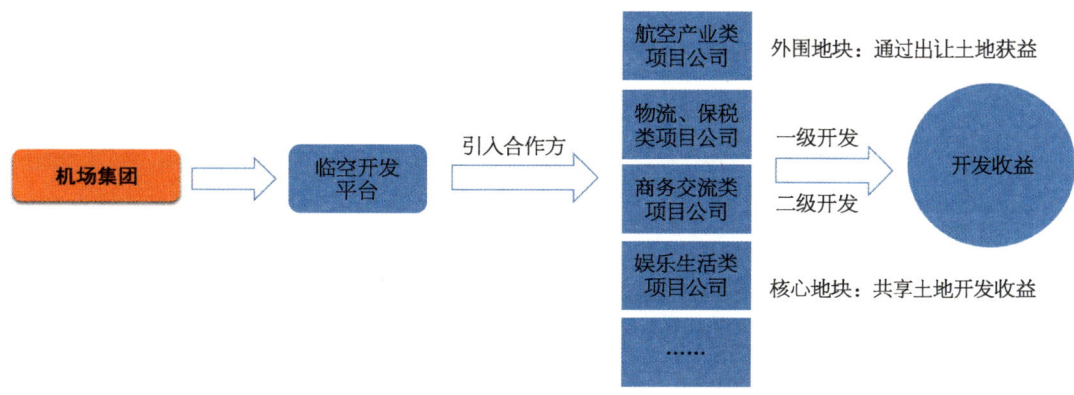

图 2-6 临空开发平台投融资模式与推进路径

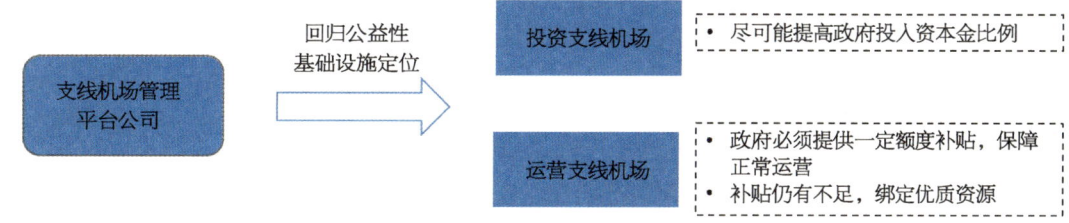

图 2-7 支线机场平台投融资模式与推进路径

4. 建议

以"搭股份,定集团,建平台"为总体思想和行动指针,通过梳理和界定业务、区分和组合资产,提出与之相匹配的管控体系和投融资平台,为某机场集团建立了一体化、多层次、多元化的融资模式体系;再以业务发展策略、资本运作策略、组织管控策略启下承上,支撑起该机场集团可持续发展目标的实现。

我们详细规划出了基于该机场集团不同的专业平台,建设多元化、多层次、一体化的投融资模式和推进路径(图 2-8)。

(1) 股份公司的投资模式:"能买就买"。通过引入战略投资者、上市等方式引入市场资金,不断向集团购买经营性资产。

(2) 其他可经营性资产的融资模式:"能赚就赚"。进行市场化、商业化开发与经营。

(3) 支线机场的融资模式:"能要就要"。向政府要政策、资源。

(4) 临空公司的融资模式:"少投多挣"。只投资本金(土地),充分利用社会资本和市场优势,滚动开发。

(5) 公益性资产的融资模式:"能交就交"。交给政府、交给专业运营管理机构,隔离风险。

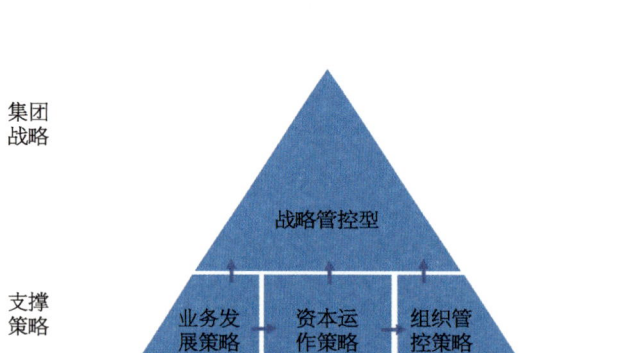

图 2-8 某机场集团多元化融资模式与推进路径的战略框架

2.2 机场规划用地的划拨

机场的建设与运营需要大量的土地。土地是机场集团公司的最主要资源和资产运作的基础、本钱和平台。因此,要做的包括以下几个方面:

(1) 应该争取地方政府能够将机场规划用地"一次性"或"分期分批"地转移给机场集团公司经营管理。即让政府按照我国土地管理的有关法规,针对机场总体规划、控制性详细规划中不同土地的用地性质,分别采用"划拨""协议出让"和"招拍挂"等方式,将机场总体规划用地范围内的土地转移到机场集团名下,交由机场集团公司运作和管理。

(2) 上述机场规划建设用地的土地出让金(属于地方的部分),应该作为国资委对机场集团公司的出资,注入机场集团。这可以作为地方政府投入机场集团公司的资本金的来源之一。

(3) 机场规划建设和运营管理所需土地的"动拆迁"和"用地获得"的费用,也应该作为国资委的出资注入机场集团。现在,机场建设用地的动拆迁费用呈不断上升之势。我国的许多机场都在探索这部分资金由政府财政支出或国资委出资的可行性,也有了许多成功的案例。

由于现在机场的选址都尽量避开基本农田和良好的城市用地,这就造成了一些机场的大规模土石方工程。即在机场规划建设之前必须花费较大的投资用于土地平整和地基处理,把土地整理到能够规划建设机场的程度。这部分用于机场"地盘形成"的费用也要说服地方政府作为资本金投到机场集团公司。就因为这块费用是机场在选址和扩建征地时,充分体现了机场的社会效益或是为了保护环境才带来或增大的,政府应该给予认可和支持。例如西部某

大型枢纽机场扩建工程,为了减少动拆迁量、减少净空限制对周边地区开发的影响、提高周边土地开发量,动用了近 2 亿 m^3 土方量,造成了近 100 亿元投资的增加。我就曾在论证会上明确提出了"根据谁受益谁投资的原则,这部分投资应该由地方政府投入"的建议。

对于机场企业集团公司来说,土地形成的成本是沉淀资本,不能产生效益。如果由机场集团公司来承担,会是一个非常沉重的负担。如果政府或国资委把这部分费用作为资本金投进来的,那机场集团公司就不会在乎它是贵还是便宜了,只在乎它作为一个大型基础设施在地盘形成上所花的钱对于城市和社会来说是否值得。因此,最好政府能够分担掉这一块土地成本,最好的办法就是作为资本金注入机场集团公司。因为国有资本金的最大好处是它的关注重点是社会效益,或者说它可以不要资金回报。

(4) 无论是规划建设还是运营管理都应该节约用地、严格控制土地形成的成本。虽然机场集团公司不是一棵拼命挣钱的摇钱树,但国有资产的保值增值也是必须认真仔细地研究和考虑的。

(5) 按照《民用机场管理条例》的要求,督促地方政府落实市政基础设施、各种交通设施的配套建设;尽量将机场集团以外的各驻场单位的市政基础设施保障职责交给地方政府或市场。现在,我国的机场集团过多地承担了这些市政基础设施的保障责任,不仅造成了机场集团公司的亏损,而且也没能给大家提供优质高效的服务。

(6) 机场集团公司还必须要长期持有机场非经营性设施和飞行区土地。这是将机场的公益性职责集中于机场集团公司,从而让集团旗下的其他所有公司都轻装上阵,在竞争中成长壮大。也就是说,亏就亏在集团公司!其他公司都不许亏!谁亏就让其经营班子下岗!

案例 2-2 浦东国际机场一期工程的融资结构

浦东国际机场一期工程(图 2-9)的土地主要是从农民那里征来的,这些土地均通过"土地空转"划拨转入上海机场(集团)有限公司名下。其征地费用和土地相关税费均作为上海市国资委的资本金注入上海机场(集团)有限公司。实际上基本可以认为浦东国际机场一期工程所用的近 12 km^2 土地是政府提供的。除了这些土地,政府就没有再给机场集团公司钱了。除了上述政府的投资,第二大块就是虹桥国际机场股份有限公司上市融资获得的约 20 亿元。除此之外还有日元贷款约 30 亿日元,国家开发银行和浦东发展银行提供的贷款等。

有了上述政府的投入、机场集团自己融来的资金、从银行贷来的款项等三大块资金,对机场工程来说就没有太大资金压力了。

在这里顺便介绍一下,我们从 20 世纪 90 年代初开始,就一直在不断地探索投资多元化

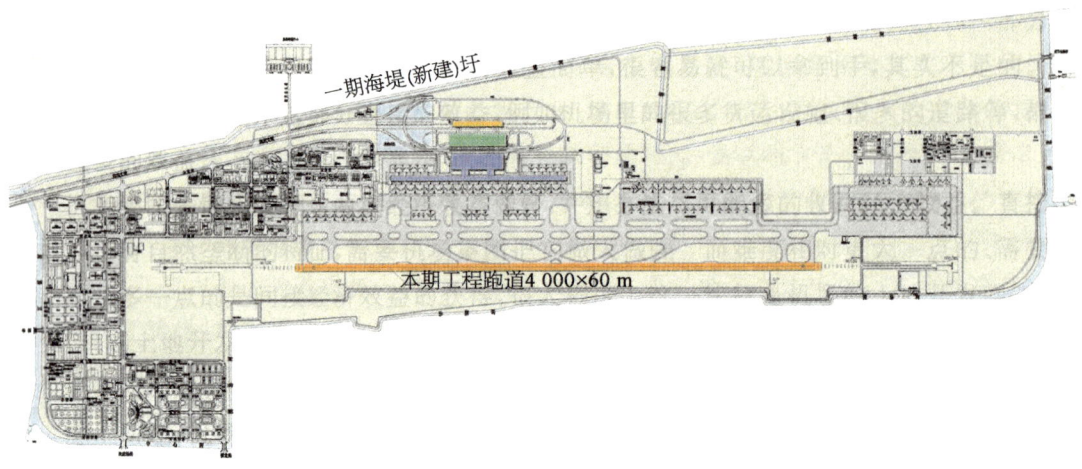

图 2-9　浦东国际机场一期工程设施布局

课题。浦东国际机场一期工程的融资结构(图 2-10)就已经非常多元化了,已经有了一批今天我们所说的 PPP 项目。这些项目包括:航空煤油项目、汽车加油站项目、变电站项目、通信项目、宾馆项目、空管项目、航空公司基地项目等。

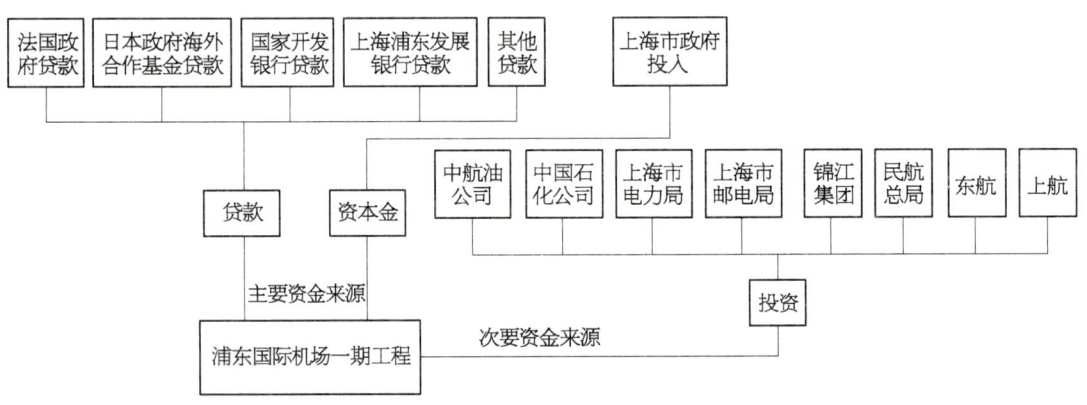

图 2-10　浦东国际机场一期工程融资结构

说明一下,图 2-10 中没有出现股份公司,是因为浦东国际机场一期工程是以上海机场(集团)有限公司作为唯一的投资方出面投资、建设的。这样做是为了便于得到各级政府的资金支持和政策支持,是为了方便工程可行性研究报告的审批。虹桥国际机场股份有限公司上市融资来的钱,用于购买建成后的浦东国际机场一期工程的部分设施,亦即由机场集团公司卖给股份公司。当然,卖什么、怎么卖、何时卖也是很有技巧的!

2.3 机场地区管理条例

各机场所在省市人民代表大会应制定自己的《机场地区管理条例》,明确机场集团需承担的公益性责任,并适度授权机场集团在机场范围内的行政执法权。机场集团公司作为一个公益性的平台,需要对机场围界以内的公共管理负责。为了完善它的治理结构,还要做一件事情,就是由地方人民代表大会常务委员会出台一部《机场地区管理条例》,将机场用地范围内的规划编制、调整、修订和前置管理授权给机场集团公司;将安全管理、口岸协调、公共管理、场容环境管理、服务管理等职责也授权给机场集团公司。地方政府应该成立一个协调、管理机场地区事务的"空港地区管理委员会",并下设日常管理机构——"空港地区管理委员会办公室"。该办公室的日常业务可纳入机场集团公司管理,同时承担条例赋予机场集团公司的相应职责。

案例 2-3 《上海市机场地区管理条例》

《上海市机场地区管理条例》包括以下九章(可参阅书后附录):

第一章　总则

第二章　规划和建设管理

第三章　安全管理

第四章　口岸协调管理

第五章　公共秩序管理

第六章　场容环境管理

第七章　服务管理

第八章　法律责任

第九章　附则

这个地区管理条例授权机场集团公司在规划建设方面做两件事情:一个是规划编制;一个是规划的前置管理。

上海机场总是两个规划都做的,即机场里面的规划我们自己做,机场周围地区的规划是我们做方案,做完以后交给市规划局,并与他们一起编入上海市的相应法定规划体系。实际上,我们要影响机场外面的规划建设,要影响临空地区的规划建设。因为机场是临空地区的龙头,机场的功能区都是临空产业的龙头,它们都是从机场这里延续出去的。也只有这种符

合产业链发展规律的规划布局才是合理的,才能对机场周边的临空产业、区域发展附加正面的影响。当然,这种按产业链发展规律的规划布局对机场本身的发展也是正面的,机场运营与产业链发展是能够做到相辅相成的。

其实,规划管理的机制,也就是前置管理。所谓前置管理就是将市规划局的部分行政管理职能前置于空港地区管理委员会办公室,所有项目在送规划局之前须得到空港地区管理委员会办公室的认可。在上海机场范围内,市政基础设施都是交给机场审批的,建筑则是机场审完了以后再送规划局审批。这样的一个好处是机场集团公司更加能够保证所有设施的规划建设都最好地满足机场功能的要求,把机场的运营要求作为第一个考虑因素。这样做的另一个好处是能够促进机场土地开发效益的最大化,把整个机场地区土地资产的经营效益提到最高。也就是说,机场集团公司要做的不仅仅是提供公益服务这么一个简单的事情,而是要在提供公共服务的同时使国有资产的效益最大化。为了做到这一点,授予机场集团公司规划编制和规划前置管理的职责是必需的,实践证明在法律上也是可行的。

"机场地区管理委员会办公室"实际上还承担机场公共管理的相关事务。机场的公益性属性就反映在我们有一个这样的部门,它专门做公益性的业务,我们不考核它的产值和收益,只考核它的管理和服务。

2.4 项目资金和政策支持

由于机场总是会带来巨大的社会效益,以及它本身具有的公益性,政府就应该在资金和政策上给予机场集团公司最大的支持。

向政府等公共机构申请项目资金和财政方面的支持,主要包括三个方面:

(1)机场集团公司出面直接申请国家、省、市等各级政府对机场项目的资金支持。国家层面的包括一带一路基金、西部开发基金、东北振兴基金等,行业内包括民航发展基金等,专业性的包括节能减排基金、停车设施基金等。

(2)将机场项目需要使用的土地,通过划拨、协议出让和招拍挂等方式转移给机场集团公司,关键是转移的成本要合法、最低。

(3)对机场集团公司承担公共管理和相关社会职责必要的财政保障。

总体而言,就是机场集团公司必须要出面去把机场规划的土地要来,把应该给机场的资金要来。如果用上市公司或合资公司出面,肯定是不行的,它就拿不到这些资金。向政府要钱这件事非100%国资的机场集团公司是做不到的。实际上,机场集团公司在这方面要做的事情就是"能要就要",要钱的责任就在机场集团公司。因为只有集团去要才可能要到,其他

主体也要不到的,而且机场集团公司向政府要钱这事又是合理合法的,并且过去多个机场集团公司的实践也告诉我们这也是可行的。当然,机场集团公司拿到这些钱以后,就可以针对某一个项目,找到合作者一起投资开发。这些项目就不是100%的国资了,这些项目公司必须资产界面清楚,并使之独立运营,逐步走进市场。

此外,机场集团公司还持有大量市政基础设施、公共设施等非经营性、公益性资产,同时也替代政府承担着大量公共管理职责。因此,政府应该为机场集团公司提供一系列的政策支持,例如上述土地政策的倾斜、税收的减免、融资的便利等。但是"要政策"这个事情就比"要钱"难得多了,需要机场集团公司有一个强大的、专业的、稳定的研究班子冷静下来做出深入细致的、开创性的工作,不断地出谋划策,并提供有远见的、科学的、可操作的决策方案。因此,我们的机场集团公司大多设有研究室、研究中心、战略发展部等类似机构。

2.5　国有资产的杠杆作用

机场集团公司是一个资产密集型企业。机场集团公司替国家经营管理如此多的资产,且涉足四大临空产业链。这就必然要求机场集团公司要发挥这些国有资产的杠杆作用,撬动临空产业的发展,带领城市经济的转型或升级。

这里所说的国有资产的杠杆作用主要包括两个方面:

一方面是通过对机场集团公司所持国有资产的所有权和经营权的转移,实现部分国有资产的变现和经营效益的提高。从而实现机场自身的可持续发展,即在今后的机场改扩建中减少或免除政府新的投资。

另一方面是通过PPP实现机场及临空产业的投资多元化,以少量的国资投入撬动大量社会资金的加入,从而达到放大国有资产作用的目的。由于机场处于四大临空产业链的顶端位置,这种国资的撬动作用就显得特别重要。一旦组成这种投资多元化的项目公司,我们就能够顺理成章地实现该企业的管理社会化和经营市场化,使企业走上可持续发展的道路。

在资产经营管理,特别是机场融资这个问题上,机场集团公司始终都应该是主体,是总指挥!集团公司要做的是把集团公司作为项目公司的孵化器,把新创的公司培养强大,然后让它毕业并把它推出去、送进市场!集团公司就像船坞,做好了船就要让它扬帆起航走向大海,病了可以回来维修。因此我认为集团公司要做的就是:建公司、买公司、卖公司、修公司、关公司……这才是集团公司的大老板该做的事情!

综上所述,机场集团公司是机场的"老板",它的核心业务就是资产经营。为此,机场集团公司的治理模式就应该是以资产经营为核心展开。这一条必须体现在董事会、监事会的组织结构

上,也必须体现在经营班子的构成和机关部门的设置上,当然还会带上中国国情和地方特色。

案例 2-4　某机场集团公司组织结构简介

中国的机场集团公司都少不了董事会、监事会、股东大会、经营班子、党委会、职代会。但它们在公司运营中都依靠什么样的组织结构发挥作用呢?在不同的机场集团公司,其组织结构其实是很不一样的,即使是同一集团公司也是动态变化的。以下我们以某机场集团公司为例研讨机场集团公司的组织结构。

该机场集团公司的董事会聘有董事长、副董事长,配备了常设的董事会办公室。同时还建立了非常设的战略发展委员会、人力资源委员会、投资委员会和法务审计委员会。这些委员会的日常具体工作由集团机关相应的部门承担。

在董事会中建立"规划技术委员会"也是比较常见的。该委员会通常在机场建设的繁忙期,以及设施设备的大规模新建和改扩建中,对投资的管控做出最后的决策。更重要的职责是研究规划与技术的发展,把握机场设施设备未来的发展方向和节奏,在适当的时机做出正确的决策。

该机场集团公司的监事会聘有监事长和监事多名,设有监事会办公室,与集团机关的法务审计部合署办公。

某机场集团董事会与监事会的组织结构如图 2-11 所示。

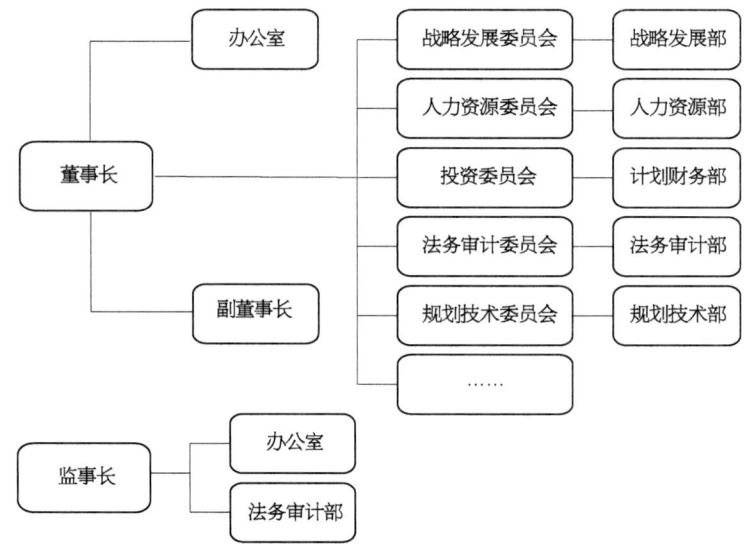

图 2-11　某机场集团董事会与监事会的组织结构

该机场集团公司的经营班子聘有总裁、副总裁、总工程师、财务总监。设有以下机关部室：办公室、安控中心、战略发展部、人力资源部、计划财务部、规划技术部，并代管空港地区管理办公室。同时还设有信息中心、资金中心、技术中心和培训学院，为相应的机关部门提供决策支撑和操作平台。该机场集团经营管理层的组织结构如图2-12所示。

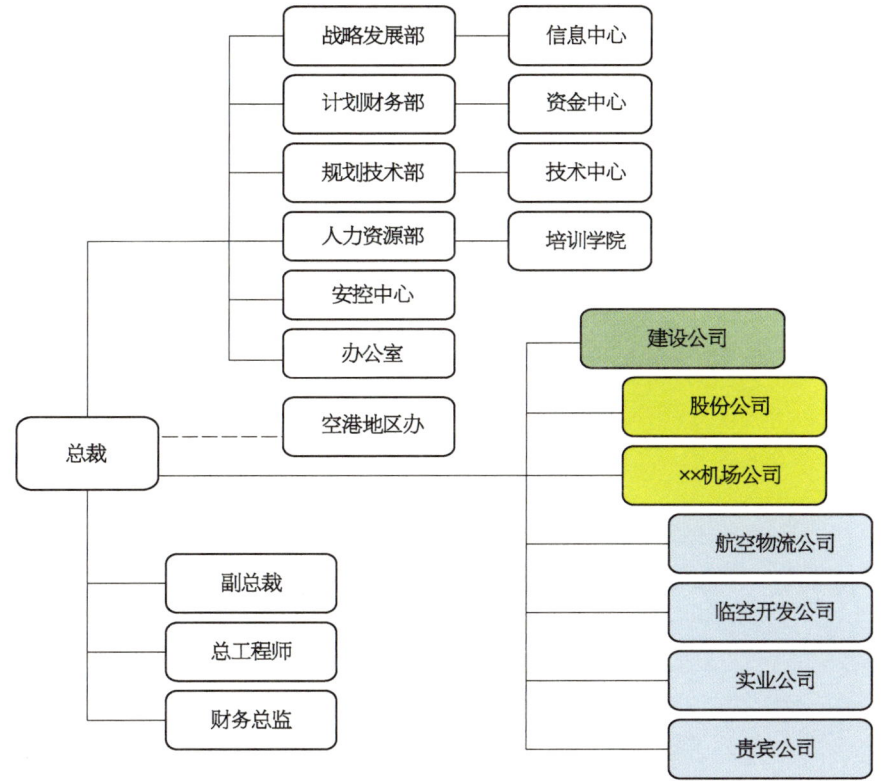

图2-12 某机场集团经营管理层的组织结构

该机场集团公司的下属公司有40多个，分属三大板块。第一板块为建设板块，包括建设开发公司、咨询公司、监理公司等。第二板块为运营板块，包括股份公司、某某机场公司等。第三板块为辅业板块，包括航空物流公司、临空开发公司、实业公司、贵宾公司等。该板块包括以项目为单位投资成立的一系列合资、合作的独立法人公司。集团公司不直接介入经营管理的投资企业都划归实业公司管辖。

该机场集团公司的党群机构包括集团公司党委办公室、集团公司纪律检查委员会、集团公司工会、集团公司共青团委员会。设有党委书记、副书记、纪委书记、工会主席、团委书记。

按照党管干部的原则还设有党委组织部,遵循减员高效的原则,组织部与集团的人力资源部合并办公,又称"组织人事部"。某机场集团党群管理层的组织结构如图2-13所示。

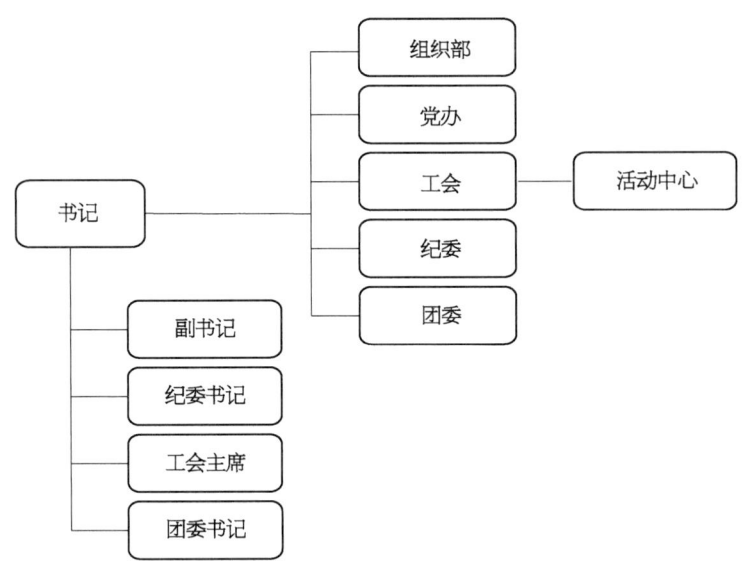

图2-13 某机场集团党群管理层的组织结构

案例2-5 西部机场集团及其组织结构简介

西部机场集团隶属于陕西省人民政府,其前身为西安咸阳国际机场,2003年机场属地化改革后,西安咸阳国际机场接收榆林、延安、汉中、安康四个支线机场,成立陕西省机场管理集团公司。2004年、2006年,分别与宁夏、青海机场公司实现联合重组,并更名为西部机场集团公司。2012年10月,集团与甘肃省政府签署协议,负责天水、甘南、陇南、平凉机场的建设运营。2015年9月,接管银川月牙湖通用机场。2016年,签约负责韩城、丹凤通用机场的建设及后续运营管理。目前,集团负责咸阳、银川、西宁3个干线机场和陕、甘、宁、青四省区16个支线机场和3个通用机场的建设和运营管理,管理机场数量和航空业务量分别占民航西北辖区总量的70%和84%,已经发展成为全国第二大跨省区运营的大型机场管理集团,员工1万余人。西部机场集团的组织结构如图2-14所示。

近几年,西部机场集团扎实推进"以航空市场为主战场"战略,强势推动航空主业发展,充分发挥集团化管理优势,航空主业生产指标增速始终高于行业平均水平。2016年,集团共保

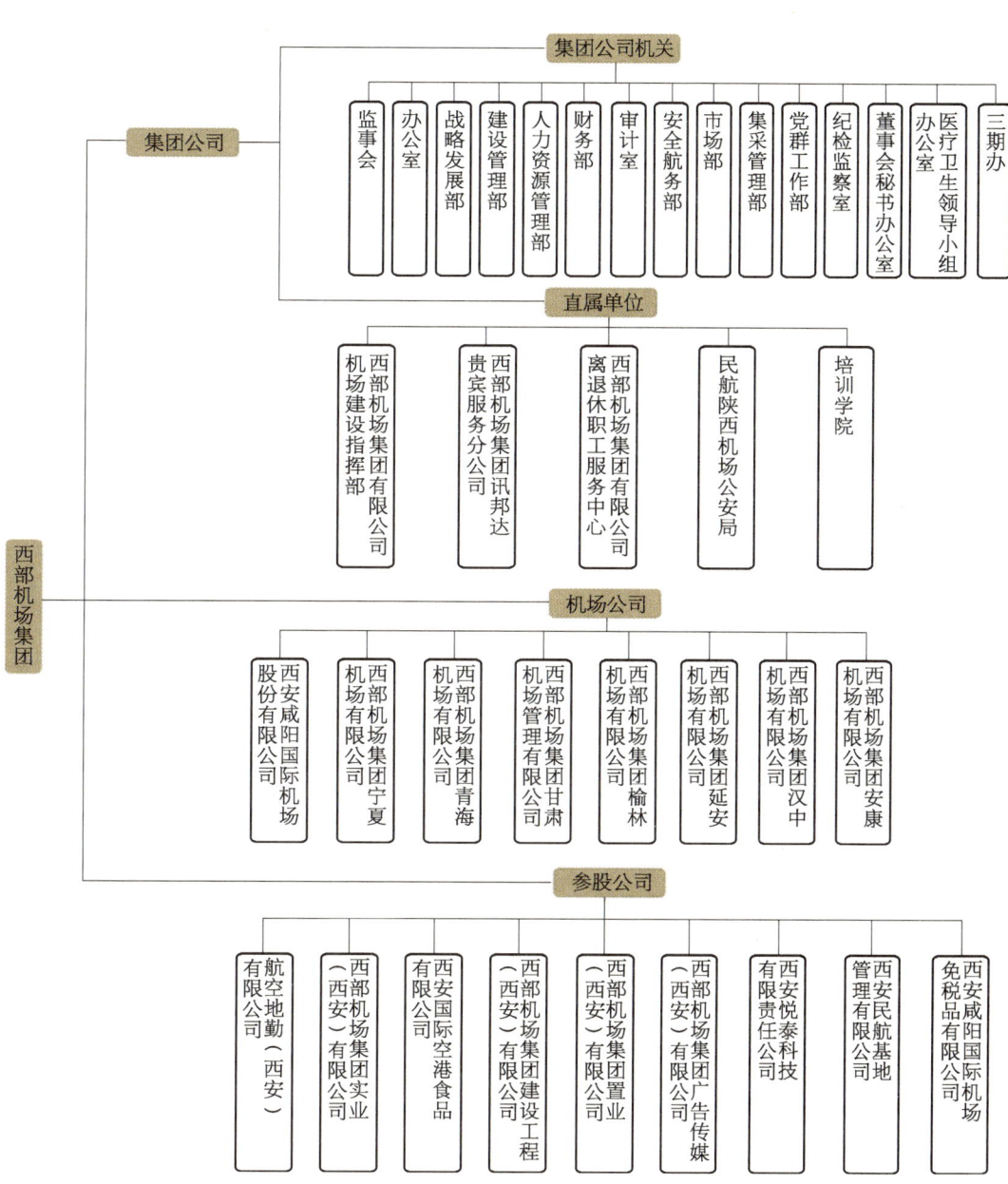

图 2-14　西部机场集团的组织结构

障运输起降 41.5 万架次、旅客吞吐量 5 080.4 万人次、货邮吞吐量 30.1 万 t。西部机场集团始终坚持以改革促发展,以创新促跨越,先后完成了航服公司、西部机场集团公司及西安咸阳国际机场的改制工作,建立起了更加符合现代企业制度要求的新的管理机制和治理模式。同时,集团按照市场化运作、专业化经营、规模化发展的思路,大力发展航空延伸产业,拥有涉及广告、建筑、运输、酒店、房地产、信息技术等领域的 10 个辅业公司。集团非航收入总量已占到总收入的 50% 以上,达到行业先进水平,全集团的综合实力实现了较快、较大发展。

根据行业发展趋势和自身定位,集团提出了"架构新的丝绸之路,促进西部空港大发展"的发展目标,明确了"以改革创新为动力,以航空市场为主战场,以安全服务为两翼,以效益为中心,以企业文化为支撑,促进集团公司持续快速协调发展"的工作思路,确立了"两谋"原则和"五个统一"方针,提出了为员工创造事业,为客户创造满意,为所有者创造财富,为社会创造文明的核心价值观,形成了具有自我特色的企业文化,为集团的又好又快发展提供了强劲的思想动力。

2.6 小结

我们对机场集团公司的定位是"承接政府支持、服务社会公益"。集团公司的融资模式就是"能要就要!"集团公司的核心业务是"资产经营"。因此集团公司的治理结构就应该是一个"以投资管控为中心,以经营公司为主业"的经营管理平台。

因此,我们认为应该将机场集团公司做成一个 100% 的国资企业;并将机场规划用地分期分批地转移给机场集团公司;土地成本则作为资本金注入机场集团公司;地方人民代表大会常务委员会应该出台《机场地区管理条例》,将机场用地范围内的公共管理,部分授权给机场集团公司;机场集团公司还必须把申请国家、省、市等各级政府的政策支持和资金支持作为自己的主要业务;最重要的还是机场集团公司必须通过对所持国有资产的运作,不仅达到使其保值增值的目的,还要发挥国有资产的放大作用,撬动大量社会资金投入机场和临空产业的发展中。

总之,机场集团公司的职责就是收回机场的部分社会效益(图 1-17),提供相关公共服务。

第3章

股份公司融资平台的搭建

机场的经济效益中有一部分是通过"使用者付费"直接获得的。事实上这部分收益就是我所说的机场自然垄断所带来的收益。这部分收益的特征就是"非常稳定、可预测",它与我们从市场竞争中得到的收益是完全不一样的。因此机场集团有必要将与这些收益相对应的资产隔离出来,组建成一个经营管理的实体。我们发现这些资产大体上就是行业内所说的"航空主业",从设施角度来看就是航站楼和飞行区的所有设施。它们具有运行和经营上的共同特征,可以采用相似或相近运营管理方法和体制。

另一方面,以这些自然垄断性的资产建立起来的公司,在现行民航相关法律法规和收费标准的环境下,具有较好的可经营性。特别是机场运行规模达到一定程度后,会有一个比较好的成长性和预期收益,这对于社会资本就具备了较大的吸引力。因此,机场集团就可以用这些收益性较好的优质资产为基础搭建一个股份公司,并可以作为一个融资平台来经营管理。具体地,就是通过上市或引进战略投资者的方式,出售部分资产的所有权,获得社会上的资金,用于机场的扩大再生产。

通过出售部分资产为机场发展融资,我们不仅建立起了股份公司这个融资平台,同时还建立起了现代企业制度,这才是我们的真正"目的"。

3.1 我国机场公司的资产管理现状

我国90%的机场公司都是简单的100%国有资产,无论是资产运作,还是企业的经营管理都是非常单一、僵硬的。为什么说它们是简单的100%的国有资产呢?是因为它们的所有资本金都是一家国资委的。其实,虽然是国资,如果是来自不同出资者的国资,也会有不同的公司治理模式。例如上海磁浮交通发展有限公司就是由九家国有企业出资建立的一家国有企业,它就不是一家"简单的国有企业"了,它的董事会、监事会成员就不是市委组织部定

的了。

现在,我国 90% 的机场都处于亏损状态,存在的问题很多,但我以为最大的问题就两个:一是"不知道自己不盈利";二是"不知道自己哪里不盈利"。

不知道自己不盈利的原因是体制机制问题,是因为对国资负责的经营者做得不到位,包括组织不到位和思想不到位,他们根本就没有把国有资产的保值增值放在心上。与国资委对他们的考核和要求相比,他们更在乎某些部门对他们的评价。这些人有个特点,就是他们经常会说"钱不是问题""能用钱解决的都是小问题"等,因为对他们来说"亏损根本就不是问题"。我们要解决这个问题,其实也很简单,只要国资委、组织部加强管理,把国有资产的保值增值与对经营者的评价、奖惩结合起来就会迎刃而解。

不知道自己哪里不盈利是因为机场的"大锅饭"问题很严重。经营管理者不知道自己的企业盈在哪、亏在哪。解决的办法就是我们要"划小核算单位,落实绩效考核"。这就要求我们要非常理解我们所运营管理的机场企业,合理设计"资产组合",并进一步做到"产权清晰"。这样大家都会非常清楚"哪里是盈利的、哪里是亏损的"了。

如果机场集团都非常清楚盈利在哪里,就能够针对不同的核算单位,做出不同的资产组合方案和融资方案,就能够建立起不同的考核制度和经营管理模式,就能够做很多的事情了。

案例 3-1 关于创建乌鲁木齐机场股份公司融资平台的建议

新疆机场集团在乌鲁木齐机场新一轮扩建工程展开之际,委托我们做了一个融资策划。我们面临的课题是乌鲁木齐机场 400 亿元的扩建工程所需资金的缺口很大,机场集团希望我们找到新的资金来源以解燃眉之急。经过调研,我们欣喜地发现乌鲁木齐机场已经有了 3 年的赢利历史,这为新疆机场集团打造一个以主业为中心、以一个机场为主体的融资平台奠定了很好的基础。于是,我们赶紧建议机场集团隔离乌鲁木齐机场的资产,逐一明确所有资产的产权关系,特别是要清理历史留下来的土地、房屋权属关系。

最终,我们就为新疆机场集团策划了一个"筹建乌鲁木齐机场股份有限公司,尽快寻找到投资者;在引进资本的同时,既启动乌鲁木齐机场公司的现代企业制度改革;又为乌鲁木齐机场扩建工程融资"这样一个一石三鸟的融资方案。考虑到乌鲁木齐机场的实际情况,我们的课题报告最后明确建议乌鲁木齐机场公司走"借壳上市"的道路。2013—2015 年新疆机场主要财务指标见表 3-1。

表 3-1 2013—2015 年新疆机场主要财务指标　　　　　　（万元）

指标项目	2013 年			2014 年			2015 年		
	乌鲁木齐	母公司	集团合并	乌鲁木齐	母公司	集团合并	乌鲁木齐	母公司	集团合并
营业收入	80 359	116 905	136 228	86 788	121 649	137 371	99 210	139 371	176 364
非航收入	30 224	53 402	72 719	35 827	51 847	71 062	41 797	62 742	99 735
非航收入占总收入比例	45.68%	45.68%	53.38%	42.62%	42.62%	51.73%	42.13%	45.02%	56.55%
成本费用总额	73 930	129 389	149 916	80 685	137 453	158 536	89 628	158 710	195 370
人工成本	40 650	65 450	73 833	45 815	72 589	81 472	50 383	79 870	88 750
折旧摊销	15 865	32 136	33 624	16 127	33 479	35 126	16 398	37 176	39 130
利润总额	6 966	-9 159	-10 486	6 106	-5 619	-11 243	9 647	-4 664	-4 319
补贴收入	0	6 907	6 907	0	14 193	14 193	0	14 540	14 540
剔除补贴收入后利润	6 966	-16 066	-17 393	6 106	-19 812	-25 436	9 647	-19 204	-18 859
资产总额	302 288	845 336	849 239	31 876	867 287	871 713	310 339	1 000 321	1 205 828
资产负债率	103.43%	15.08%	15.84%	98.08%	14.90%	16.35%	94.92%	20.55%	34.80%

浦东国际机场一期工程投运以后，我也曾经研究策划过将机场的"通信信息公司"包装上市的课题。可惜，无果而终了。

事实上，我国的许多机场把共用的交通与市政配套设施划转给地方政府之后，都是可以赢利的。特别是达到设施设备的设计能力之后，绝大多数大中型机场的航空主业都应该赢利。这就为机场集团打造一个长期稳定的、可靠的融资平台——股份公司提供了一个非常好的机遇。但在民航运输业高速发展的背景下，这种机遇期是非常短的，一旦机场完成进一步的大规模投资建设，新增大量的固定资产进账，公司又将面临亏损。因此，抓住机遇很重要，机会就在机场扩建工程融资时，稍纵即逝！

3.2　机场设施的区分

除了一部分赢利的机场之外，还有很多机场由于各种历史的、环境的原因，不能做到整体赢利。这就需要做进一步精细的工作，即对机场设施进行拆分、组合，从而找到新的、更大的融资舞台。

任何一个机场都是由许多个不同的设施构成的。通过对这些设施自身的"可经营性"和"可拆分性"进行区分,我们可以将它们分为:不可经营、不可拆分的设施;不可经营、可拆分的设施;可经营、不可拆分的设施;可经营、可拆分的设施四类设施(图3-1)。

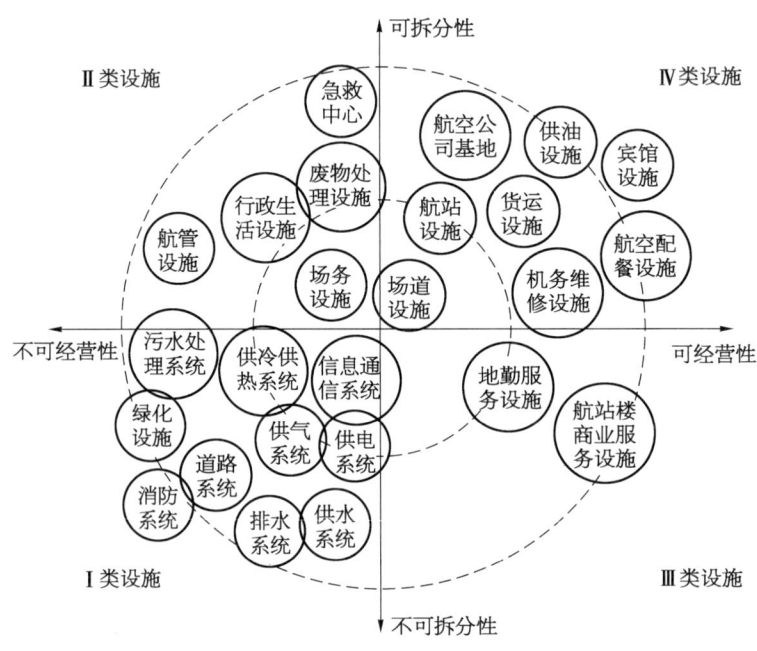

图3-1 对机场设施进行的区分

可拆分性是指根据设施的物理、功能和运行特点,对设施进行区分。对于物理上存在边界、具备独立功能、能够独立运行的设施,称为可拆分的设施;其他的设施则称为不可拆分的设施(表3-2)。

表3-2 按可拆分性对机场设施的区分

类 别		设 施
不可拆分的设施	配套设施	信息通信系统、供电系统、绿化工程、供冷供热系统、供气系统、邮电通信系统、消防系统、污水处理系统、排水系统、供水系统、道路桥梁等
可拆分的设施	场道设施	场道设施、附属设施、站坪机位、助航灯光等
	航站设施	旅客候机楼、特种设备、停车场、站坪调度中心、地铁设施等
	货运设施	货运站、货运业务楼等
	航空公司基地	机务维修、行政办公、仓储设施等

(续表)

类别		设施
可拆分的设施	供油工程	油库、站坪加油系统、航空加油站等
	航管设施	航管楼、塔台、雷达工程、雷达终端系统等
	航空配餐	航空配餐设施
	宾馆设施	宾馆设施
	机务维修	机务维修设施
	其他配套设施	急救中心、场务设施、行政生活设施、废物处理设施等

可经营性是对上述机场设施群中各单体设施盈利能力的描述。通常,我们把非经营性项目定义为 $K=0$,把纯经营性项目定义为 $K=1$,把准经营性项目定义为 $K<1$,把高回报的纯经营性项目定义为 $K>1$。因此,我们还可以根据设施的可经营性,对机场项目进行分类(表3-3)。

表3-3 按可经营性对机场设施的区分

类别		设施
可经营性项目	$K=1$ 和 $K>1$ 的纯经营性项目	货运设施:货运站、货运业务楼等
		宾馆设施:宾馆设施
		航空配餐:航空配餐设施
		供油工程:油库、站坪加油系统、航空加油站等
		机务维修:机务维修设施
		航站设施:旅客候机楼、特种设备、停车场、站坪调度中心、地铁设施等
		航空公司基地:机务维修、行政办公、仓储设施等
	$K<1$ 的准经营性项目	场道设施:场道设施、附属设施、站坪机位、助航灯光等
不可经营性项目	$K=0$ 的非经营性项目	航管设施:航管楼、塔台、雷达工程、雷达终端系统等
		配套设施:供电系统、绿化工程、供冷供热系统、供气系统、邮电通信系统、消防站、急救中心、污水处理系统、排水系统、供水系统、场务设施、道路桥梁、行政生活设施、废物处理设施等

可见,机场由于属于基础设施,具有多重经济性。

一方面,除了机场整体具有正外部性外,机场内部不同功能区域的设施经营性的差异比较大。机场跑道、滑行道、围界、安全监控等设施,其收益性远没有航站区的收益性高,具有明显的公益性特点,起降服务收入往往不能弥补初始投资的折旧、运行、维护费用等成本。

但这些设施是机场不可或缺的核心设施。航站楼则是经营性很强的优质资产,通过开展商业、餐饮和广告等服务,可取得良好的经济收益。同时,机场由于其特殊的地理位置和稳定的客货流,还可以带动周边产业的发展,提升周边区域的土地价值,获得良好的投资收益。

另一方面,从具体经营项目来看,不同经营项目在不同的客货流量的情况下,经济收益性是不同的。如果完全由市场来提供,机场公益性设施、基础性服务和项目就会出现没有投资、没人服务和没人运营的情况。而从机场角度来看,随着航空客货流量的增长,这些项目产生了外部经济效益,并外溢到商业、餐饮和广告等资产和服务项目中去。

我们采用这样的方法来区分这些设施,是为了拓宽融资渠道,保证机场服务的有效供给,提高服务水平,优化资源配置。当然,这种划分也不是绝对的,在项目具体经营管理过程中,也要考虑到规模经济性问题,可以将一些具有共同运行特点或业务联系紧密的,具有不同经营性的设施"捆绑"经营。上海机场(股票代码:600009)的上市资产群,就是利用机场资产的可拆分性,通过对部分资产的可经营性的分析,以适度赢利为目标做出的资产组合。正是基于我们对机场设施的这种"可拆分性和可经营性"的区分研究,为上市公司的成长性和吸引力提供了一个可靠性预测,为投资者消除了误判,为上市扫清了障碍。

案例 3-2 上海国际机场股份有限公司上市

1998年2月,上海机场(股票代码:600009)上市,资产重组上市前,首先将机场资产分成了两部分:

(1) 一部分是航站楼及国际贸易、广告、实业、航空服务、餐厅、安检、医疗、消防等部门及资产,即部分优质资产(即经营性设施)组合上市。

(2) 另一部分主要包括:职工住宅、学校、托儿所、培训中心、公安分局等资产;维修管理、飞行区及场内道路、绿化等设施及资产。

1998年2月,股份公司上市募集资金19亿元,以两种方式投入浦东机场建设:一是购买浦东机场的经营性项目;二是直接投资建设浦东机场的经营设施。1998年虹桥国际机场的土地与航站楼如图3-2所示。

到2004年,资产重组后,股份公司的资产全部置换为浦东机场1号航站楼、一跑道、浦东机场航油、上海机场广告等以浦东机场为主的经营性资产(图3-3)。

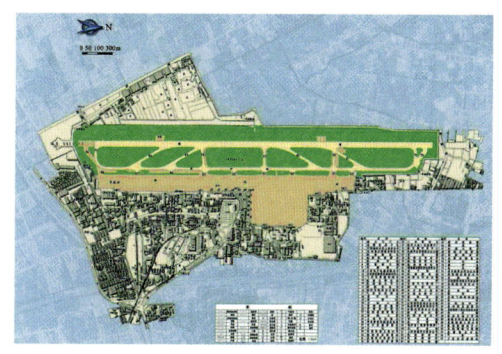

图 3-2　虹桥国际机场的土地与航站楼(1998 年)

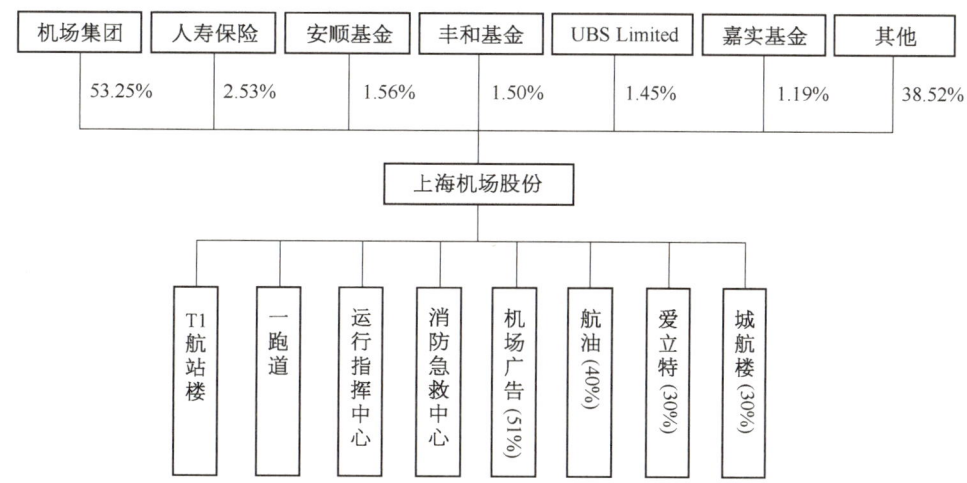

图 3-3　上海国际机场股份有限公司的股东构成与资产结构(2004 年)

机场作为一种准公共产品,由于存在消费效用的不可分性、非竞争性及受益的非排他性,使社会资本参与的投资收益得不到有效实现,形成进入壁垒。这也是基础设施长期以来实行政府垄断经营的一个重要原因。但是收入和需求水平的扩大、技术的创新和制度的创新,如今已经使原来无法实现的收费和收益补偿成为必要和可能,从而为引入社会资本创造了条件。

当然,我们还可以进一步地进行区分研究,机场设施供给的补偿机制可以因设施属性的不同而有所区别。对纯公共产品性质的设施而言,供给的补偿方式只能是政府投入;而对准公共产品性质的设施供给的补偿方式,可以是政府投入,也可以是市场投入,或者是公私合作(PPP)。

机场集团在引进社会资本时,除了融资之外,重点考虑的通常是引进先进的机场运营管

理模式和经验,以及进一步开拓市场,也就是我说的公司治理模式。因此,我们通常把这种投资人称作"战略投资者"。

案例 3-3　西安咸阳国际机场公司股份制改造简介

2007年4月6日,西部机场集团公司与法兰克福机场、中航集团就西安机场股改的各项法律文件和资产评估结果达成一致,完成股改的全部谈判工作,并正式签约。本次股改将西安机场主体业务纳入股份公司。

西安咸阳国际机场股份有限公司注册资本为20亿元,西部机场集团公司以净资产出资10.18亿元,持股50.9%;法兰克福机场和中国航空(集团)有限公司分别以现金方式出资4.9亿元,各持24.5%的股份;西部机场集团空港物流(西安)有限责任公司以现金出资200万元,持股0.1%。

2008年9月9日,西安咸阳国际机场股份有限公司挂牌运营。

案例 3-4　萧山国际机场有限公司引入战略投资者

2005年4月15日,杭州萧山国际机场与香港机场管理局签订《杭州萧山国际机场有限公司增资认购协议》,以增资并购的形式,引入香港机场管理局为战略股东,共同投资和经营管理杭州萧山国际机场。

根据双方签署的《杭州萧山国际机场有限公司增资认购协议》,杭州萧山国际机场有限公司通过增资扩股、引进战略投资者的方式,与香港机场管理局合资,共同投资和经营管理杭州萧山国际机场。

杭州萧山国际机场有限公司以评估后经浙江省人民政府国有资产监督管理委员会确认的净资产出资,占65%的股权;香港机场管理局以港币现汇折算方式出资,占35%的股权。

2006年12月18日,合资公司正式成立,合资公司注册资本金为56.86亿元人民币(约港币56亿元)。杭州萧山国际机场有限公司原股东出资36.959亿元人民币,以原股权投入,占合资公司注册资本的65%(股东包括浙江省机场管理公司、杭州市投资控股有限公司、杭州萧山区国有资产经营公司)。香港机场管理局通过注资19.9亿元人民币(约19亿港元),取得杭州萧山国际机场有限公司35%的股权,并委任4名董事会成员。经营期限为30年。

杭州萧山国际机场有限公司则由一家国有的有限公司变更设立为合资经营的有限责任公司。该合资公司将大力引进香港机场先进的管理经验和技术,增强营运效率,提高服务质

量及管理水平,逐步与国际先进机场接轨。

3.3　机场集团的资本运作平台

　　对于机场集团的经营性资产,往往都是"唐僧肉",伸手的人会很多,一不小心就会弄得产权关系非常复杂。因此,我首先要说的就是要尽早隔离机场的经营性资产,整理所有机场资产的产权关系,要做到产权明晰、证照齐全。

　　接下来,我们要做的就是对部分机场经营性资产,按照机场集团的发展战略进行股份制改造,要么是像西安咸阳机场和杭州萧山机场那样引入战略投资者,要么像厦门机场、深圳机场、上海机场那样包装上市。如果要快、要走捷径,建议考虑借壳上市。

　　说实话,我是比较主张机场这样的公共基础设施走上市这条路的。因为上市公司才是真正的公众公司。特别是机场主业资产上市,国资相对控股,既有利于面向广泛的社会融资,又可以保障机场作为公共基础设施必需的公益性和前瞻性需求的实施,避免市场资本的极端逐利性问题。当然,对于不同的机场集团来说,其面临的现实环境会有巨大差异,需要各自因地制宜地选择是引进战略投资者,还是将公司上市。

　　无论是引进战略投资者,还是走上市之路,机场集团都应该让你的股份公司成为主业经营者的同时,也成为集团的融资平台。首先,我们应该将机场的主业资产,即航站楼和飞行区场道设施(可先不含土地)放入股份公司。然后,可以根据股份公司的经营情况和财务条件,逐步购入主业资产和相关经营性资产,使股份公司做大做强。股份公司要成为机场改扩建和机场集团发展的主要融资平台。一个强大的股份公司是机场集团的核心战斗力所在,就如一支庞大舰队中的航空母舰。千万不可杀鸡取卵!

案例 3-5　上海国际机场股份有限公司的资本运作

　　上海国际机场股份有限公司自上市之后,就被上海机场集团作为其做大的融资平台,频繁地开展了资本运作和市场化融资工作(图 3-4)。通过多次上市融资、股权转让、可转换债券、机场债券等融资,加上股份公司的利润留成,为上海机场的新建、扩建和改造等提供了资金,同时也带来了股份公司资产和机场集团公司资产的不断扩大。1998 年,上市前的虹桥机场相应资产 10.56 亿元人民币(图 3-5);1998 年,上市后资产为 35.12 亿元人民币。到 2014 年底,上市公司总资产达 230.15 亿元人民币。

图3-4　上海国际机场股份有限公司在证券市场的融资

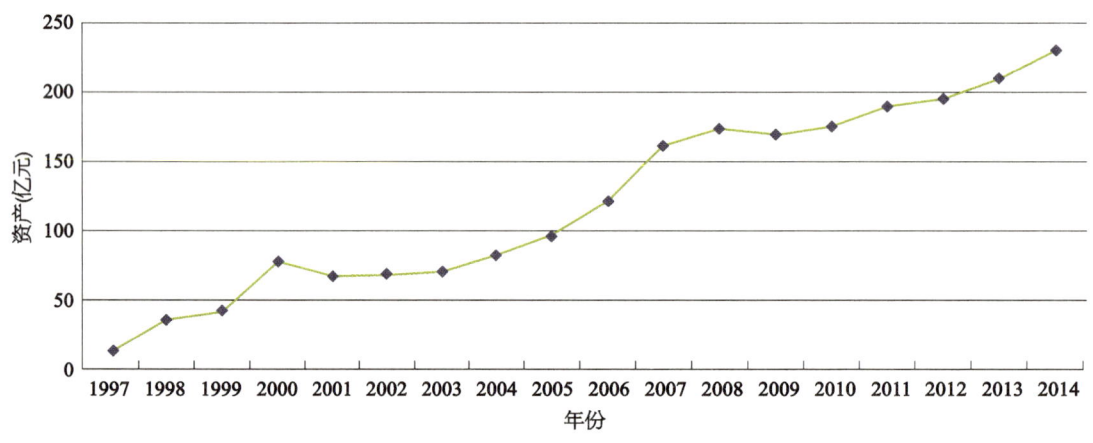

图3-5　上海国际机场股份有限公司的资产增值过程

由于机场的建设运营需要占用大量的土地,在一些大中城市如果地价较高,在股份公司建立的初期会对股份公司形成巨大的压力。因此,建议在股份公司成立初期,将土地资产暂留在集团公司,以租借的形式给股份公司使用。虽然留下了"关联交易"问题,只要我们足够谨慎,还是能够处理好的。当然还是要根据股份公司经营情况和集团公司资金需求,尽快、逐步地将相关土地转入股份公司。

股份公司一旦成立,就是一个按现代企业制度治理的公司,就应该到市场的大海里去游泳,不要怕被淹死。既然它从一开始就已经实现了投资的多元化,那么就一定要让它走管理社会化和经营市场化的道路。除了运行指挥、消防、安检等机场的核心业务以外,机场物业管

理、旅客服务、医疗急救、能源保障、各种运行机电信息系统的维护、供电供水排污等,都应该全面推进社会管理。对于与机场业务相关和不相关的商务、商业、服务、广告、常旅客等业务,更是应该通过市场竞争的办法找到市场上最合适的经营主体来经营管理,以期达到机场效益的最大化。

3.4 公司治理结构的变革

无论股份公司是上市还是引进战略投资者,都是企业改革的重大举措,都会引起公司治理结构的重大变革。

公司一旦上市,你就必须公开公司的财务报表。想一想,我们现在的机场公司可以做到公开财务报表吗?如果你不是一个面向市场、对接市场的现代企业,你怎么可能做得到。要满足证监委和公众对上市公司的要求,公司治理模式就必须彻底改革。当然,这不是一蹴而就的事情,也需要一个循序渐进的过程。

通过引进战略投资者股份公司引进了管理、拓展了市场,同时也引进了不同意见。虽然股东间的不同意见有利于公司的科学决策,是建立现代企业制度所必需的。但是也会出现影响决策效率、缺乏远见等不利因素,也需要有一个调整公司治理结构,协调融合,逐步走向一加一大于二的过程。

股份公司的治理结构在成立之后,每次机场的改扩建都需要做一次新的融资,每一次的融资又都是一次公司治理结构调整的契机。一定要利用好每一次机场改扩建机遇,千万不要用新瓶装旧酒!

同时,为维护公平竞争、保护公共利益和防范垄断,民航局、地方政府和机场集团应该对持有自然垄断性资源的股份公司制定明确的运营规范。主要是为公益性在机场运营中的体现制定各种管理制度,管制的重心是安全与服务质量的设定、公平竞争环境的维护,以及垄断利益的抑制。规制的重点包括但不限于:

(1) 公平准入制度。机场应对各种类型的航空公司开放,不得有歧视行为。

(2) 法定申报制度。机场必须根据法律要求向民航局和国资委申报财务状况,披露相关信息。

(3) 服务质量保证。机场必须遵循政府制订的一系列服务标准,以确保其提供的服务能满足公众的需求。

(4) 合理的设施发展。机场主要运营设施的投资计划必须与社会经济的发展同步。

(5) 价格管制。根据民航局相关规定,对主要机场收费实施不同程度的价格管制,或明确规定价格上限。

(6) 对机场服务项目准入权的审批。为了保证公平准入,原则上机场的服务项目,包括行李处理、货邮处理、加油和机坪服务等专业性较强的项目都应向所有符合要求的服务提供方开放。

(7) 防止垄断。全面推进管理社会化和经营市场化。

案例3-6 上海国际机场股份公司的治理变革

上海国际机场股份公司的治理结构在浦东国际机场二期扩建工程建设期间做了一次重大变革。最主要的是将虹桥机场的上市资产置换到了浦东国际机场,并进一步从证券市场融资,投入浦东国际机场二期扩建工程中去了。与此同时,结合扩建工程建设,对股份公司的经营管理理念和体制也做了大幅度的改革,贯彻了新董事会的治理思想。我们主要做了以下四个方面的工作。

(1) 通过区域化管理,实现责权利统一。所谓区域化管理,就是将机场的运营管理在物理上划分为飞行区、航站区、外场三个不同的区域,并对其各自的管理部门承担什么责任、具有什么指挥权力作出了非常明确的界定。各区域管理部门承担的工作都是可以通过社会化、市场化的办法外包的,这样管理主体和服务机构的关系就非常明确了。因此,区域管理部门应该叫"管理部"。

(2) 通过专业化支撑,实现整体效益提升。所谓专业化的支撑,是指机场必备的安检、消防、机电和能源等四个支撑保障机构,以及航空服务公司和商业服务公司。这六大公司通过专业化的服务来支撑三个区域的管理部的工作。当然,这些提供专业化服务的公司不仅仅可以支撑这一个机场,它有了强大的专业服务能力以后,就可以通过市场竞争到其他机场去提供服务。这些公司强大以后就是一艘、一艘的护卫舰和驱逐舰,而不再是机场股份公司这艘大船上的一个零件。这样我们就会从一艘"大船"变成一个"舰队"。大家知道,一个舰队跟一个航母比,舰队不仅仅是作战能力大大提高了,更重要的是它自身也更加安全了。浦东国际机场的"区域化管理"与"专业化支撑"如图3-6所示。

(3) 通过管理角色转换,实现客户化导向。区域化管理与专业化支撑并不是目的,我们的目的是通过区域化管理与专业化支撑来实现机场从经营角色向管理角色的变换,实现客户化导向,把机场的服务做得更好(图3-7)。从图3-7可以看得很清楚,飞行区服务对象主要是航空公司,航站区服务对象主要是旅客,场区服务对象是所有驻场单位。这样我们机场的

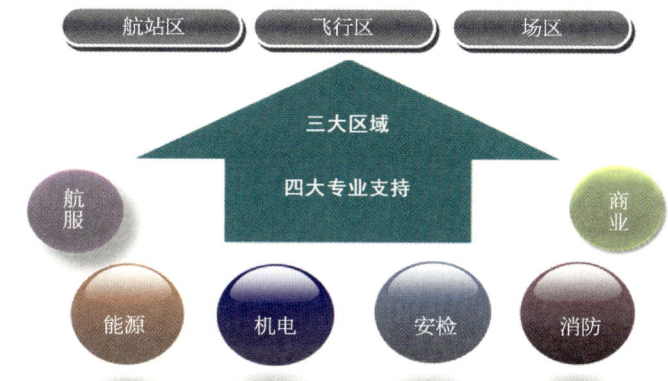

图 3-6 浦东国际机场的"区域化管理"与"专业化支撑"

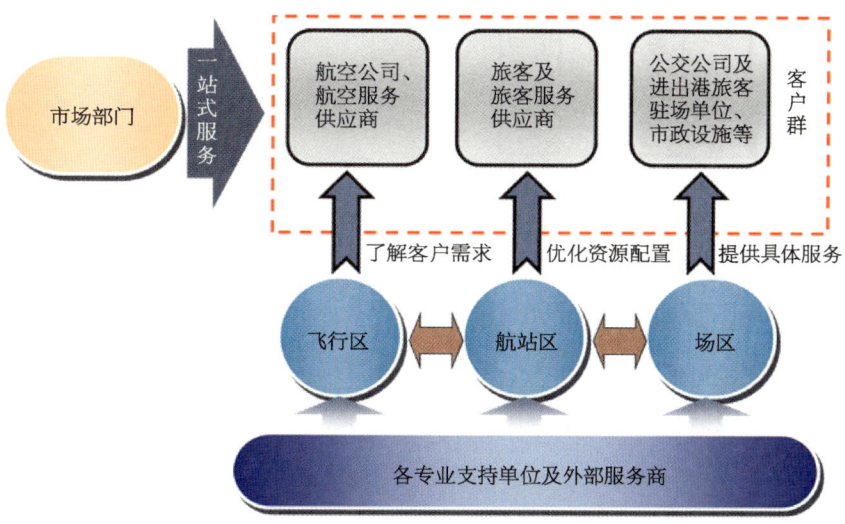

图 3-7 浦东国际机场"以客户为导向的经营管理理念"

市场定位就非常清楚了。在这种以客户为导向的经营管理理念下,市场管理部门就是必需的。我们机场是提供服务的,三大管理部门的服务对象非常清楚。服务对象明确后,我们再通过社会化、市场化的方式来提供服务,服务水平自然也就提高了。

(4) 通过构建运营指挥平台,实现有序高效运行,实现统一指挥。建立了上述运营管理架构以后,首先要强调的就是要统一指挥。于是,我们就需要一个高效、便捷的运营指挥平台。机场最高运营管理的指挥平台就是机场的指挥中心,机场的指挥中心要对机场所有的重大事件进行处理,特别是发生紧急事件、发生生产或安全事故以后要进行处理。平时,大量的

工作都是在飞行区管理部、航站区管理部和外场管理部等三个部门和公安等相关机构展开的。于是,我们就组建了飞行区运行管理中心(airplane operating center,AOC)(与机场运行指挥中心合署办公)、航站楼运行管理中心(terminal operating center,TOC)、场区管理中心(outside management center,OMC)、交通信息中心(traffic information center,TIC)、公安指挥中心(policy command center,PCC)。建立了这些中心以后,实际上我们就完成了一个新的运营管理架构,建立起了"分区管理、专业支撑、服务导向、统一指挥"的浦东国际机场运营管理模式。从而达到了"市场导向、高效运行、统一指挥"的目的。浦东国际机场的运营指挥平台系统如图3-8所示。

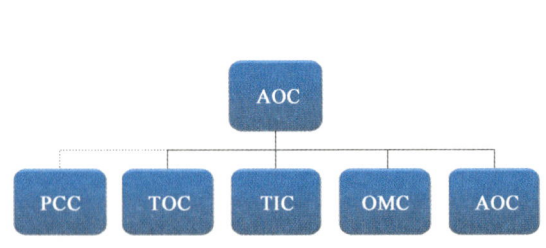

图3-8 浦东国际机场的运营指挥平台系统

3.5 关于REITs

房地产信托投资基金(real estate investment trusts,REITs)是以发行收益凭证的方式,将大部分投资者的资金汇集起来,然后由专门的投资机构进行经营管理,并将投资综合收益按比例分配给投资者的一种信托基金。

在国外,REITs是房地产信托投资基金,主要作为房地产证券化的重要手段。就是将一些非证券化且流动性比较低的房地产投资,转化为资本市场上的证券资产的金融交易过程,包括房地产项目融资证券化、房地产抵押贷款证券化两种基本形式。REITs是集聚资金为中小投资者提供机会,投资于利润丰厚的房地产业,通过人员的专业化管理将募集的资金用于房地产。

与信托纯粹属于私募性质所不同的是,国外的REITs在性质上等同于基金,少数属于私募,但绝大多数属于公募。REITs既可以封闭运行,也可以上市交易流通,类似于我国的开放

式基金与封闭式基金。近二十年来,北美地区的 REITs 收益最佳(13.2%),欧洲次之(8.1%),亚洲 REITs 的平均收益最低(7.6%)。由于欧债危机的影响,欧洲 REITs 收益率迅速下降至 -9.2%,而北美地区的 REITs 则取得了 12.0% 的平均收益。可见,在不同时间区间内,不同国家和地区的房地产景气程度往往大相径庭。

REITs 的特点包括:收益主要来源于租金收入和房地产升值;收益的大部分将用于发放分红;REITs 长期回报率较高,与股市、债市的相关性较低。

2020 年 4 月 30 日,中国证监会、国家发展改革委联合发布了《关于推进基础设施领域不动产投资信托基金(REITs)试点相关工作的通知》。同时,证监会就《公开募集基础设施证券投资基金指引(试行)》(征求意见稿)公开征求意见,拉开了我国在基础设施领域建设公募 REITs 市场的大幕,万亿市场即将启航。上述文件认为"基础设施 REITs 也是国际通行的配置资产,具有流动性较高、收益相对稳定、安全性较强等特点,能有效盘活存量资产,填补当前金融产品空白,拓宽社会资本投资渠道,提升直接融资比重,增强资本市场服务实体经济质效。短期看有利于广泛筹集项目资本金,降低债务风险,是稳投资、补短板的有效政策工具;长期看有利于完善储蓄转化投资机制,降低实体经济杠杆,推动基础设施投融资市场化、规范化健康发展。各相关单位应充分认识推进基础设施 REITs 试点的重要意义,加强合作,推动基础设施 REITs 在证券交易所公开发行交易、盘活存量资产、形成投资良性循环,吸引更专业的市场机构参与运营管理,提高投资建设和运营管理效率,提升投资收益水平。"

请注意:在我国 REITs 将被运用于基础设施领域,包括交通基础设施,民用机场资产优质、现金流充足,特别适合!基础设施 REITs 是盘活存量资产、促进投资良性循环的一项重要举措,意义重大。

第一,REITs 是一种权益型融资工具,是把存量的基础设施资产盘活,有助于解决基础设施项目资本金筹措这一难题。经过长期投资建设,我国已在交通能源、生态环保、农林水利、教育卫生、城市建设、仓储物流等基础设施领域形成了大量优质资产,这其中很多项目是适合做 REITs 的。做 REITs 的关键在于底层资产成熟、有稳定现金流,很多基础设施项目完全符合这一要求。比如污水垃圾处理项目,供水、供热、供气等市政基础设施,以及高速公路等交通设施。

第二,REITs 有利于提高基础设施企业再投资能力。以基础设施建设运营为主要业务的企业,目前都面临投资大、资产大、负债率高等问题,高负债率限制了企业再投资能力和进一步发展。而发行基础设施 REITs 有利于基础设施企业解决这一问题:一是可以帮助企业真正改善资产负债表,降低杠杆率,从而腾出融资空间,增强企业再融资能力;二是发行 REITs,

相当于未来收益的提前变现,可以提高企业抗风险能力;三是可以降低企业的日常现金流压力。

第三,REITs有利于广泛吸引各类社会资本参与基础设施建设。一是相比于投资新的项目,民营企业更适合通过REITs参与成熟的存量项目。这样就不需要承担十分复杂的项目建设前期工作,能够以更合适的方式在更确定的时点切入项目,获取更稳定的投资收益,大大降低了参与难度和投资风险。同时REITs在基础设施领域打通了"投资—运营—退出—再投资"的完整链条,形成投融资闭环。为民营企业的投资提供了退出渠道,这对民间投资而言吸引力将是非常大的。二是REITs可以更好地吸引保险、社保、理财资金以及公众资金等参与基础设施投资。三是老百姓也可以像购买股票一样购买REITs份额,参与基础设施投资,分享投资收益,有利于促进广大人民群众共享改革发展成果,贯彻创新、协调、绿色、开放、共享的新发展理念。

第四,REITs的实施有利于提高基础设施运营管理效率。REITs对基金管理人提出了比较高的要求,基金管理人若想获得良好的市场口碑,让基金能够长期可持续发展,就要千方百计地管理好基础设施资产,努力提升项目收益和资产价值,保障投资人的合理收益。同时,发行基础设施REITs相当于资产的IPO,信息披露必须规范完整、公开透明。投资人对REITs的认可程度就会反映到REITs价格上,这样一来,就可以给基础设施的运营管理方形成更大的外部监督压力,有利于促使它们建立精细化、高效化的经营管理机制,提高运营管理效率。

第五,REITs的实施有利于补齐基础设施短板,推动国家重大项目实施。我国经济已由高速增长阶段转向高质量发展阶段,今后相当长一段时期,基础设施仍有较大投资需求,需要大量资金支持。运用好REITs这一金融工具,能够把存量变现金,把账面上的沉淀资产变成现实的流动资金;有利于为社会资本提供规范化、标准化的退出渠道,进而提高社会资本参与投资新项目的积极性;也为基础设施新项目的建设提供了新思路,今后再投资新项目时,可以提前为将来发行REITs做好准备、打好基础。

总之,REITs为未来我国机场的资产运营体制改革提供了一个新的平台,需要我们努力参与到这一创新性实践中去,希望能够早日看到一批优秀的民用机场REITs案例的完成。

3.6 小结

我们对股份公司的定位是"打造机场集团的融资平台"。股份公司的融资模式就是"能卖就卖"!即我们的目标就是要在保证集团公司对其相对可控的前提下,通过各种方式不断地

出售集团所持有的航空主业资产给股份公司，帮助股份公司做大做强，不断地提高其融资能力，达到保障航空主业可持续发展的目的。

要达到上述目的，机场集团具体要做的工作包括：

（1）对机场的航空主营业务进行股份制改造。通过上市或引进战略合作者等方式，建立起机场股份公司，作为机场集团在机场主业方面的融资平台，努力实现机场的可持续发展，同时实现机场航空主营业务的现代企业化改造。

（2）通过区分设施的可经营性和可拆分性，有效地组织已有资产、投资新的固定资产。通过划小核算单位、建立绩效考核体系、处理好土地问题等一系列复杂的工作，为股份公司的可持续发展奠定基础。

（3）机场集团应该审时度势，特别是抓住机场的每一次新建、改建、扩建的机遇，将新形成的航空主业资产逐步卖给股份公司。同时还要抓住机遇，改造、升级股份公司的公司治理结构和运营管理模式，使之能够更加有序高效地运营。

（4）股份公司采用"投资多元化、管理社会化、经营市场化"的原则经营管理。公司运营管理聚焦航空主业的核心业务，也就是运营指挥和安检护卫等，其他业务尽量走社会化、市场化的道路，最大限度地对接市场，引入竞争。

由于股份公司所持有的是我们航空主业资产，它所提供的产品具有自然垄断性，其成长性好、可预期性都非常好。其对社会资本总是具有非常大的吸引力，所以在引进资金的同时，一定还要有更多的收获才能算是成功。

虽然对机场集团来说，机场股份公司是其最大的融资平台，但是对于机场股份公司来说，它提供的还是一个公共产品，因此它的直接职责还是"保障运行安全、提供优质服务、做大航空主业"，并通过"使用者付费"的方式，收回机场创造的直接经济效益（图1-17）。

第4章

临空产业链的拓展

我国的机场集团都有很多全资或绝对控股的子公司，这些公司其实都是我们接下来要讨论的机场集团的第三个融资平台，即机场集团参与市场竞争的法人主体。从目前的情况来看，这些处于机场核心业务之外、临空产业链上的子、分公司，现在都还在机场集团公司这个"大锅"里一起吃饭。这是不能允许的，我们必须要对它们进行改造，让它们成为独立法人，自己走市场化的道路。

实际上，我们对投资企业百分之百地控股是没有必要的。即使我们自己什么都能做，我们也一定不能在所有领域都做到最好，因为机场的主业是机场的运营和建设，我们不可能把最好的人才派到这些临空产业链上的项目公司去。就凭这一条，这些公司就不可能做好。另外，临空产业链上的这些公司涉及的领域非常广泛，都有它们特定的细分市场。例如宾馆、旅游、广告、餐饮、零售、物流、机务、配餐等。在这些细分市场上都有其特殊的法则和规律，都造就了各自细分市场内做得最好的公司。我们机场应该寻求与这些最好的公司实现强强联手，最起码也要找到本地区在这些细分市场上最强的企业来合作。如果我们的眼界再高一点，我们就会在全世界去找合作者。

当我们与别人合资合作后，我们就分散了项目投资的风险，当然也就不可能再获得百分之百的利益。但是即使我们在获利中所占比例小了，拿到手的利益却往往比之前的利益总量要多。上海机场集团的广告公司就是这样的，2004年我们百分之百控股，盈利2 767万元。合资以后除去其他股东的收益，2005年我们盈利8 437万元。这是因为我们通过合资合作把蛋糕做大了。

因此，我们应该通过与社会资本合资合作的方式渗透到临空产业链中去，把市场做大，把临空产业链做强做大。让蓬勃发展的临空产业在推动我们机场发展壮大的同时，我们还能从中收回一部分机场给周边地区发展带来的开发利益（图1-17）。

第4章 临空产业链的拓展

4.1 临空产业的开发主体

机场周边地区为临空产业的发展提供了巨大的可能性,临空产业链可以很长、很强大(图1-12)。如果机场参与临空产业的开发,不应该只依靠一个公司去做。参与临空产业开发的每一个项目公司都应该是市场竞争的独立法人,这是一个机场集团投资的"公司群",就像一支庞大的舰队。

4.1.1 建立临空产业的平台型开发公司

机场集团的融资策略应该是最大限度地吸收社会资本、经营资源和管理模式,创立最具市场竞争力的高效开发主体。因此,应该采取项目制运营管理的模式,以项目公司为基本的开发主体。机场集团特别要注意做到"强强联合"和"双赢多赢"。为了孵化这些项目公司,可以由机场集团直接操盘,也可以组成专门的投资开发平台,可以视机场集团自身的规模和项目开发的具体情况而定。

首都机场集团为了更多地、更好地孵化这些项目公司建立了"首都机场地产集团有限公司",建立了一套与市场接轨的开发管理制度,专门致力于临空产业的开发,取得了很好的效益,已成为行业典范。

独立法人的临空产业孵化平台型开发公司虽然有专业化水平高、独立经营管理能力强等诸多优势,但也在税收、机场集团的资源利用、集团对其管控能力等诸方面存在一些问题。于是,为了整合机场集团资源优势和提高独立法人市场效率,上海机场集团就创立了"上海机场集团临空产业投资发展有限公司"。它在作为独立公司法人的同时,还同时背着"上海机场(集团)有限公司临空事业部"的牌子。我们希望它能够发挥出双重优势,但也存在既丢失了独立法人市场高效、竞争力不断提高的优势,又因缺乏激励而不能发挥机场集团资源优势的可能性。

对于大中型机场,如果临空产业园区足够大,我们还可进一步强化我们的角色。甚至由机场集团来唱主角,根据各产业园区的开发需要,组建针对商务园区、货运物流园区、航空产业园区、生活园区等的平台型"开发公司"。由这些平台公司代表机场集团负责组织部分园区的开发和投资,以及建成后的运营管理。首都机场集团的地产集团有限公司和上海机场集团的临空产业开发事业部就是这种平台型开发公司。

案例4-1 首都机场地产集团有限公司组织架构简介

首都机场地产集团有限公司是首都机场集团所属的全资二级公司,是首都机场集团临空地产业务的运作平台。公司于2006年6月9日正式挂牌成立,注册资本10亿元人民币。

首都机场地产集团有限公司依托和服务机场,开发机场综合体、空港生活城、航空物流中心、城市航站楼等四条产品线,实现临空业务与机场主业的协同发展。

首都机场地产集团有限公司成功地开发了首都机场的蓝海苑、北京密云的蓝河湾、三亚的山水国际、深圳的首地容御、长春的首地首城、赤峰的首地红山郡等住宅项目以及北京"首地大峡谷"购物中心等。首都机场地产集团有限公司的组织架构如图4-1所示。

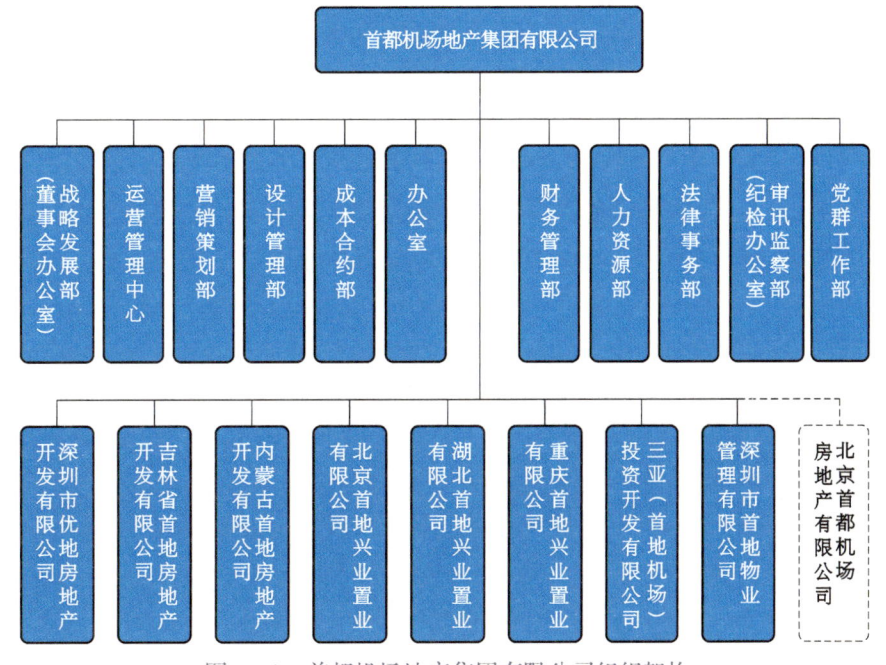

图4-1 首都机场地产集团有限公司组织架构

案例4-2 上海机场集团临空产业开发事业部简介

上海机场(集团)有限公司临空产业开发事业部与上海机场集团临空产业投资发展有限公司

实行"两块牌子,一套班子"的运作方式。公司作为上海机场集团进入临空产业发展的公司孵化平台,主要承担临空产业开发规划、项目策划、公司筹建,以及项目开发过程中的保障和推进工作。

上海机场集团临空产业投资发展有限公司注册资本为10亿元人民币,注册地为长宁临空经济园区。经营范围是投资及投资管理,房地产开发,物业管理,自有房屋租赁,资产管理,商务咨询,市场营销策划,企业管理咨询,房产咨询,投资管理咨询,国内贸易,从事货物的进出口业务,会议及展览服务,酒店管理。其组织架构如图4-2所示。

公司所属各项目都对应筹办一个项目的前期工作组,项目一旦成立,即组建独立法人的项目公司。

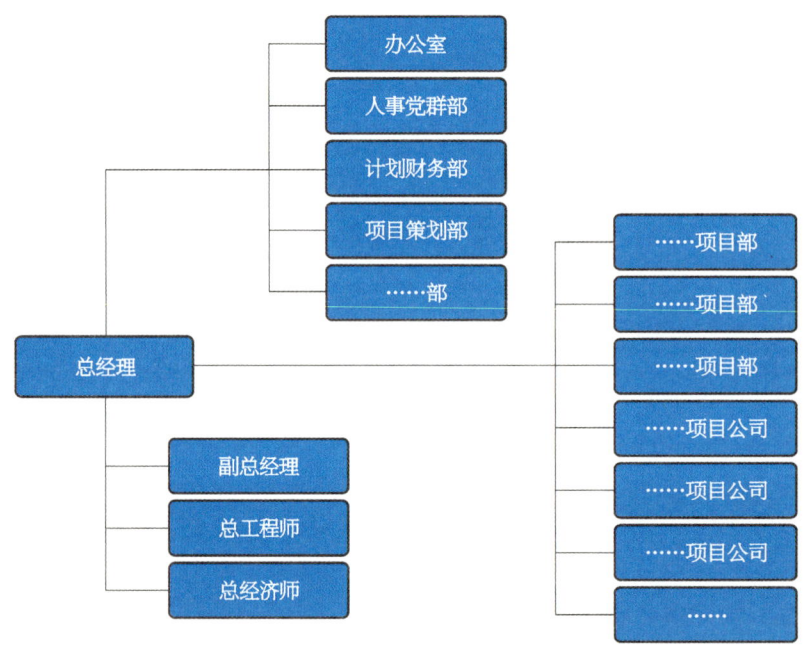

图4-2 上海机场集团临空产业投资发展有限公司组织架构图

4.1.2 公私合资合作型项目公司

无论是机场集团直接操作,还是通过临空产业平台孵化,项目公司的组建都应该遵循"投资多元化、管理社会化、经营市场化"的原则。而这三化的核心就是投资多元化,也就是项目管理最初期与谁合资合作的问题。我们首先要弄清楚我们应该寻找一个什么样的合作者。我们也许需要的是战略、战术上的合作方来入股,给我们带来市场和未来发展的方向;我们也许是需要业内老大来入股,给我们带来经营管理的经验和人才;我们也许还需要资金来投资

入股,给我们带来启动资金和财务保障。

机场处于临空产业链的龙头地位,可能的合资合作模式是非常多的。在单一的公共投资和私人投资之间,有一个非常大的舞台,存在各种各样的合资合作模式可供我们选择(表4-1)。这需要我们认真研究项目全生命周期的需求、其所处的市场环境、潜在股东各方的优劣势,以及我们对项目的定位,最终选择出对各自项目公司发展最有利的模式。

没有最好的,只有最适合的!

表4-1 常见的合资合作(PPP)模式

模式	英文含义	中文含义	简单说明	合同期限
SC	service contract	服务外包	政府以一定费用委托私营部门代为提供某项公共服务	1~3年
MC	management contract	管理外包	政府以一定费用委托私营部门代为管理某公共设施或服务	3~5年
DB	design-build-transfer	设计—建造	私营部门按照公共部门的规定,约定好的固定价格设计并建造基础设施,并承担工程延期和费用超支的风险。私营部门必须通过提高其管理水平和专业技能来满足规定的性能指标要求	不确定
DBMM	design-build-major maintenance	设计—建造—主要维护	公共部门承担DB模式中提供的基础设施的经营责任,但主要的维修功能交给私营部门	不确定
O&M	operation & maintenance	经营和维护	私营部门与公共部门签订协议,代为经营和维护公共部门拥有的基础设施,政府向私营部门支付一定费用	5~8年
DBO	design-build-operate (Turnkey)	设计—建造—经营(交钥匙)	私营部门除承担DB和DBMM中的所有职能外,还负责经营该基础设施,但整个过程中资产的所有权仍由公共部门保留	不确定
LUOT	lease-upgrade-operate-transfer	租赁—更新—经营—转让	私营部门租赁已有的公共基础设施,经过一定程度的更新、扩建后经营该设施,租赁期结束后移交给公共部门	8~15年
PUOT	purchase-upgrade-operate-transfer	购买—更新—经营—转让	私营部门购买已有的公共基础设施,经过一定程度的更新、扩建后经营该设施。在经营期间私营部门拥有该设施的所有权,合同结束后将该设施的使用权和所有权移交给公共部门	8~15年
BLOT	build-lease-operate-transfer	建设—租赁—经营—转让	私营部门先与公共部门签订长期租赁合同,由私营部门在公共土地上投资、建设基础设施,并在租赁期内经营该设施,通过向用户收费收回投资实现利润。合同结束后将设施交还给公共部门	25~30年

(续表)

模 式	英文含义	中文含义	简 单 说 明	合同期限
BOOT	build-own-operate-transfer	建设—拥有—经营—转让	私营部门在获得公共部门授予的特许权后,投资、建设基础设施,并通过向用户收费而收回投资实现利润。在特许期内私营部门具有该设施的所有权,特许期结束后交还给公共部门	25～30 年
DBTO	design-build-transfer-operate	设计—建造—转移—经营	私营部门先垫资建设基础设施,完工后以约定的价格移交给公共部门。公共部门再将该设施以一定的费用回租给私营部门,由私营部门经营该设施。私营部门这样做的目的是为了避免由于拥有资产的所有权而带来的各种责任或其他复杂问题	20～25 年

所有公私之间合资合作的模式都是为了在保障公益性的同时,能够通过全部或部分经营权和所有权的转移,提高项目公司在市场中运营的效率和效益。因此,公私合资合作的实质,就是看机场集团是否将国有资产的经营权或所有权,向项目公司进行了转移。这既是评判合资合作的项目公司今后发展价值的最主要依据,也是窥视该机场集团真改革、还是假改革的最关键指标。

公私合资合作(PPP)的模式很多,并且还在不断地推陈出新,但是总体上我们可以将它们分为三大类,即外包类、特许经营类和私有化类(图 4-3)。这些由于融资方案不同而建立的不同类型的项目公司,作为临空产业的开发主体,其公司治理模式和经营管理模式都会很不一样。

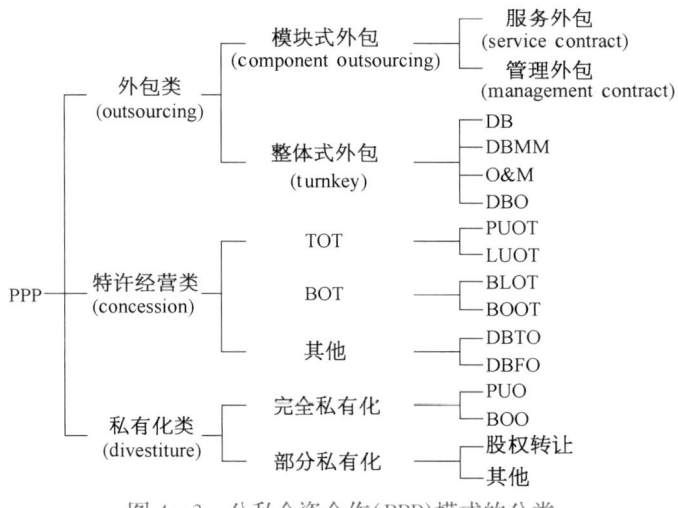

图 4-3　公私合资合作(PPP)模式的分类

4.1.3 项目公司资本结构的策划

对项目公司资本结构的策划,除了一般公司要注意的常识性问题以外,要强调以下三个方面(机场集团在参与临空产业开发时要特别注意):

(1) 要特别关注项目公司资本结构的成本要素、风险要素和弹性要素三要素。成本要素是指项目的筹资费用和资金使用费用,即资金成本。资金成本的高低是确定资本结构是否优化的依据。在考虑资金成本对公司资本结构的作用时需要考虑风险要素对资本结构的影响,成本的大小通常取决于风险的程度,两者是此消彼长的关系。所谓弹性是指企业资本结构内部各项目的可调整性、可转换性。一般而言,企业资本结构一旦形成就具有相对的稳定性,但过强的稳定结构难以适应瞬息万变的市场环境。因此,好的资本结构应具有较好的弹性。

(2) 要特别关注项目公司资本结构的优化。企业资本的优化要结合企业自身的赢利能力。要以降低企业资金成本、提高企业赢利能力、提升股东财富为目的,而不能仅仅局限于资产负债率的高低。

(3) 要特别关注项目公司投资主体的可调整性。企业主(经营者)的素质是合作的基础;互补型合作关系有利于双赢;还要能够努力开发社会与行政资源;同时强化与行业老大的合作。在优化资本结构时要充分考虑人力资源的因素。

4.2 综合交通枢纽与商务园区的开发

对于不同的设施和设施群,其融资方案和公司治理模式也会有不同的特色。综合交通枢纽是继机场飞行区和航站楼之后,机场运营的关键性设施,它是机场航站区的重要组成部分,又是连接机场航站与临空商务区的设施,它还与机场航站楼联系紧密,从未来发展的角度来看,综合交通枢纽设施与机场航站楼会越来越融为一体,越来越不分彼此。

综合交通枢纽包括航站楼、站坪、城市轨道交通车站、铁路车站、长途汽车站、公交巴士站、停车楼、车道边、道路等,以及与上述设施直接相连的宾馆、办公楼、商业服务设施、小型会展设施、能源中心等各种设施。

由于该设施群具有很强的公益性和较大的经营潜力,大中型机场都应该设置专门的项目公司,对其进行一体化的项目策划、规划设计、建设开发和经营管理。

第4章 临空产业链的拓展

案例4-3 法兰克福机场航站楼前再开发

法兰克福机场是欧洲主要的国际枢纽机场,2004年旅客吞吐量为5 110万人次,居欧洲第二、全球第七位;货运吞吐量184万t,居世界第七位;飞机起降47.7万架次,居世界第十四位。法兰克福机场在做好航空服务的同时,也在积极探寻机场其他功能的开发,通过更多种服务的提供来提高机场的收益、完善机场的服务。

法兰克福机场同样用了"航空城(AirportCity)"的概念,它将整个机场地区视为一个航空城进行开发和经营。在这一大理念下提出了几个服务概念:

(1) 四通八达——出发、到达、换乘、聚会等;

(2) 享受与体验——免税商店、餐馆、旅行服务等;

(3) 商务与机遇——物流、办公、零售、广告等。

基本的交通服务功能首先得益于法兰克福机场拥有灵活的航空、铁路和公路连接系统:与超过110个国家的300多个目的地,每周有4 690个直通航班;与德国高速公路A5、A3直接连接;通过德铁(Die Bahn)运行的线路直接与欧洲高速铁路网络连接,每天有超过170列列车通过;与地区间的连接,每天有超过230列区域列车;拥有14 000个之多的公共停车位,以及独立的公共汽车站。这些功能齐全的设施系统和方便的换乘为法兰克福机场成为一个真正的大型综合交通枢纽提供了可能。

在法兰克福机场航空城的概念里,有一个被称作"Airrail"车站的交通中(见图4-4),这里汇集了航空、地铁、国铁、高速ICE、公交、出租车等交通方式的客流。大量的客流使这里具有很高的商业开发价值。在ICE车站和航站楼之间已建有单元式的开发设施,包括喜来登酒店、法兰克福机场中心和停车楼等。机场当局现又在铁路车站处进行扩建,到2008年建成一个建筑面积20万 m^2 的集交通功能与商业开发于一体的大型设施——法兰克福航空铁路中心(Airrail Center Frankfurt)(图4-4～图4-7,表4-2)。

表4-2 法兰克福航空铁路中心开发概况

基本概况		可出租面积		其他	
长	660 m	办公	82 000 m^2	大厅面积	10 500 m^2
最大处宽	65 m	宾馆	37 000 m^2	3、4层停车位	700个
高	47 m	餐饮	1 000 m^2	专门停车场车位	约9 300个
层数	9层	零售	3 500 m^2	—	—
建筑面积	200 000 m^2	储藏	3 500 m^2		

图 4-4　法兰克福机场的 Airrail 车站

图 4-5　扩建后的法兰克福航空铁路中心

图 4-6　航站楼前的各种车道边

图 4-7 法兰克福机场高铁和地铁车站

案例 4-4　史基浦机场综合交通枢纽与商业园区开发

史基浦机场是荷兰和欧洲主要的门户枢纽港之一,2004 年旅客吞吐量为 4 254 万人次,居世界第 9 位;货运量 147 万 t,居世界第 16 位;飞机起降 41.9 万架次,居世界第 20 位。史基浦机场为了充分挖掘机场的功能,提出了机场发展从"机场(Airport)"到"航空城(AirportCity)"的概念,认为机场不仅是一个运送旅客、装卸货物的地方,也是一个完整的"城市功能区",是一个汇集了人、商业、物流、零售、信息和娱乐的动态区域。史基浦航空城具有以下几个突出的特点:

(1) 与外界拥有良好的高速公路、地铁、高铁、普铁和空中航线连接;
(2) 24 小时全天候运行的机场;
(3) 为商务活动和人员提供各式各样的服务和设施;
(4) 高品质的商业场所和设施。

所以,史基浦机场当局不仅将机场视为一个交通基础设施,同时也看作是一个具有巨大收益性的商业设施。对于整个机场,除了机场跑道、航站楼、道路、停车楼等基本设施外,史基浦机场当局专门成立了史基浦不动产公司(Schiphol Real Estate),对航空城内的土地进行综合开发。

史基浦中心(Schiphol Centre)是史基浦"航空城"概念里的重要一部分,被称作是航空城的"Dynamic Heart"。史基浦中心直接与航站楼通过步行通道连接,轨道交通车站和大规模的消费设施,包括咖啡屋、餐馆、购物中心、便利店都在步行范围之内。世贸中心

第4章 临空产业链的拓展

图 4-8 史基浦机场航站楼前的商务园区

（WTC，World Trade Center）、喜来登酒店、希尔顿酒店可以提供大规模的交流和会务服务（图 4-8）。

WTC 项目按照单元式的发展模式，分期分批进行建设（图 4-9）。1995 年一期竣工，2003 年二期竣工。现在的 WTC 包括 4 个高的和 4 个矮的单体，总建筑面积约 55 000 m^2，每幢建筑都有单独的出入口、800～1 000 m^2 的大厅，以及楼下 5 000 个停车位。中心开发模块的世贸中心和喜来登酒店如图 4-10 所示。史基浦机场的地下铁路车站如图 4-11 所示。史基浦机场内部商业如图 4-12 所示。

图 4-9 航站楼前的单元式的发展模式

图 4-10　航站楼前的世贸中心和喜来登酒店

图 4-11　史基浦机场的地下铁路车站

图 4-12　史基浦机场航站楼前地区的商业街

案例 4-5　上海申虹投资发展有限公司融资策划

虹桥综合交通枢纽的项目策划通过审定之后,上海市政府就组织上海机场集团有限公司(出资 40%),上海久事公司和上海土地控股有限公司(各自出资 30%),成立了上海申虹投资发展有限公司,作为虹桥综合交通枢纽的项目公司,负责核心枢纽设施的规划建设工作和地区开发工作。

紧接着,上海申虹投资发展有限公司开展了虹桥综合交通枢纽的功能定位与设施规模研究;开展了全面系统的项目策划;开展了虹桥综合交通枢纽地区结构规划、要素规划和控制性详细规划工作;开展了虹桥综合交通枢纽核心设施的国际方案征集、建筑设计和工程实施,以及运营准备等,直至虹桥综合交通枢纽正式投运。在这里,上海申虹投资发展有限公司实际上承担了虹桥机场 2 号航站楼前的综合交通枢纽和商务园区的建设开发工作,其中有两点是非常重要的:

一是在工程实施之前的近两年时间里,通过多家国内外专业机构的独立平行研究和反复讨论,确定了交通枢纽的功能定位和设施规模;随后又编制完成了虹桥综合交通枢纽地区的详细规划(图 4-13)。这是一个详细到所有交通枢纽设施每个楼层的修建性详细规划。在规

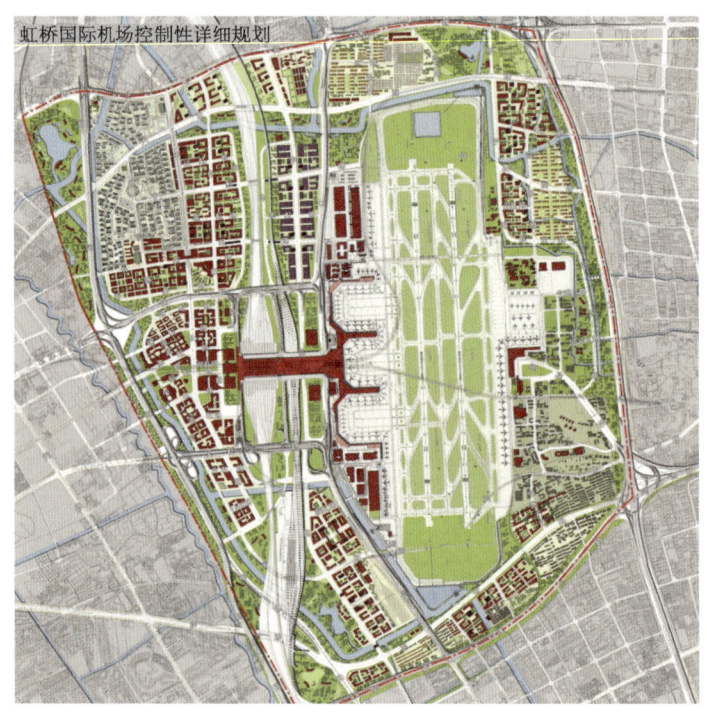

图 4-13　虹桥综合交通枢纽地区规划图

划阶段就已经理清了各种交通设施的投融资关系、产权关系、建设主体与运营主体等所有相关问题,以及综合交通枢纽的所有工艺流程,特别是旅客换乘关系,所有问题都有了明确的答案,或有了解决问题的方案或目标。

二是与规划设计工作平行完成了项目的开发策划和投融资策划工作,提出了一个"投资平衡和运营平衡的模型"(表4-3)。所谓投资平衡,就是要确认所有工程投资的来源。虹桥综合交通枢纽核心设施的总投资为573亿元,我们的策划报告希望由枢纽核心设施西侧门前的商务区的土地开发收益来平衡。这需要门前这块1.64 km²的商务区的容积率控制在2左右。所谓运营平衡,就是要确认综合交通枢纽设施在未来的运营中收益大于成本。对于虹桥综合交通枢纽来说,就是要让经营性设施的年收益大于交通枢纽设施的运营费用。

表4-3 虹桥综合交通枢纽核心设施的资金平衡模型

投资平衡			运行费用平衡	
总投资		土地开发收益	设施年运行费用	经营性设施年收益
设 施	267.26 亿元	−573.04 亿元	5.05 亿元	7.41 亿元
征地动迁	305.78 亿元			
573.04 亿元				
结论	按 1.64 km² 开发地块反算容积率为 1.75		年收益＞年运行费用	
	按 2.5 的容积率反算开发地块面积为 1.15 km²			

以上述两个平衡为目标,我们在融资策划中提出了初步的融资方案(图4-14)。由项

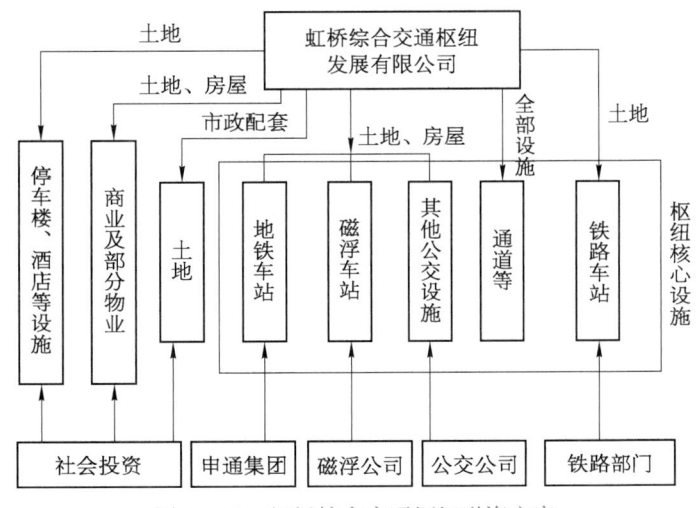

图4-14 虹桥综合交通枢纽融资方案

目公司收进全部相关土地,然后进行市政交通设施的配套建设,把生地变成熟地。铁路、磁浮、地铁、公交等设施由相应的投资运营主体投资运营,枢纽设施的公共空间、土建房屋和其他商业服务设施,以及停车楼等经营性交通服务设施等由项目公司投资建设,并负责运营管理。

4.3 货运物流园区的开发

航空货运物流是一条非常强大的产业链。对于货运量较大、货运物流产业链较强的机场来说,应该编制专门的货运物流园区规划,并可以组建一个专门从事货运物流产业设施开发运营的平台型开发公司(案例4-6)。该公司可以充分利用土地级差实现自身的滚动发展。

航空货运物流产业链(图4-15)是以机场的航空货运站为龙头的,在货运站的后方,也就是作为货运站的腹地,可能发展出保税园区、物流园区、产业园区等各种生产生活设施群。这些园区都有与机场货运区直接对接的强烈需求,这种对接做得越顺畅便捷就越有价值。因为在运输中最大的成本发生在"装"和"卸"上,所以如果能够用拖车承担飞机与仓库或工厂之间的运输,大幅减少装卸工作,就会产生巨大的价值。这才是临空的价值和意义所在!

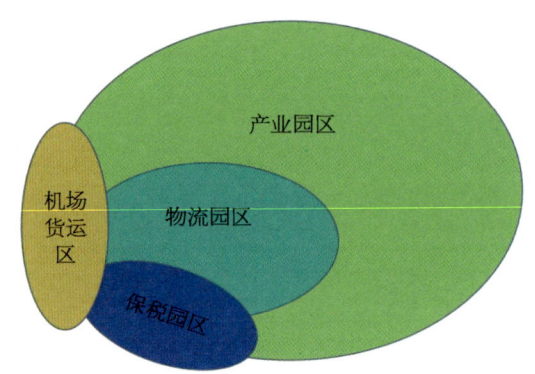

图4-15 物流产业链空间布局

航空货运物流产业链很长,它会走过一个从服务城市经济到带动城市经济发展的过程,需要我们慎重确定项目、合理制定建设规模、分期分批、循序渐进地不断推动,才会实现航空物流业的可持续发展,为城市发展出一个物流产业集群。一旦这样的物流产业集群形成,又会反过来提高机场的货运量。

在航空货运物流产业链上,机场集团具备无人替代的龙头优势,可以因地因时制宜地参与各种运输、安检、仓储、包装、加工、生产、财务、金融、生活服务等项目公司的投融资、建设、经营管理中,以期收回我们机场建设运营所带来的经济效益。但是,特别要让大家记住的是:越靠近货运站(产业链的源头),我们越有优势;越远离货运站,我们越容易失败。这里所说的远近是指项目与货运站的生产工艺的紧密程度。因此,掌控货运站(案例4-6),千方百计地加强货运站与我们参与的项目的关系是非常重要的。

案例4-6 某机场集团航空物流发展有限公司简介

某机场集团为了搭建货运物流业发展的良好平台,组建了机场集团物流事业部与航空物流发展有限公司,实行"两块牌子、一套班子、合署办公"。该平台的主要职责就是规划、运营好该机场的货运区及相关园区,保障它们的可持续发展。

航空物流发展有限公司经营航空物流设施建设、运营管理,与国内外航空运输有关的地面服务,对外技术合作、咨询服务,供应链管理,第三方物流(除运输),与航空物流相关的房地产开发和对外投资,物业管理,会议及展览服务,代理母公司有关业务。

考虑到产业链生产运营上的紧密性需要,该机场集团公司对货运物流产业链上项目的投资公司,也就是项目公司则交给航空物流发展有限公司来经营管理。这样,该公司就挂上了一批项目公司,所有下属公司项目公司都是独立法人,都是PPP公司。航空物流合资有限公司的组织架构如图4-16所示。

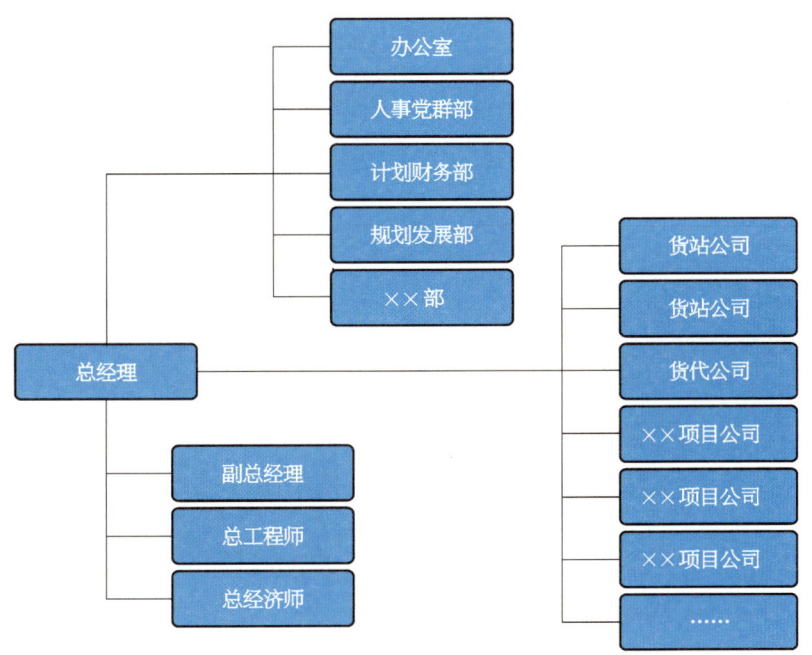

图4-16 航空物流合资有限公司的组织架构

案例 4-7 上海浦东国际机场西区公共货运站有限公司(PACTL WEST)简介

浦东国际机场一期工程之前,虹桥国际机场的货运站经营管理是非常不理想的,长期处于亏损状态。也因此,大尺度的改革方案很快获得通过。毕竟,没什么可输的了。

浦东国际机场货运站有限公司(简称 PACTL)是由上海机场(集团)有限公司(51%)、德国汉莎货运航空公司(29%)和上海海捷亚国际货运有限公司(20%)共同投资成立的。该项目公司用 41 495 万元一次性租赁上海机场集团所有的货运站设施 20 年,负责经营浦东国际机场一期货运站(该货运设施总投资亦为 41 495 万元),其融资模式如图 4-17 所示。

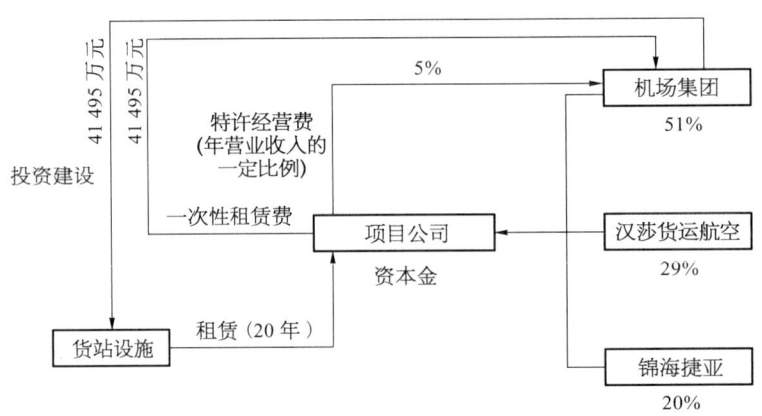

图 4-17 浦东国际机场货运站有限公司融资模式

今天,PACTL 已经成为世界上屈指可数的优秀航空货运站,自公司成立以来 20 年时间,共给上海机场集团缴纳了超过 40 亿元的股东红利,成为上海机场集团最优秀的投资公司,没有之一。在过去的 20 年中,PACTL 无论是在经济效益,还是在社会效益方面都为上海机场集团、为上海市做出了巨大贡献。如今,PACTL 已经成为航空货运行业的典范,也是上海机场集团一张靓丽的名片。

随着浦东国际机场二期工程的建设,浦东国际机场西货运区形成。上海机场集团又通过 PACTL 投资建设了 PACTL WEST。PACTL WEST 位于拥有 38 个货机停机位的浦东国际机场西货运区最北端,毗邻浦东机场第三跑道,总占地面积约 36.51 万 m^2,年设计货物处理能力为 120 万吨。货站周边已规划建设包括自贸区、物流园区、转运中心、代理海关监管库及海关报关中心和原检验检疫等一系列配套设施。PACTL WEST 由 PACTL(占 56%股份)、中国国际航空股份有限公司(占 39%股份)、新鸿基北京物流发展有限公司(占 5%股份)投资

组建,总投资33亿元。西区公共货运站自2008年12月1日起正式投入运营,并由PACTL WEST委托PACTL负责经营管理。PACTL WEST融资模式如图4-18所示。对上海机场集团来说,通过PACTL投资PACTL WEST不仅保证了货运专业业务的扩展延续,还达到了以最小投入控股机场西区公共货站的目的。

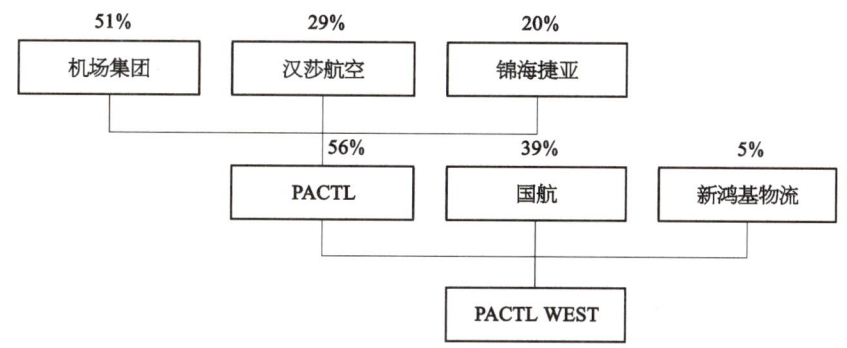

图4-18 浦东国际机场西区公共货运站有限公司融资模式

在这个案例中,PACTL WEST就是浦东国际机场西货运区公共货运站(图4-19)投建营一体化实践的主体。上海机场集团以成立合资公司的方式,整合了多方优势资源,相互取长补短,从投资到建设再到运营管理,完美演绎了投建营一体化的全过程。

图4-19 浦东国际机场西区公共货运站

案例讲评:

浦东国际机场的货运站发展案例讲到这里,我们基本上看到了浦东国际机场货运站发展

从无到有，经过一期工程后快速发展，上了一个台阶。再后来，又借着二期工程成立更适合自身发展的新的合资公司(PACTL WEST)，迈向了货量排名世界第三的新高度。上海机场集团用不到1亿的资本金，实际上控制了浦东国际机场货运市场，间接控制了浦东国际机场的大部分货运资产。

在从无到有的起步阶段，上海机场集团重视的是如何化解起步的困境，包括资金困境、运营和管理的困境，其实也就是可持续发展的困境。发展壮大之后，树立新目标，再创了投建营一体化的成功之路，确保了再次成功。在整个过程中，上海机场集团思路十分清晰，能客观判断自己在不同的发展阶段缺什么、有什么、要什么，一直牢牢掌控着主动权，蛋糕越做越大，虽然分蛋糕的人越来越多，但丝毫不影响自己分到的越来越多。是自己吃一个小小的蛋糕，还是合作做大蛋糕共享红利，上海机场集团给出了特别好的答案。

需要思考和学习的是PACTL和PACTL WEST成立之初的思想方法和决策方式，是它敢于破旧立新的开创性思维和敢于变革的胆识，这也是现今绝大多数机场决策者们面临实际情况时最需要的。通过这样抽丝剥茧的梳理，我们实际上已经看到上海机场集团摸着石头过河的样子，已经看到它是如何成功上岸的了。上一轮的航空货运大发展，很多机场因为各种各样的原因失之交臂。面对再一次的机会，我们讲过去、讲经验教训，是希望能引发大家的思考、帮助大家抛弃创新带来的不安和恐惧，树立信心，大胆地去开拓创新、成就事业。这就是要对这个案例多着笔墨的原因和目的。

案例4-8 南宁机场大通关基地项目开发实践

广西壮族自治区是中国西南部唯一具备海、陆、空三种口岸的省份。南宁市是连接我国和东盟的门户，能深度融入"一带一路"发展。打通互联互通的南向通道后，南宁市有望成为我国西南经济发展和东盟贸易的战略支点。目前南宁市正积极参与互联互通之南向通道的建设，以南宁国际物流产业的发展为抓手，通过引进和培育物流龙头企业，积极构建面向东盟的国际物流大通道。

南宁市规划以南宁机场为核心构建货运航线网络，将进一步促进航空物流产业的发展，并为临空经济区发展商贸提供有力支撑。航空货运的发展会吸引临空偏好型产业在机场周围区域的集聚，机场可凭借航空物流的优势，协助临空经济区发展国际商贸产业，打造商贸物流基地、保税区、综合保税区，再逐步升级为自由贸易区。为此，广西机场管理集团希望能抓住这个发展契机，同时结合自己的实际情况，联合多家公司一起成立合资公司，共同投资、建

设并运营管理南宁机场的货运物流产业园区。这是一个完全采用了"投建营一体化"模式的尝试,希望在项目全生命周期过程中,能够充分发挥各合作伙伴之所长,使运营走上可持续发展之路。

于是,中国民航机场建设集团旗下的中交航空港有限公司与广西民航产业发展有限公司、宁波梅山保税港区联合航发投资管理有限公司共同发起成立了广西临空投资发展有限公司,作为南宁机场大通关基地项目的投资、建设和运营主体。其中,广西民航产业发展有限公司是广西机场管理集团的全资子公司。合资公司的经营范围包括:航空港及其配套设施、临空产业园区、市政、交通、环保等基础设施的建设与管理;土地开发;项目管理服务;资产运营管理;房地产开发经营业务;物业租赁和经营;仓储设施管理及咨询服务;仓储服务;物业管理服务;会议及展览服务。南宁机场大通关项目启动以后,又吸引了广西航港投资集团有限公司入股。广西航港投资集团有限公司是南宁空港经济区政府的投融资平台,主要承担着南宁空港经济区的投融资、项目建设等职责。至此,各家的出资方式及股比分配详见表4-4。

表4-4 广西临空投资发展有限公司各方出资方式及股比

股东名称	中交航空港有限公司	广西民航产业发展有限公司	宁波梅山保税港区联合航发投资管理有限公司	广西航港投资集团有限公司	总计
出资方式/认缴出资额(万元)	货币/18 000	货币、实物、土地使用权/11 400	货币/600	货币/2 256	32 256
出资比例	55.81%	35.34%	1.86%	6.99%	100%

对项目进行的风险分析显示,首期投资建设风险和营业风险是较为突出的问题。因此,在选择合资合作方时重点考虑的因素之一,就是各潜在合资方解决这两个风险的能力。投资建设的风险点比较容易理解,即南宁机场虽然有广阔的发展前景,但对先期资金投入的风险承担能力不强,同时也不具备航空项目建设的高效管理经验。选择中交航空港有限公司就能同时解决投资和建设的风险问题。中交航空港有限公司是中国民航机场建设集团的子公司,对机场和临空产业的投资运营是它的核心业务,它的业务领域涵盖航空产业投资、机场运营、与机场配套的基础设施及空港产业园运营等。还有就是经营风险,其风险点在于本项目的投资回收依赖于经营团队的项目招商和运营管理能否吸引优质客户落地,这是经营的关键因素。如果经营团队在工程建设完成后,不能很快完成招商目标就会延长项目的投资回收期。因此,在物流地产行业具有非常专业的运营管理能力的联合航发公司被选为合资公司的股东之一。合资公司将把开发建设的南宁大通关基地项目交联合航发公司试运营一年,试运营期

满后按事先制定的考核标准对其进行考核,并由考核结果决定是否更换运营管理团队。除此之外,中交航空港还会积极寻求中交集团和中国民航机场建设集团的支持,依靠内部资源,保障项目的运营,保障预期的经济效益的实现。

合资公司就是南宁机场大通关项目的法人,投建营一体化的主体。合资公司成立后,就开始全面推进项目落地的各项前期工作,包括项目的专项规划及运营策划,项目从起步到建成,从运营到发展,有一条清晰的脉络。

下面再简单介绍一下南宁机场大通关项目的规划情况。

南宁机场是吴圩空港经济区的重要组成部分。吴圩空港经济区总面积约 120 km^2,是中国—东盟南宁空港经济区规划范围内的主要经济区。大通关项目用地位于南宁机场规划用地范围内,项目总投资约 68 800 万元,项目用地约 545 亩,总建筑面积 196 200 m^2,包括保税物流中心(B型)和航空货运分拣中心两个核心版块功能。项目包括机坪、货运站、仓库、报关大厦、综合楼、设备房等建安工程,以及围界、给排水、电气、消防、道路、绿化等室外附属工程。本项目 545 亩的项目用地与机场口岸的货运用地紧密衔接,还需通盘考虑规划全场所有货运用地,规划总用地面积超过 2 000 亩。如图 4-20 所示。

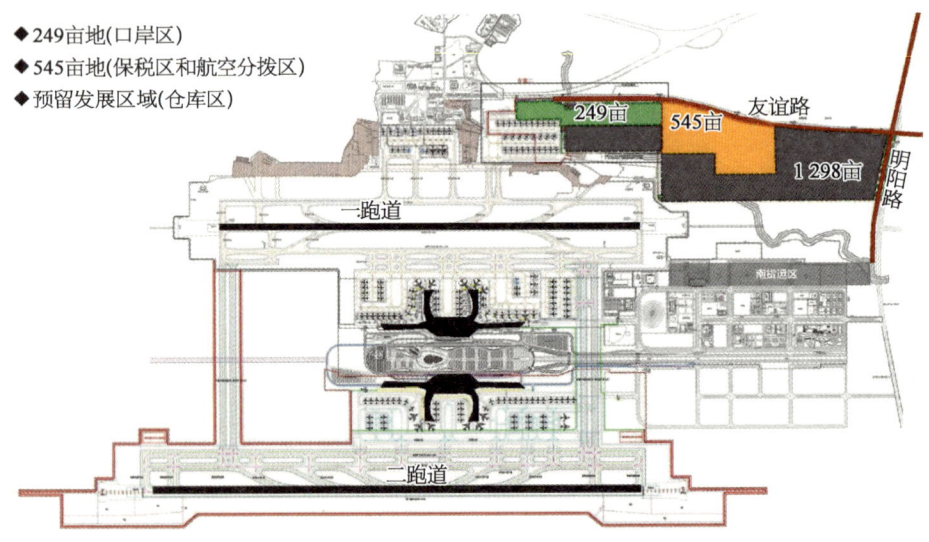

图 4-20　南宁机场大通关基地项目用地区位示意图

规划充分考虑了项目区位的各项有利条件和当地对接"一带一路"的优势政策,结合广西与东盟的产业优势,强化临空产业核心示范区作为中国—东盟南宁空港经济区快速发展的动力源作用,突出发展高附加值、高临空指向性且有强大竞争力的临空关联型产业,积极探索发

展南宁空港大通关基地平台、多式联运综合信息服务平台、中国—东盟跨境电商冷链交易平台、中国—东盟特色生鲜产品产业链平台、航空产业保障支持及培训服务平台的新路径,为繁荣中国—东盟南宁空港经济区奠定夯实的基础。

南宁机场大通关项目从一开始就按分层规划理念,以空港为核心,以航空货运物流产业为发动机,逐步拉动产业链向周边延伸发展,最终与城市经济和生活融会贯通,形成良性互动的整体发展态势。分层规划的每一层都要基于满足不同功能区作业特点的需求。第一层规划为货机停机位,充足且紧邻货运区的货机停机坪是航空货运长远发展的重要保障性资源;第二层是紧邻机坪的货运用地,规划为一级货运设施用地,具体功能可包括国际和国内的货运站、快件中心、冷链货站和跨境电商货站等一级设施,用地进深充分考虑一级设施的功能需求;第三层规划为二级货运设施群,包括集散仓库、代理监管库、快件分拣中心等,二级货运设施用地与一级货运设施用地紧邻,远期可根据发展需求进行灵活调整,可延伸一级用地,也可通过一、二级设施之间快捷的流程创新研究提供一级设施处理能力;第四层是紧邻机场的航空货运产业链延伸区域,可以规划更大规模的货物集散仓储园区、保税区或综保区、跨境电商园区、冷链园区,以及与当地经济和消费相适应的加工包装等工业园区;第五层指的是对接城市经济圈和生活圈的各类产业。由于几乎所有城市经济和生活都需要物流产业链的支持,因此应该建立起它们之间相互促进、共同发展的良性循环。南宁机场大通关基地项目分层规划理念如图4-21所示。

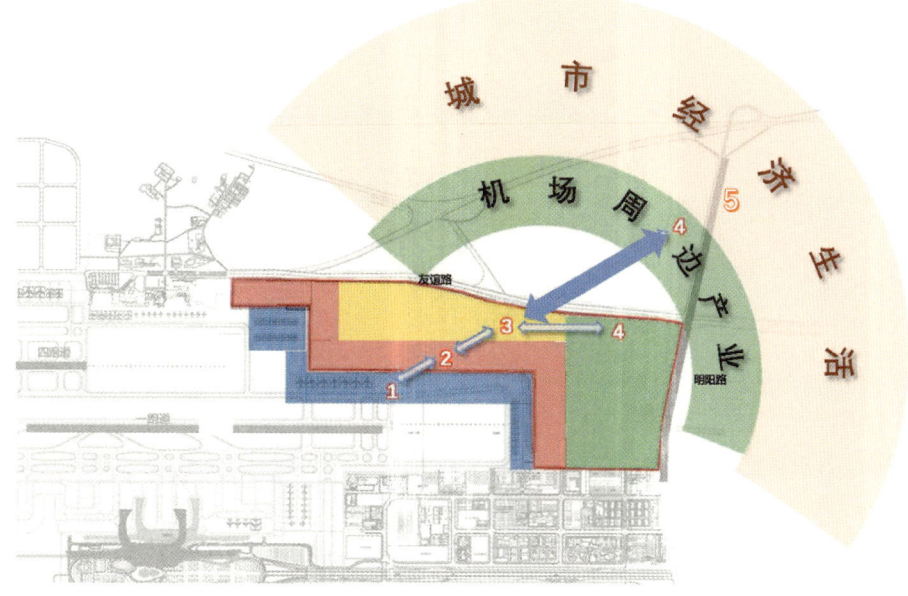

图4-21 南宁机场大通关基地项目分层规划理念

规划采用了用地范围内国际货运"一体化监管"的规划理念,也就是第二层和第三层国际口岸与综合保税区实行一体化监管。一级和二级货运设施用地共同支撑起机场国际航空货运区的功能需求,我们规划设置了统一的海关监管区围网,并通过主卡口对一级国际口岸区和二级综合保税区进行统一管理。同时,为了便于口岸海关和综合保税区海关的一些差异化监管需求,可以在国际口岸区和综合保税区再分别设置次卡口,可以通过信息化及流程创新等研究,最大限度释放主卡口内货物的快速便捷流通。综合保税区的监管设施规划如图4-22所示。

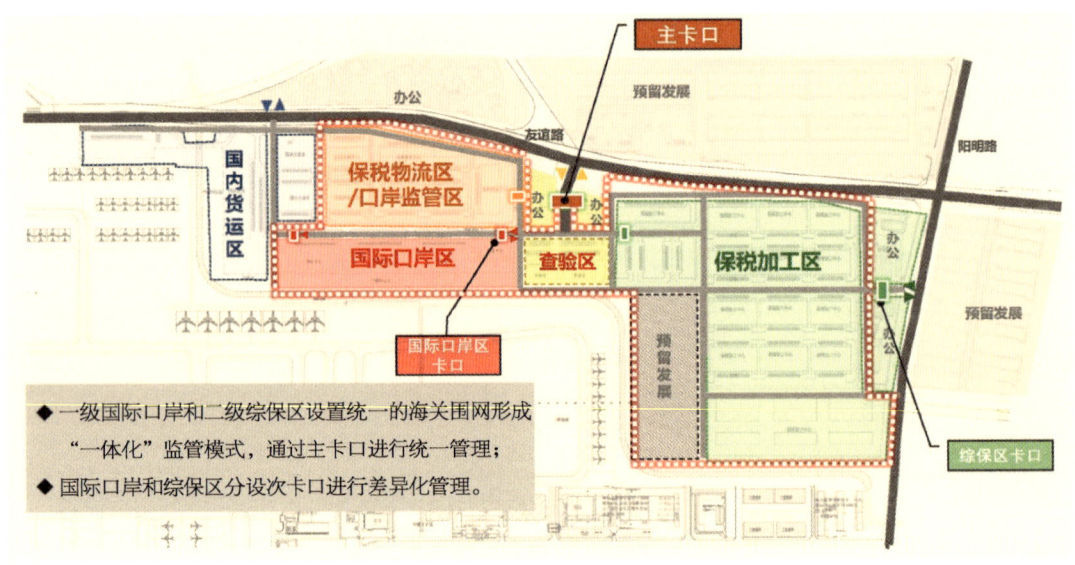

图4-22 作为综合保税区的监管设施规划

规划的弹性,即灵活性,是规划方案必定要提及的理念之一。每个项目保留的灵活性是不完全相同的。南宁机场大通关项目在进行规划时,重点考虑机场各主要功能远期发展的不确定性问题。由于影响货运物流产业起步和发展的主、客观因素都很复杂,我们不一定能准确判断未来哪一个产业会飞速发展,或者哪一个产业会偏离预期。因此我们要认真研究各种不确定因素发生时,如何通过用地和功能的灵活调整来应对它们。我们要慎重选择本期设施和本期用地,同时要与现有货运区及外围用地进行整体联动梳理,从产业链的角度通盘考虑灵活性的多种方案。即各功能设施及其应用地的灵活转换或相互融合,同时要考虑交通、监管、设施布局等各相关方面对灵活性的适应度。

案例讲评:

南宁机场大通关项目是一个航空货运物流产业园区"投建营一体化"的探索性项目。我

们见证了合资公司的成立，现在项目的规划方案完成了，首期功能设施和首期用地的选址也落地了，已经开工建设。我们相信南宁机场大通关项目一定能够逐步成长、发展壮大。我们也期待着我国航空货运物流市场一定会有更多的"投建营一体化"项目出现，百花齐放指日可期。特别是大量在航空货运物流产业的发展上刚起步的机场，采用"投建营一体化"模式，走出一条创新发展之路，也许就能后发先至。与发达国家之间的差距也正是我们的发展空间，我国的航空货运一定能走出一条具有中国特色的康庄大道。

4.4 航空产业园区的开发

前述的两条产业链：一条是以旅客和航站楼为核心和龙头的，一条是以货物和货运站为核心和龙头的。我们接下来要讲的第三条产业链是以飞机和机库为核心和龙头的航空产业链，及其航空产业园区的开发。

航空产业链包括机务维修、飞机改装、飞机制造、零部件生产、测试、开发研究、航线机务、飞机维修、保税业务、仓储、航空食品、各种用品、消费品、报纸杂志、图书、多媒体软件等。这个产业链可分为两个部分：一是与飞机维护维修制造相关的产业设施，以机库为代表；二是机上用品和消费品，最典型的就是航空食品厂。

航空产业是一个高投入、高技术、高风险的行业。但航空产业链上的一些设施，例如机库、航空食品厂等，又是保证机场服务的完整性、维持机场市场平台的有效性所必需的，是每一个大中型机场都必须具备的基础设施。因此，我们必须进入这些领域。但我们在进入这些领域时，一定要注意财务和技术方面的风险管控，一定要坚持投资多元化、管理社会化、经营市场化的原则，一定要找行业内的老大合作、争取双赢。另外，航空产业园区应尽可能与保税区结合，这也是减少风险的措施之一。

案例 4-9 上海波音航空维修改装工程公司简介

2006 年 10 月，由波音公司、上海机场（集团）有限公司和上海航空有限公司共同投资组建的上海波音航空改装维修工程有限公司在浦东国际机场机务维修区内奠基。合资项目总投资 1.03 亿美元，注册资本 8 500 万美元，其中波音公司、机场集团和上海航空所占比例分别为 60%、25% 和 15%。合资年限为 30 年。这是中国唯一一家外方控股的民航维修单位。

上海波音航空改装维修工程有限公司主要经营飞机改装（包括客机改货机、机舱升级改

装、客舱内部和机载娱乐系统升级改装等),飞机维护和修理(包括D检及以下各级别检修,与改装相关的维修及配件修理和其他航空服务业务),航线维护,航空器材销售与修理,提供相关的工程技术服务。波音机库如图4-23所示。

图4-23 位于浦东国际机场机务区的波音机库

案例4-10 厦门太古与厦门自贸园区的航空维修产业链

厦门太古飞机工程有限公司1993年7月1日注册成立,1996年3月18日开始运作,由来自中国内地和香港、日本和美国的六家公司在厦门机场合资兴办的大型民用飞机维修企业。公司现有股东包括香港飞机工程有限公司(58.55%)、厦门航空工业公司(10%)、香港国泰航空公司(9.09%)、日本航空公司(9.09%)、波音商用飞机集团(9.09%)、CAAC全资子公司北京凯兰航空技术公司(4.18%)。厦门太古飞机工程有限公司提供飞机维修服务及从事与此相关的经营业务,包括飞机改装、部件组装、零件制造等。图4-24为厦门机场航空产业园。

厦门自贸园区成立以来,一系列创新举措为厦门航空维修产业注入了活力,2016年厦门航空维修业产值121.1亿元,同比增长24.8%;实现进出口181.3亿元,占园区进出口总额13.7%,增长20.7%,航空维修首次成为超百亿元产业链。2017年,厦门将继续大力推进航空维修产业发展,开拓新的局面,争取航空维修业总产值达到135亿元以上。伴随着政策的不断突破,越来越多的航空公司选择把厦门作为定点维修站。目前,厦门已拥有12家成规模的航空维修企业,产业链初步形成。以厦门太古飞机工程有限公司与厦门新科宇航科技有限公司为例,它们都拥有多国民航局的技术认证,维修技术和航

图4-24 厦门高崎机场航空产业园

空传感器技术处于世界一流水平。这些行业内优质企业的落户,为产业集聚起到了"龙头引领"作用。

在推进自贸试验区建设的改革试验中,厦门把发展航空维修业作为提升国际高端产业竞合能力、抢占全球飞机维修市场"蛋糕"的重要抓手,积极创新监管模式,为产业的集聚发展奠定了扎实基础。当前,该产业已形成了以飞机结构大修为龙头,以发动机、航空电气及其他飞机零部件维修、飞机零部件制造和航空技术培训为辅助的一站式航空维修产业格局,涵盖了行业最高等级的维修业务,商业类型及进出口模式齐全,业务代表性突出,在全国乃至亚太地区都居于领先地位。

案例4-11 浦东国际机场佳美航空食品配餐有限公司简介

上海机场集团在浦东国际机场建设航空食品配餐设施,是为了保证机场服务的完整性、维持机场市场平台的有效性。就是为了航空公司在浦东国际机场新开航线找配餐企业时,有两个合格的配餐企业供航空公司选择。

由于上海机场集团没有从事航空配餐的人才、资源和市场,我们决定引进航空配餐的专业服务机构。在当时,新机场工程中的所有项目都由机场当局自己建设完成。因为机场内的这些项目,为了满足建设管理程序中能够快速获得审批,都与主体工程一起立项。项目法人都是机场当局,而且以后不管谁管理、谁经营,最终机场当局还是要承担主体责任。

浦东国际机场一期工程中就建设了航空配餐中心,建设完成后上海机场集团就将其出让给了由上海机场(集团)有限公司(占20%股份)与瑞士佳美国际集团(占80%股份)合资成立的上海浦东国际机场佳美航空食品配餐有限公司(图4-25)运营。

图4-25　浦东国际机场佳美航空食品配餐有限公司

4.5　生产生活服务设施的开发

机场的生产生活服务设施的建设与运营也常常被认为是另一条产业链。它包括行政管理设施群、生活(居住、商业)服务设施群、文化体育、教育培训、休憩娱乐设施群等,实际上是一个综合型的城市建设。

新机场要在一片无人的土地上建设一座新城总是非常困难的,往往会依托一个城镇来开始规划建设,这其实是绝大多数机场采用的方法。还有一种方法就是利用机场的其他产业链,使之形成合力,共建一个航空城(案例4-12)。

老机场的改造更新及其机场周边地区临空产业的开发要远较新区的开发困难得多,在政策机制上需要我们有更多的创新与突破。宏观上,着眼于全局做好"顶层设计",保持公益性与营利性的平衡,确保区域总体功能定位的落实;微观上,又要保持政策的灵活性与适应性,最大限度地激发原有主体,特别是民航企业的参与积极性。摸索形成与所在地区发展需求一致且符合机场临空经济区自身发展规律的政策(案例4-13)。

案例4-12 浦东国际机场商务与生活园区开发策划

2015年底,我们完成了"浦东国际机场商务区开发策划"。这次开发策划的对象区域是在原"浦东机场东工作区商业开发地块"范围内(图4-26)。核心区域是东启航路、东远航路与机场大道合围而成的区域。我们把该区域命名为"浦东机场综合商务园区",简称"浦东机场商务区"。商务区北侧为居住生活区。

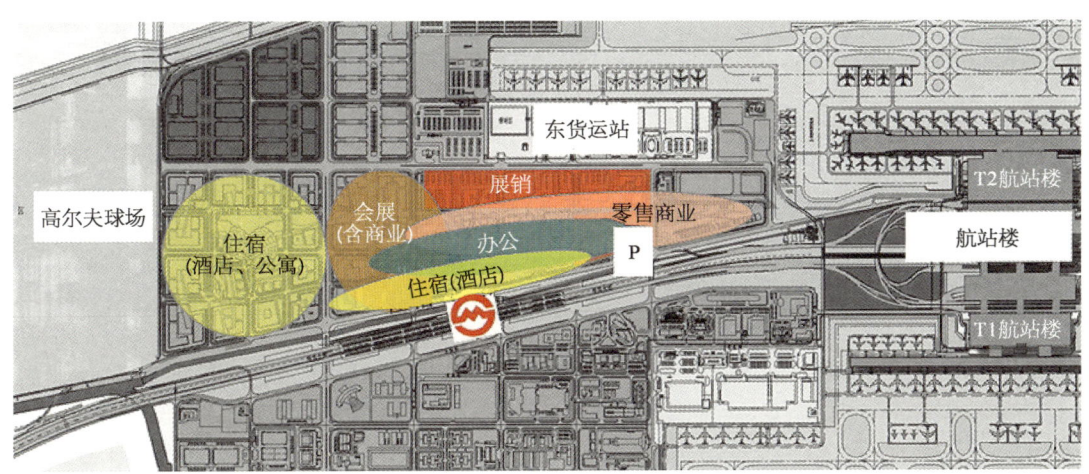

图4-26 浦东国际机场商务园区开发策划

经过15年的规划建设,到2016年浦东国际机场的旅客吞吐量已经达到6 600万人次、货邮吞吐量350万t,建设中的卫星厅工程竣工后,浦东国际机场的旅客吞吐量将超过8 000万人次。特别是浦东国际机场商务区东侧的东货运站、南侧的航站楼、西侧的地铁站和长时停车楼、北侧的高尔夫球场都已投运,迎宾大道西侧的机场工作区已经初步形成,浦东机场商务区开发建设的时机日趋成熟。

浦东国际机场商务区紧邻机场航站区,在具备基本的航空城商务区功能的同时,为了避

免与上海市其他商务区同质化竞争,策划报告提出了与航空运输对接,直接服务航空关联产业的定位。由于浦东国际机场远离市中心,浦东国际机场商务区能否成功的关键要素是"人气",策划报告提出了围绕临空产业交易中环节可能衍生的服务,打造航空专业市场的概念。因此,浦东国际机场商务区的核心功能定位为"航空专业市场(展、销、售)及其相关的商务、会展、办公、酒店、休闲购物、餐饮美食、停车、配套公寓等服务设施",其开发愿景如图4-27所示。

图4-27 浦东国际机场生活与商务园区开发愿景

同时,为了加强浦东国际机场商务区与机场内各功能设施的交通联系,提高旅客、工作人员来商务区的便捷性,策划报告提出了引入陆侧轨道交通,实现航站区、商务区、东货运区、住宿区、航空公司基地、长时停车设施、码头等之间,以及商务区内部的无缝连接,大幅度推进陆侧开发设施的一体化进程。

策划报告对该土地的四种取得方式,即"划拨""协议出让""招拍挂""作价出资",进行了精细的量化评估,认为从利益最大化角度首先推荐选择作价出资取得相关土地的开发权(次推"协议出让")。所谓土地作价出资是指在完成规划方案、土地变性后,土地使用权以资产形式,由市政府相关部门作价出资入股机场集团公司。该方式的优点是土地以资本金方式注入,上海机场集团公司无须再交土地出让金。得到土地后,上海机场集团可以通过土地转让或随后建成的设施转让来融资,投入浦东机场后期工程中。该方式操作的主要问题是土地作价评估价值较难达成一致,且土地规模较大,操作有一定难度。

在取得商务区开发用地后,策划报告主张机场集团公司应与国内TOP10的开发公司之一合资合作,建立一个投资开发的平台型"浦东机场商务区开发公司",负责该区域的开发工作。该商务区开发公司可以根据不同功能设施的开发特征,选取相应的投融资模式和公司治理方案,包括经营管理外包、特许经营、整体或部分产权出让等。从而实现上海机场集团的整体发展战略:对于非核心业务原则上退出直接经营,转而联合专业投资开发商,成立一批合资合作的项目公司来建设运营相应的设施、设备、系统。例如会展、展销、商务办公、酒店、公寓、商业服务、休闲娱乐等设施。

对于商务区内各个项目的融资模式和公司治理,以及具体的土地开发工作程序,我们要关注以下问题:

(1) 由商务区开发公司牵头编制商务区开发规划和项目策划后,向市政府汇报,使之与上海市国际航运中心、贸易中心的发展相协调,与上海航空枢纽的建设目标相一致。

(2) 针对容积率等问题进一步开展修建性详细规划的编制和报批工作。

(3) 研究并实施获取土地使用权的策略,在满足操作可行性的前提下,实现利益最大化。

(4) 寻找专业的合作伙伴单位,以期借此带来入驻商家与商机,同时适当分担开发风险。

(5) 为每个项目选择并详细策划融资模式、公司治理模式和建设运营模式。

(6) 要特别关注陆侧轨道交通设施的规划建设对商务区发展和各项目开发的影响。

案例 4-13　上海虹桥机场东片区的改造与更新

虹桥机场东片区的改造和更新与浦东国际机场商务园区的开发是不同的,它是老机场改造与升级,是机场周边的城市空间进行的功能更新,这是另一个全新的课题。虹桥机场东片区紧邻虹桥机场1号航站楼,权益主体多元,功能定位复合,其更新改造需要考虑的限制因素较多,各方利益平衡也更为艰难。如果简单沿用既有政策,会给整个片区的系统性开发带来许多困惑与周折。因此,在虹桥机场东片区改造进程中,尝试了很多带有创新性的政策。

虹桥机场东片区由机场工作区边界线、北翟路、环西一大道、沪青平公路围合而成,面积约 $4.21 km^2$,内含虹桥机场1号航站楼。该地区内存在功能过于单一、基础设施老化、形象风貌欠佳等一系列问题,亟待系统化地更新改造。2013年市政府正式批复的《虹桥商务区机场东片区控制性详细规划》中明确提出机场东片区的改建目标是建设成为上海乃至全国的"现代航空服务示范区",其主要功能为对外交通、航空服务、主题商务办公等。虹桥机场东片区改造规划如图4-28所示。

图 4-28 虹桥机场东片区改造规划

虹桥机场东片区改造,与普通城市更新相比有着一些特点和难点:

(1) 虹桥机场东片区内除长宁区政府和铁路局所属土地外,其余大部分属于上海机场集团、东方航空、中航油、民航华东局、华东空管局五家驻场单位。各家单位土地权属关系相互犬牙交错,在同一控制性详细规划单元地块中往往有两、三家土地并存,并且还留有很多尚未解决的历史争议。

(2) 虹桥机场东片区土地最初基本都服务于运输保障功能。但是随着城市化扩张,机场目前已经完全融入主城区,从而必须完成从机场向"机场城市"的转变。因此,虹桥机场东片区一方面必须继续确保航空基础保障功能,另一方面又要依托空港开发一定体量的

城市商务设施。反映在规划用地结构上,从原先单一的交通运输用地,调整为经营性用地与交通用地并存交织,同时经营性用地在开发过程中还必须优先保障临空型产业的发展。

(3) 由于上述特点,虹桥机场东片区的更新改造如果按照既有的土地开发模式及政策路径,势必会遇到诸多障碍或问题。如果按照正常的划拨用地转为经营性用地程序,则必须经过"统一收储→公开招拍挂→竞争性拿地"的程序,如此可以同步解决权属分散的问题。但是由于东片区内大量建筑仍然承担着航空保障职能,必须维持运转,短期内要完成收储形成"净地"几乎不可能。而且五家驻场单位均非以房地产开发为主业,也没有直接参与土地市场的经验,未来能否参与东片区的升级改造,存在极大不确定性。驻场单位很可能对东片区更新改造采取消极态度,宁可维持现状不动。如果完全照搬市场化的土地开发模式,拿到地的企业必然按照商业逻辑进行开发,未来是否能充分确保航空保障功能、扶持临空产业发展也存在一定未知数。这就是我们面临的难点之一。

(4) 作为一个成片区域的整体转型项目,由于区内权利人分散,按现行模式应建立以区政府主导、原土地权利人参与的"联合开发体"作为实施主体,原权利人不得单独实施开发。但是东片区五家驻场单位性质各不相同,其中两家为政府机关,两家为功能性国企,一家为竞争性国企,各自目标差异很大,显然不可能参照上述"联合体模式"实施开发。这是我们面临的难点之二。

针对上述特点和难点,上海市政府决定东片区改造既不沿用单一运输功能机场的开发模式,也不套用纯市场化的开发模式。通过市区两级政府相关职能部门及各家驻场单位在规划、土地等政策方面的很多有益探索,建立了一套所谓"东片区开发模式":

(1) 建立土地置换平台。由上海市政府牵头成立了"上海虹桥商务区东片区综合改造指挥部",下设办公室,以此作为一个综合协调平台,在土地置换、统筹开发等方面发挥协调作用,平衡各方诉求。同时明确,在土地置换过程中,以占地面积较大的上海机场集团为"置换平台",统一与各家驻场单位开展双边磋商。这样就从总体上减少了工作难度与摩擦。

(2) 创新土地供应模式。根据"沪府(2013)98号文"的精神,东片区采取了"先收回后供地"和"双评估补地价"的特殊土地供应模式。这一模式的要点和基本程序是:① 先由驻场单位自行协商土地置换及补偿事宜,达成一揽子置换协议,实现控规单元地块内的权属规整;② 由长宁区规土局统一将相关地块收回;③ 对于仍保留划拨用地性质的,未来由区规土局仍以划拨方式供给用地单位;④ 对于控制性详细规划确定经营性用地,由相关单位递交用地和补地价申请,区规土局核发供地批文定向供给用地单位。补缴的地价差额则通过"双评估"方

式(即批准改变时的新土地使用条件下土地使用权市场评估价格与批准改变时原土地使用条件下剩余年期土地使用权市场评估价格的差值)确定。土地供给模式的创新——双评估补地价如图4-29所示。

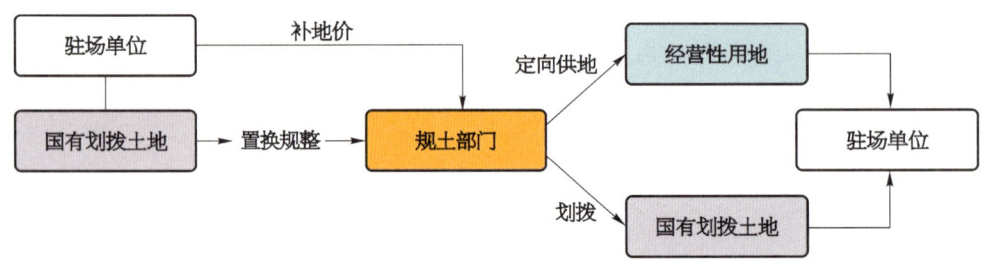

图4-29 土地供给模式的创新——"双评估补地价"

与通常模式相比,该模式的特点在于:减少了土地权属转移的不确定性,并且"双评估补地价"方式使土地实际获取成本适度低于市场均衡水平,从而最大限度地激发了驻场单位的积极性。同时,由于最终取得土地的单位均为民航主业相关企业或机关,尽管缺乏房地产开发的经验,但对航空产业无疑有着更深的理解,在培育航空相关的临空产业方面更有着独特的资源优势,可以在更大限度上确保公共利益的实现。

4.6 四大产业链的交叉点——会展设施

在机场集团可能投资的这众多临空产业项目中,有一个设施特别值得关注,那就是会展设施。会展设施是临空三大产业链的交叉点(图4-30),它同时属于人流链、物流链和航空产业链,往往也会与生活服务链相关。

会展设施还有一个特征,就是它在临空产业发展的不同阶段都能得到很好的发展,亦即适合临空产业发展的不同时期。在临空产业发展的初期,建设会展设施、开展会展活动能够帮助招商引资;在临空产业发展的中期,会展设施和会展活动能够促进发展、加速进步、做大做强;在临空产业发展的成熟

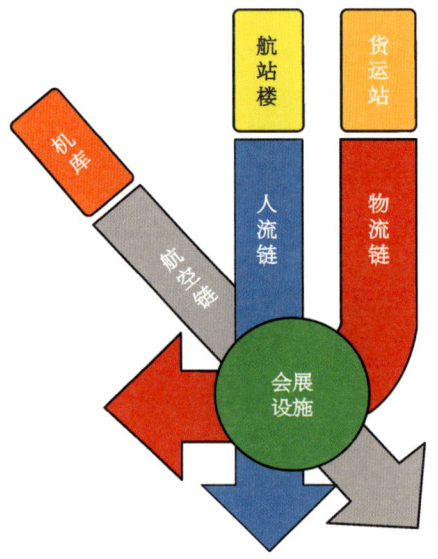

图4-30 临空产业链的交叉点: 会展设施

期,会展设施和会展活动能够促进产业升级和转型发展。当然,所有的会展活动都能够增加机场的客货流量,提升城市的竞争力。

会展本身也是一个产业链。从举办者和参展者的活动链上来看,布展和拆除(展示装饰工程、水电、绿化、租赁等)、搬运(运输、仓储、金融、保险等)、展示与管理(广告、人才派遣、信息处理等)等,就是一场高端的城市经济活动。从参会者、参观者的活动链上来看,他们的住宿、餐饮、购物、娱乐、交通等,所有的城市服务都是必需的。这必然给城市带来巨大的收益和无限的商机。想想世界会展城市汉堡吧,就知道我在说什么了。

我曾经做过一个关于会展设施与机场的课题研究,我发现大中型机场附近和机场至城市中心的交通通道上,是会展设施最偏爱的选址地。美国排名前 50 的会展中心中,有 46 个都建设在从市中心去机场的途中,有一半就在机场附近。其主要原因是交通方便,既有利于短时间内的大规模人员集散,又方便产品的运进运出。会展设施会在短时间内带来巨大的交通量,如果选址在繁华的市区,会对城市交通带来巨大的冲击。而大中型机场已经具备这种巨大的集疏运能力,只要将机场运行高峰与会展集散高峰错开,就能够取得一石二鸟的效果。

案例 4-14　上海新国际博览中心简介

上海新国际博览中心(SNIEC)由上海陆家嘴展览发展有限公司与德国展览集团国际有限公司(其成员包括德国汉诺威展览公司、德国杜塞尔多夫博览会有限公司、德国慕尼黑国际展览中心有限公司)联合投资建造,于 2001 年 11 月 2 日正式建成开幕。

上海新国际博览中心拥有 17 个单层无柱式展厅,室内展览面积 200 000 km^2,室外展览面积 100 000 km^2。自 2001 年开业以来,一直稳步增长,每年举办 100 余场知名展览会,吸引 400 余万名海内外客商。作为一个多功能的场馆,上海新国际博览中心也举办各种社会、公司活动。上海新国际博览中心拥有 3 个入口大厅,兼备观众注册、信息咨询、开幕式、商务中心、咖啡厅、餐厅以及衣帽间等多种功能。20 个宽敞的卸货区分布于各展厅之间,运输车辆可直接进入展厅。51 个规模不等、风格各异的会议室,可以举办各种规模的会议、论坛以及鸡尾酒会等。上海新国际博览中心拥有完善的公共基础设施,如电力、给排水、压缩空气、空调设施,以及先进的互联网、通信服务设施。

随着浦东新区中心城区的快速发展,上海新国际博览中心逐步被高密度的城市建成区所包围,会展举办期间的交通问题日趋严重。上海新国际博览中心将会外迁到浦东国际机场临空园区来。上海新国际博览中心如图 4-31、图 4-32 所示。

图 4-31 上海新国际博览中心

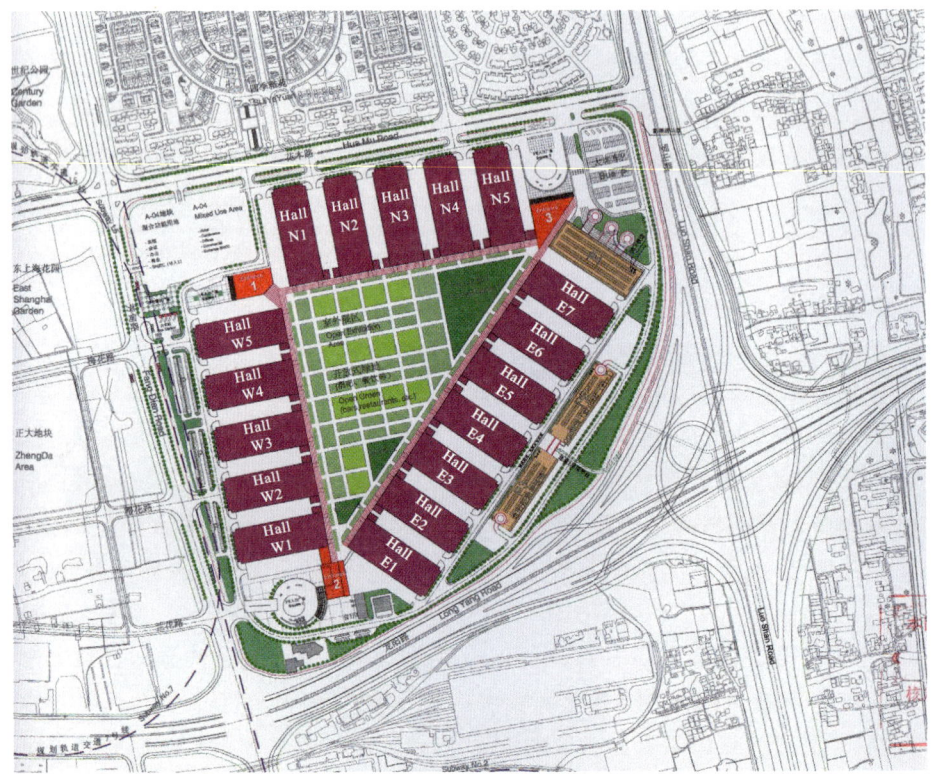

图 4-32 上海新国际博览中心总图

案例 4-15　国家会展中心(上海)简介

国家会展中心(上海)有限责任公司成立于 2011 年 7 月,由中国对外贸易中心(集团)和上海东浩兰生国际服务贸易(集团)根据商务部和上海市共建国家会展项目框架协议,分别代表部、市双方合资组建,负责国家会展项目投资建设和场馆运营、展会开发等工作。国家会展中心(上海)有限责任公司注册资金 75 亿元,外贸中心集团持股 60%、东浩兰生集团持股 40%。

国家会展中心的建筑综合体位于虹桥综合交通枢纽西侧,由展览场馆、配套商业中心、配套办公楼和配套酒店四大部分构成,提供会议、活动、商业、办公、酒店、广告、综合服务、物业管理等服务,2014 年 9 月开始投入运营。

国家会展中心展览面积 50 万 m^2,包括 40 万 m^2 的室内展厅和 10 万 m^2 的室外展场,室内展厅由 13 个单位面积为 2.88 万 m^2 的大展厅和 3 个单位面积为 0.97 万 m^2 的小展厅组成,货车均可直达展厅。各展厅周边配套了充足的会议设施,由 60 多个大小不等的会议厅组成,可以分别组织几十人至 3 000 人大小不等的会议。国家会展中心(上海)如图 4-33 所示。

图 4-33　位于虹桥的国家会展中心(上海)

4.7　市政基础设施的融资

按照国务院颁布的《民用机场管理条例》第十二条的规定:"运输机场内的供水、供电、供气、通信、道路等基础设施由机场建设项目法人负责建设;运输机场外的供水、供电、供气、通信、道路等基础设施由运输机场所在地地方人民政府统一规划,统筹建设。"我们在虹桥机场西区扩建工程中,就采取了最节约用地的规划设计,使虹桥机场成为国内用地效率最高的机场,从而也就最大限度地将进出场交通与市政基础设施建设责任划给了地方政府。例如机场红线就划在了在虹桥机场2号航站楼的门前,使航站楼门前的大量交通与市政基础设施的投资,机场集团都没有承担。因此,机场的土地使用规划一定要做好,规划阶段就要策划好未来的经营管理。

但是,机场红线范围内的交通与市政基础设施还是要由机场集团公司来承担的。这些基础设施虽然大多是功能性的非经营性设施,但由于机场地区能够集聚大量旅客和工作人员,加上适时适势的临空产业开发,会很快在机场内形成一个较市区来说更高端的市场。有市场就有利益,就有"公私合资合作(PPP)"的巨大舞台。有眼光、有实力的企业就会看出这些个未来的市场、潜在的市场,我们只要进行适当的包装,或搭配一定量的经营性设施,就会有人愿意来参与投资。

案例 4-16　浦东国际机场一期工程邮政通信设施的融资

浦东国际机场一期工程的通信系统,既包括向机场内不同单位、不同用户提供电信服务的邮电公众网,还包括向机场特殊用户提供特殊服务的各专用通信系统。建设项目和内容,以及建设单位和建成后的服务对象见表4-5。

表4-5中的第1项中的公众网和第2、3、4项中的邮电基础设施,由上海邮电投资自建或委托建设,建成后由邮电管理局自己管理经营。当年的上海邮电局看中的就是浦东国际机场未来的这个市场,它要抢占先机嘛。

机场800 MHz集群通信系统,是机场内专用的指挥调度通信系统,由系统的主要用户,即华东空中交通管制局、上海机场集团、东方航空集团公司共同出资组建一个合资公司来负责规划建设,并负责建成后的运行管理。机场航管通信系统是用于指挥飞机起降的专用民航通信系统,该系统由民航华东空管局负责建设及建成后的使用。

表 4-5　浦东国际机场一期工程邮政通信设施的建设

序 号	建设项目	建设单位	服务对象
1	公众网：机场通信管网 专用网：机场专用通信网，机场有线电视网 机场监控系统网 航管专用通信网	上海邮电管理局 机场当局 机场当局 机场当局 空中交通管制局	公共用户 机场当局 公共用户 机场当局 空中交通管制局
2	机场模块局	上海邮电管理局	公共用户
3	机场综合业务系统	上海邮电管理局	公共用户
4	机场移动通信室内天线系统	上海邮电管理局	公共用户
5	机场 800 MHz 集群通信系统	空中交通管制局、机场、东方航空公司	空中交通管制局、机场、航空公司等
6	机场航管通信系统	空中交通管制局	空中交通管制局、航空公司、机场等

4.8　从"买进卖出"走向"资本运作"

从本章的众多案例可以看出，除了产业链的龙头地位之外，机场集团所拥有的第二位的优势就是土地资源。土地是机场发展的保障，是机场的重要资产。机场集团在临空产业链上的所有作为其实都可以看成是土地开发。

土地开发的第一要务就是土地利用规划，而不是把土地买下来那么简单。把土地直接买下来再加价卖出去，而不进行项目开发，是很不明智的做法。我们应该通过规划的途径去把土地管控好，通过项目开发把土地利用好。

机场规划管理是提高机场土地效益、提高土地价值的最重要的途径之一。通过规划我们可以管控土地开发行为，通过规划我们还可以把不值钱的地变成值钱的地，把值钱的地变成更值钱的地。这是我们可以做、也必须做的事情。

土地利用、或者说土地开发的方式众多。大家不要盯着是"自己"做还是给"别人"做，是"公有"还是"私有"这两个极端。要搭建起"公私中间的巨大舞台"，找到符合自己项目的最佳开发模式。

同时，我们还要不断地提高土地开发的能力和水平，使我们的开发活动逐步进入更高的土地市场，如可以把土地开发分为四级（图 4-34）。

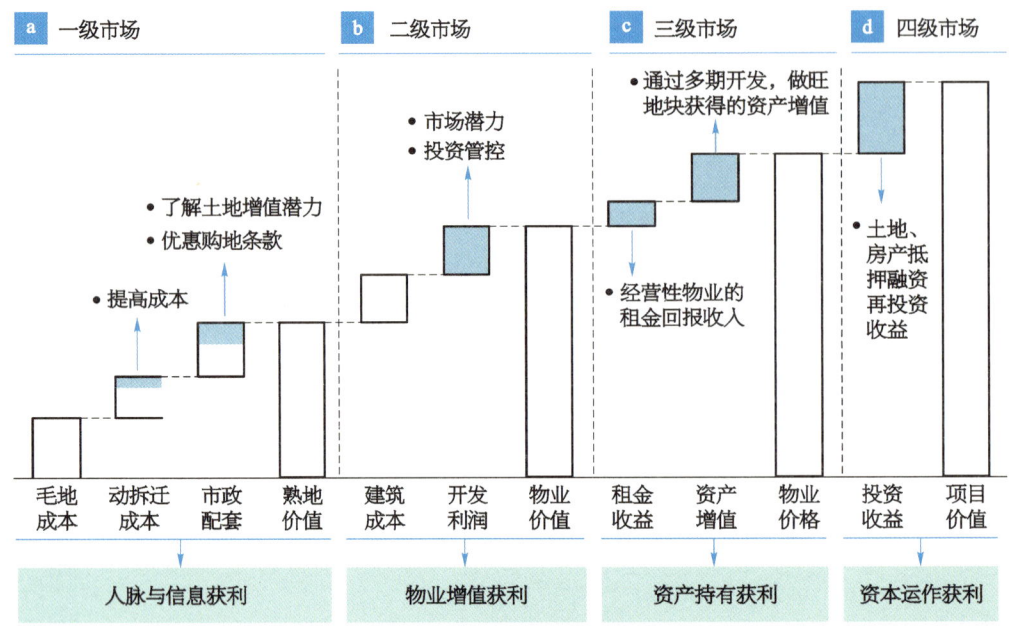

图 4-34 四级土地市场

（1）一级市场：就是一个"倒"字，就是"倒爷"做的事，一手进一手出。应该是政府完成动拆迁后，再拿来出售的市场。法律上只有政府能做这个一级市场。我们企业在里面只能是通过提高动拆迁成本和市政配套设施投入，以及了解土地增值潜力和优惠购地条款来获利。随着市场的逐步成熟，这种通过人脉和信息不对称得来的获利空间，会越来越被压缩。有时候，人们也有把完成动拆迁之后出售的土地市场叫一级市场；而把对土地进行了三通一平、七通一平，或十三通一平后出售的土地市场叫"一点五级市场"。

（2）二级市场：可用一个"建"字概括，是工头做的事。指在获得的土地上进行各种物业开发后出售而获利的市场。在二级市场中，开发商对其所开发物业的策划水平、对项目开发的管控力度、对市场环境的敏感度等，都会大大地影响获利空间。

（3）三级市场：可用一个"持"字表示，这才是老板该做的事。指对土地和物业进行较长时间持有和经营，通过租金和多期开发做旺所拥有的地块来获利的市场。这里也不排除做旺之后再出售的市场行为。

（4）四级市场：可用一个"玩"字描述，就是所谓"土地金融"的高级阶段。指利用土地和物业作为抵押，进行融资并再投资，从而获利的市场。

其实，我最想告诉大家的就是机场集团不需要去更多地占有土地做"地主"，我们要做好"资本家"。企业的目标在于盈利，无论你做哪一级市场都要紧盯上图中的蓝色方块部分，并想方设法把它做大。

我们机场集团作为国有企业，国资委考核的是保值增值率、投资回报率，而不是看你有多少资产，更不考核你有多少土地。资产的多少与企业的强弱没有直接关系，资产多了以后，回报率往往很差，就强不起来了，太多的资产反倒容易把企业拖垮。并不是资产是我的，我就一定能挣钱；其实，产权不是我的，我也能挣钱；有时候，不是我的资产，甚至比是我的资产挣得还多、风险更小。这就是现在轻资产公司走红的原因。

4.9 走"港产城一体化"的可持续发展之路

临空产业链才是航空城空间形态规划的内涵，才是航空城规划的逻辑。因此，凌乱的产业链带来的一定是一个混乱的临空地区，只有产业链逻辑清晰的时候，才可能有一个优秀的规划方案，才能指望航空城的可持续发展。

大型枢纽机场是城市经济发展的动力源，我们应该积极探索把机场和临空产业作为城市发展的支柱产业来建设的规划理论和方法。我们看到航空城地区的发展模型是将其发展分为三个阶段的。即1.0时代是机场自身发展的"航空港发展阶段"，以机场基础功能设施的规划建设为主；2.0时代是以临空产业聚集和产业链延伸、整合的港产"联动发展阶段"；3.0时代是规模扩大、产业链打通、功能完善、城市公共设施增加、运营高效的港产城"一体化发展阶段"。总的发展趋势就是逐步走向港产城一体化，进而航空城与城市和区域的一体化。机场发展对周围地区的冲击过程如图4-35所示。

现在的机场选址中有一种倾向，就是要让机场远离城区，认为机场运营对城市发展不利，特别是飞行噪声唯恐避之不及。而对临空产业设施，往往就会单独规划使其形成一些孤独的临空产业园区。我们认为这种认识和处理办法是不合适的。我们应该利用临空产业的发展来推进周边土地开发、交通建设和基础设施建设，形成人口集聚并与城市产业规划对接，与商业服务、文化教育、旅游服务、物流生产等产业对接，把航空城变成城市的一部分，并最终逐渐成为城市的核心城区之一。只有这样才能使机场和临空地区与城市形成良性互动，让城市的发展也反过来促进机场和临空产业的发展，使港产城一体化地区真正与城市融为一体，走上可持续发展之路。

对于我们今天说面临的现实情况来说，可持续发展即是我们的目标，其实也是我们的底

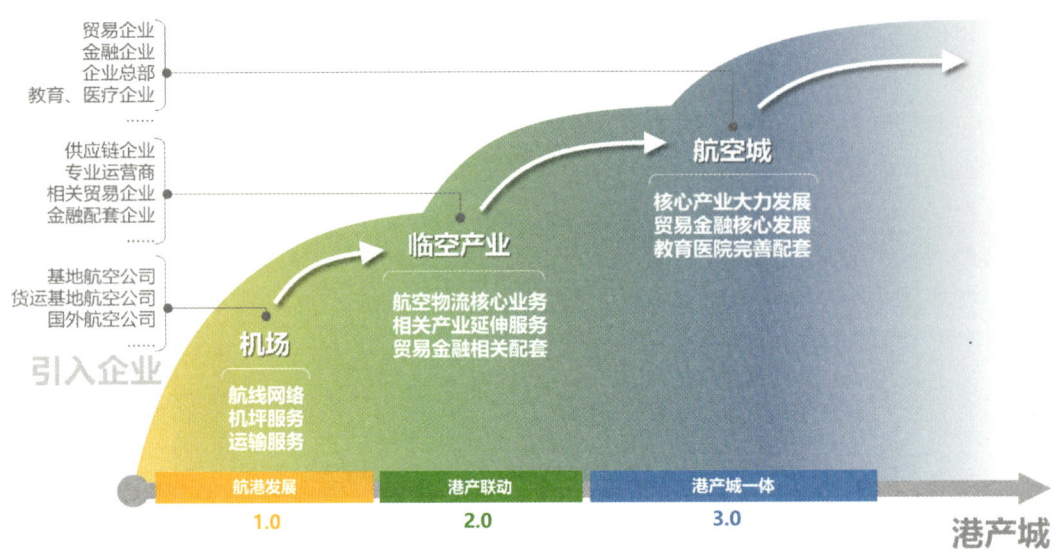

图 4-35 机场发展对周围地区的冲击过程

线。如果我们只关注临空产业链上的一两个环节或是某一个时间片段,我们是无法最终实现可持续发展的。因为"片段"或"局部"的成功或繁荣都是很脆弱的,往往都是不可持续的。所以我们必须尽快把机场、临空产业、航空城规划的目光聚焦在"全生命周期"和"全产业链"上来,在时间和空间两个维度上追求项目的可持续发展。

投建营一体化就是在时间维度上对临空产业可持续发展的追求。从项目全寿命周期的角度来看,临空产业链上从项目策划、立项、可研、规划、设计、施工,到运行、经营、维修维护、改扩建,直至废弃,它是环环相扣、密切相关的,其中任何环节都将对后续阶段产生深刻的影响,甚至是不可逆转的影响。另一方面,国内众多机场的临空产业发展肯定不是处于同一个发展阶段,根据自己所处的发展阶段提前规划好如何有效突破各种制约因素和发展瓶颈,以最小的代价取得最大的、可持续的发展是大家的追求。现在,我们的绝大多数临空产业园区缺乏合格的项目法人,或法人太多,肢解了产业链。我们认为,投建营一体化是处于不同发展阶段的项目法人们解决临空产业可持续发展的终极良方。只有进一步优化项目法人制度,走投建营一体化之路,才能实现项目的可持续发展。

港产城一体化则是在空间维度上对临空产业可持续发展的筹划。临空产业链上的各种物理设施非常丰富多样,从机坪、货运站、仓储区、监管区、保税区,到各种加工生产区、综合保

税区、自由贸易港区,以至生活服务区、商务区、金融贸易区等,它们都是临空产业链的一部分,它们之间都是有其内在逻辑,相互之间是密切联系的。当然,不同的机场临空地区会处于不同的发展阶段,集聚的设施规模和内容都会有所不同。但大家为了追求更好的收益和可持续发展,都会朝着整合全产业链的方向迈进,即大家都会不约而同地走上港产城一体化的发展之路。打通产业链、整合产业链、强化产业链、拓展产业链,就是临空产业的可持续发展之路。港产城一体化是我们航空城规划发展的目标,也是自然结局。

因此,临空产业链的可持续发展是项目全生命周期和全产业链的一体化、可持续。也就是通过投建营一体化和港产城一体化,实现临空产业的可持续发展。临空产业链可持续发展的内涵聚焦于三个方面,即环境友好、高效运营和财务状况良好。其中,最硬核的就是"财务可持续发展"。这是往往会被人们忽视的、最重要的内涵! 也是临空产业发展的终极目标,因为我们始终相信"一个亏本的企业是不可能提供一流服务的!"

总之,"港产城一体化"是以航空港高效运营为前提,以打通临空产业链为基础,以建设高效率、人性化城市为目标的规划探索。

案例 4-17 虹桥综合交通枢纽"港产城一体化"实践

虹桥机场原本处在城市的盲肠地区,在 2008 年的扩建规划中,我们将京沪杭高铁车站规划到了虹桥机场即将扩建的 2 号航站楼门前,并开创性地规划建设了虹桥综合交通枢纽和虹桥商务区,成功地建成了举世瞩目的空铁一体化综合交通枢纽,同时还一跃成为长三角 CBD。虹桥综合交通枢纽在长三角的位置如图 4-36 所示。

虹桥综合交通枢纽(图 4-37)是典型的门户型综合交通枢纽,对外交通有航空、高铁和城际铁路、城际磁浮、长途巴士,城市内集散交通包括城市轨道交通、各种巴士、出租车、各种社会车辆等。枢纽基础设施自东向西依次是 2 号航站楼、东交通中心、磁浮车站、铁路车站、西交通中心。整个虹桥综合交通枢纽日处理旅客 110 万人次以上。这就是我们所说的"港",即强大的枢纽设施和高效的运营服务。

虹桥综合交通枢纽在规划之初就用很大投入研究了其周边地区的产业发展规律,确定在此重点发展商务产业链,规划建设面向长三角的虹桥商务区。虹桥商务区抓住了长三角交通枢纽的优势和发展机遇,围绕着人流、资金流、信息流集聚拓展产业链。有意识地吸引了如下产业设施。

总部功能:国内外企业,特别是长三角大型企业的总部、运营中心等。

生产性服务业:枢纽服务业,包括商业、零售、航空物流、快递、仓储、供冷供热等。

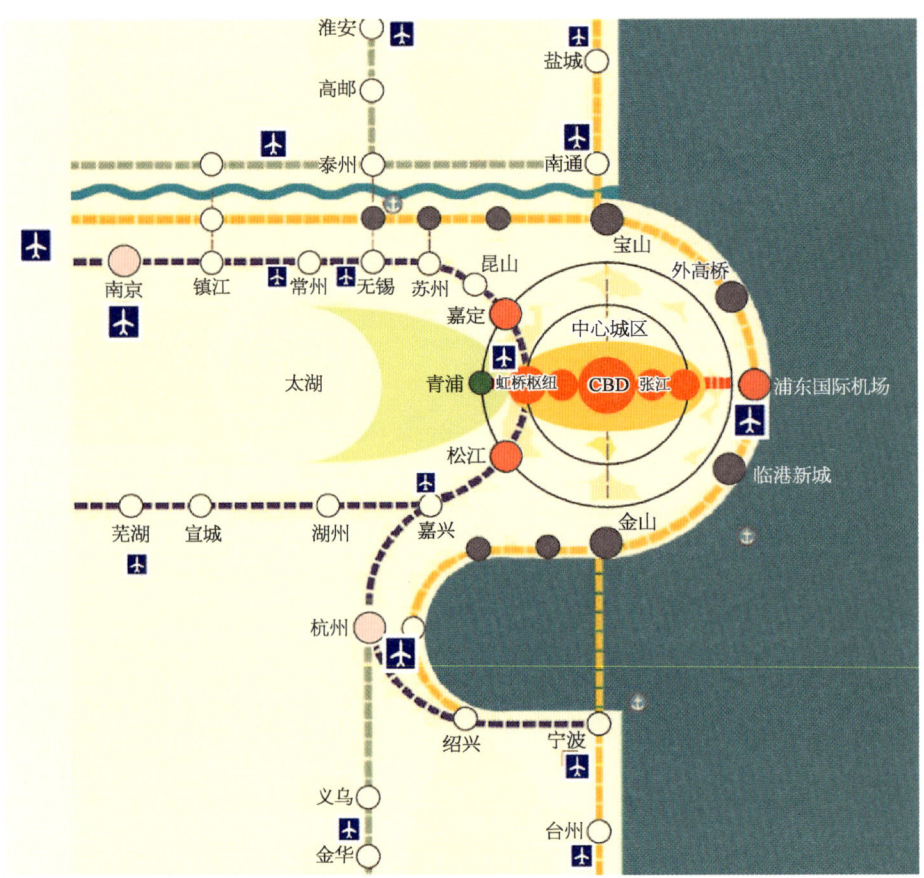

图 4-36　虹桥综合交通枢纽在长三角的位置

金融服务业：以拉动内需为主的金融服务业的发展，特别是促进各种消费金融服务的发展，推进采购结算中心的形成等。

专业服务：咨询业、医疗、娱乐、教育培训、光电子为代表的各种高端制造业、软件业等。

展览业：面向长三角和全国的内向型贸易博览会、产品展销、文化产品博览、常态化销售中心等。

会议中心：利用高效便捷的枢纽优势，提供各种会议服务，特别是为全国和长三角提供当日往返的"一日会议"服务。

酒店公寓：各种不同档次、不同特色的住宿设施和休闲娱乐设施等。

创意产业：发展以美术、工艺品、设计业、时尚产业为中心的各种创意企业。

图4-37 虹桥综合交通枢纽的构成

虹桥商务区最终成功地吸引了这些产业设施的落地,迅速集聚了一大批独具特色的企业。同时也成功地实现了"长三角 CBD"的目标定位。也正是基于这样堪称优异的发展成果,进口博览会在虹桥国家会展中心成功拉开帷幕,向全世界宣示中国继续走改革开放道路的决心。国家和上海市都更加重视虹桥商务产业链的发展,出台了《虹桥商务区规划建设导则》,提出了虹桥商务区在长三角一体化中发挥核心作用,服务国家战略,对标国际一流,全力打造开放的枢纽、国际化的中央商务区和国际贸易中心的新平台的定位。这就是所谓的"产",即集聚产业设施,形成产业园区。虹桥综合交通枢纽、虹桥商务区与国家会展中心如图4-38所示。

上海市现在已有以人民广场为中心的一个中央商务区和以陆家嘴为中心的一个新中央商务区。虹桥综合交通枢纽建成以后,将会进一步强化从虹桥国际机场到浦东国际机场的城市商务轴。当然,在这个轴上是有一定分工的,比如浦东的金融服务、外贸服务、出口加工等,加上浦东国际机场,具有明显的外向性特征。虹桥综合交通枢纽建成后,浦西这边明显地提

图 4-38 虹桥综合交通枢纽、虹桥商务区与国家会展中心

高了上海服务长三角、服务全国的能级。过去,我们在提高内需这方面做得不够。从城市结构上看得出来,往江浙方面的辐射能力的建设一直是跟不上长三角高速发展的需求。因此,我们希望通过虹桥综合交通枢纽地区的建设起到在整个城市发展上提高辐射长三角的能级,使城市各中心相互之间形成一定的分工和错位,避免简单的同构,使城市结构得到一个更加平衡的发展(图4-39)。而随虹桥综合交通枢纽一起发展起来的虹桥商务区,已经在这一过程中很好地融入了上海的东西商务轴,成为上海最重要的城市门户之一。同时它也很好地融入了长三角一体化发展的大潮,成为长三角的CBD。这就是我们所说的"城",即枢纽设施、产

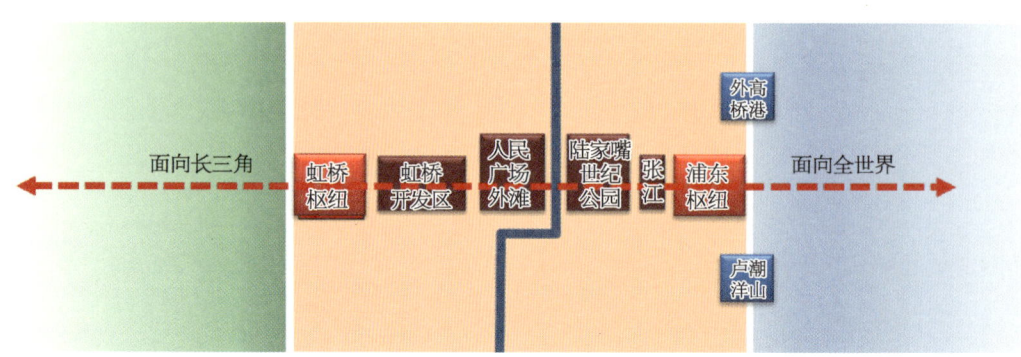

图 4-39 虹桥综合交通枢纽对城市结构的完善

业设施融入城市。

我们看到,在虹桥地区,上海将上述"港""产""城"有机地融合在了一起,完美地实现了一体化发展。

接下来,虹桥商务区将进一步与国际一流商务区接轨,引领长三角的一体化发展;科学合理地利用地下空间,加强地下空间开发,并形成立体分层的步行网络;在住房保障规划方面,提升商务区人居环境水平,高标准配置住宅区绿化和公共空间,倡导人文、体育、休闲设施开放共享,基础教育、文化、社区商业等公共设施的规划配置与建设水平要满足国际化人才的需求,打造包容共享的国际商务与生活示范区;建设国际领先的低碳城区,全面执行二星级及以上绿色建筑标准要求,大型公共建筑全部应用BIM技术,成为可阅读"最低碳"的城市建筑。这将是虹桥综合交通枢纽和虹桥商务区在"港产城一体化"道路上的又一次升级升华,我们期待见证它更加精彩的新面貌。

未来,将全面建设虹桥国际开放枢纽,虹桥综合交通枢纽和虹桥商务区将成为推动长三角一体化发展、提升我国对外开放水平、增强国际竞争合作新优势的重要载体。这里将形成"一核两带"发展格局。"一核"是上海虹桥商务区,主要承担国际化中央商务区、国际贸易中心新平台和综合交通枢纽等功能。"两带"是以虹桥商务区为起点延伸的北向拓展带和南向拓展带。其中,北向拓展带包括虹桥—长宁—嘉定—昆山—太仓—相城—苏州工业园区,重点打造中央商务协作区、国际贸易协同发展区、综合交通枢纽功能拓展区;南向拓展带包括虹桥—闵行—松江—金山—平湖—南湖—海盐—海宁,重点打造具有文化特色和旅游功能的国际商务区、数字贸易创新发展区、江海河空铁联运新平台。长三角将着力建设国际化中央商务区,着力构建国际贸易中心新平台,着力提高综合交通管理水平,着力提升服务长三角和联通国际能力,以高水平协同开放引领长三角一体化发展。通过提功能、扩开放、强联动,使虹桥枢纽和虹桥商务区成为国际国内双循环的重要节点和平台。

案例讲评:

虹桥综合交通枢纽是以商务产业链为主干,整合其他产业设施,以港促产、港产联动、产城融合、港产城一体化发展的典型案例。它从项目策划、规划研究、设计施工、运营管理、资产经营、财务管控,以及政策法规、招商引资等方面,都为我们留下来许多启示和借鉴。

虹桥综合交通枢纽地区开发的经验和教训是我们宝贵财富。

案例 4-18 海口美兰机场"港产城一体化"规划

海南全岛将建设自由贸易试验区,稳步推进中国特色自由贸易港建设。国家宣布支持海

南全岛自贸区建设,这是2018年的大事件。

海南岛进出岛的方式,一个海、一个天。通过对进出岛交通的管控,可能我们会找到新的发展思路。海口地处华南与南海交汇处,是海南省重要的中心城市。海口美兰机场临空经济区位于城市东部,发展范围涉及美兰机场及周边的灵山片区、灵山西片区、桂林洋临空港产业园区、大学城片区等多个规划区块。看看海口的总体规划图,如果把东西两个综合交通枢纽做好,公交优先做到位,我们就可能会闯出一条不同于大陆城市的交通发展道路。具体怎么做呢,我的建议是海口要"开启双港驱动的城市发展新时代"(图4-40)。

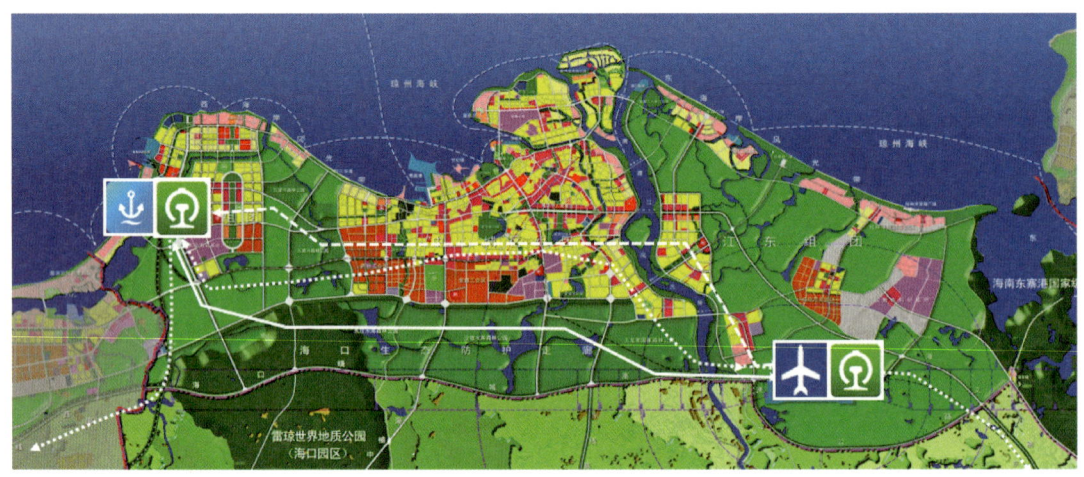

图4-40　海口市"双港驱动"示意图

现在,我们海口市在东侧已经有了美兰机场,与环岛高铁的车站已经实现了对接,规划还有城市轨道交通进入。虽然位于美兰机场的"空铁枢纽"的具体方案上还有很多可以优化的地方,但我们的设施方案是很好的。现在,空铁枢纽正在热火朝天地建设之中。

我们再把眼睛转向新海港区这边。按照海口市里的城市规划,这个地区规划了一条地铁,也规划了一个港口。从大陆过来的各种机动车辆和铁路交通,以后都会逐步转到这个新海港区。我建议在这里规划建设一个海运与环岛高铁、高速公路,以及城市各种交通方式对接的综合交通枢纽,使海口形成西边的"海铁枢纽"与东边的"空铁枢纽"相呼应的双门户枢纽格局。进出岛的客流可以利用环岛高铁直接转移到岛内其他城市,环岛高铁同时又是两个枢纽之间非常重要的快速连接的交通方式。两个枢纽还可以实行组合运行。

随着国家"一带一路"倡议的推进,国家赋予海南的自由贸易试验区(港)发展使命不断深入,海口再次走到了发展的一个关键抉择期,迎来了一个全新的历史发展机遇。这种机遇可

以说是空前绝后的,需要有我们做出一系列的规划决策。于是,江东新区的规划建设应运而生了。《海口江东新区总体规划》(图4-41)以"开放创新、绿色发展"为总纲,将江东新区定位为"全面深化改革开放试验区的创新区、国家生态文明试验区的展示区、国际旅游消费中心的体验区、国家重大战略服务保障区的核心区",它将贯彻落实新时代国家赋予海南的重大战略和重大决策,引领中国(海南)海南自由贸易试验区建设,形成我国面向太平洋和印度洋的重要对外开放门户。

图4-41 江东新区总体规划与美兰机场

美兰国际机场及其临空产业是江东新区的支柱产业,对江东新区的规划建设影响巨大。我们自始至终按照"港产城一体化"的理念开展了我们的规划工作。海南有优越的地理位置,面向东南亚、连接北部湾,适合于发展服务于"中国—东盟"自由贸易区的区域性国际航运中心和物流中心。当地产业发展特征独具特色,生态旅游资源丰富,农渔业资源禀赋独特,是热带特色高效农业发展的宝地。另外,海南与周边地区连接渠道基本以空海为主。这些特点使

得海南形成了以服务业为主导、带动工农业发展的独特模式。本次规划既要在优势资源上带动更多产业链,还要借助政策优势和区位优势补足会展产业、商贸产业,特别是要以货运物流产业带动"港产城一体化"的快速发展。

具体来说,海口临空物流产业的策划需抓住岛屿经济的特征,探索构建独有的"江东·美兰"模式,通过大力发展物流产业链将其他产业串联打通,建立产业链之间的联动或整合关系(图4-42)。

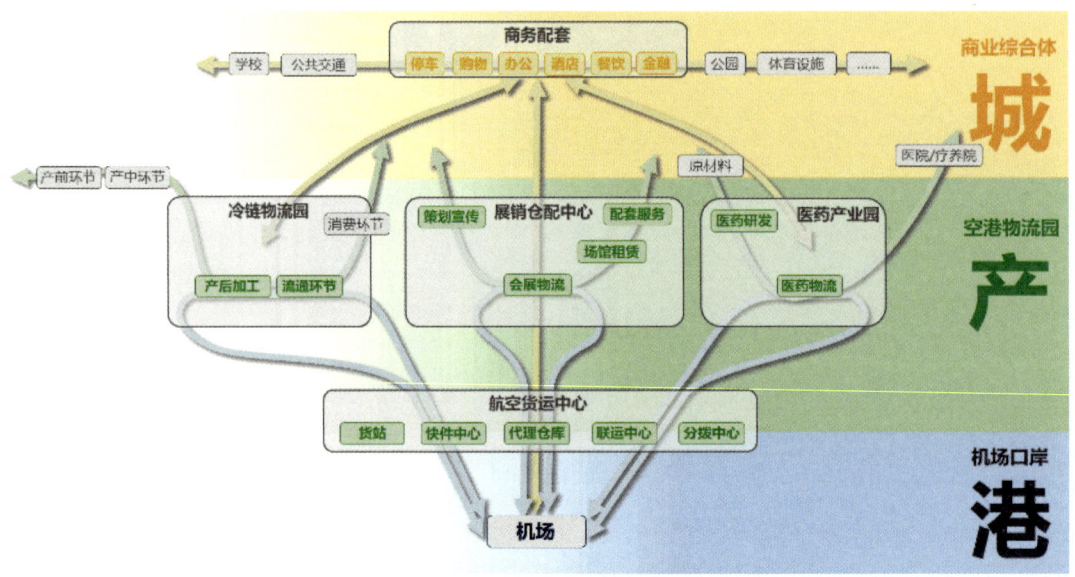

图4-42 江东新区"港产城一体化"发展的内在逻辑

美兰机场秉承"客货并举"的定位,大力发展货运和客运两大功能区上的产业链,逐步实现港城融合。例如,充分发挥当地农业资源禀赋,发展高端农林渔牧产业,延伸发展包装加工的产业链,再与冷链物流产业园对接,这些产业都通过物流链打通,最后通过航空货运物流建立向外的销售运输网络。还有其他有特色的产业链规划也是如此,我们就不再一一展开了。

基于围绕海口美兰机场展开的"港产城一体化"规划进行的大量基础性研究,我们希望最终能达到"以港促产、以产兴城、港产城一体发展的新格局",也期盼着航空货运物流产业包括自贸港区的其他产业能够早日启动投资建设,未来我们一定能够看到"江东·美兰"模式的"港产城一体化"发展的壮丽篇章!

在机场和临空产业设施规划方面,我们依然以航空港为核心,围绕机场展开规划。美兰

机场定位为"客货并举"型机场,货运规划时要注重与客运的协调发展。客运在中心向东、西方向发展,货运布置在两翼协调发展,从而形成客货平衡发展的格局。在美兰机场,航空货运物流产业链将带动的其他产业链向外拓展延伸,与江东新区连为一片。美兰机场货运物流设施拓展如图4-43所示。

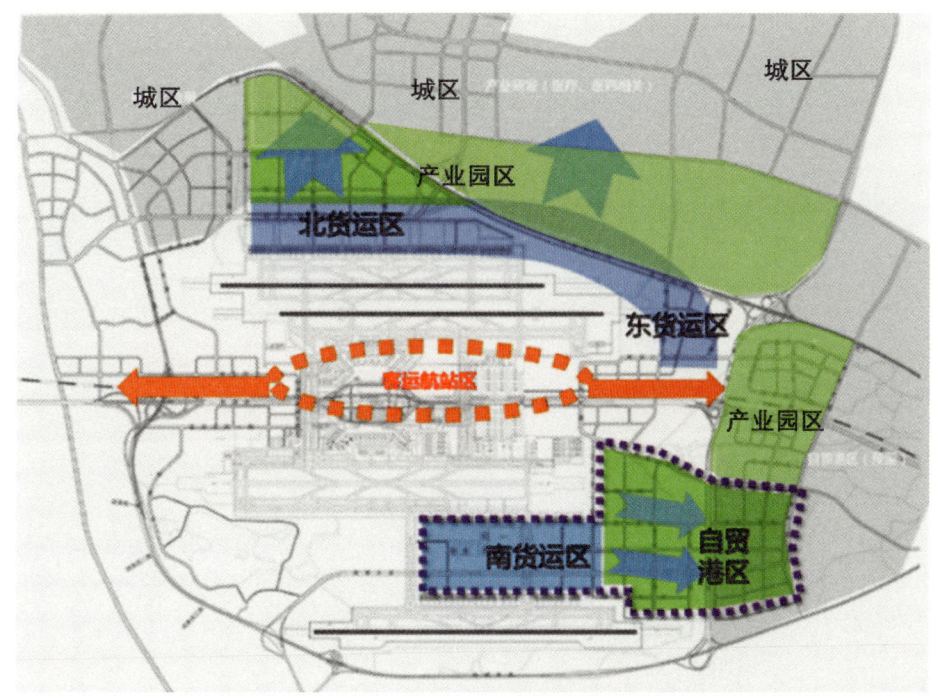

图4-43 美兰机场货运物流设施拓展示意图

我们的港产城一体化规划以北货运区为主体,先期拓展物流产业链、带动其北部江东新区的主城区发展,以期最终实现"港产城一体化"全面发展。具体实施方案是:首先开展美兰机场第三跑道和北货运区的规划建设,沿第三跑道北侧一字型布置若干个不同类型的货运站,包括国际国内普货、跨境电商、快递、冷链等多个一级货运设施。其次是在货运区北侧规划建设航空物流园区,发展各种相关产业设施。最后就是物流产业园区在北侧与江东新区的城区规划建设融合为一体,即规划建设一批既与航空物流产业相关、又与城市发展需求相连的金融服务设施、商务设施、商业零售设施、会展设施、生活居住设施、文化娱乐与教育体育设施等城市型综合服务设施。美兰机场北货运物流产业园区规划布局如图4-44所示。

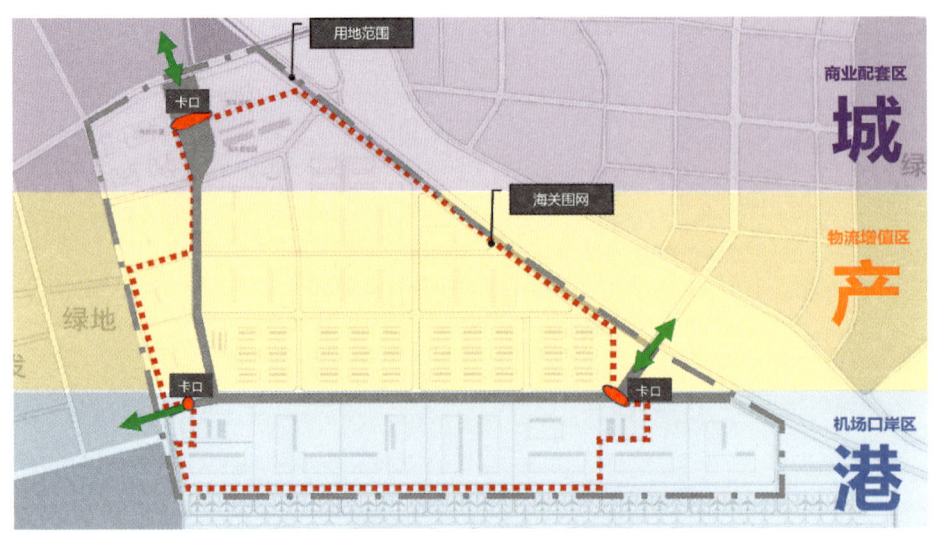

图 4-44 美兰机场北货运物流产业园区规划布局

这样一来,通过"港产联动"和"产城融合"这样两个阶段,最终就能完成我们的"港产城一体化"大业。

我们再把眼睛转向新海港区这边。按照海口市的城市规划,这个地区规划了一条地铁,也规划了一个港口。从内陆过来的各种机动车辆和铁路交通,以后都会逐步转到这个新海港区。我建议在这里规划建设一个海运与环岛高铁、高速公路,以及城市各种交通方式对接的综合交通枢纽,使海口形成西边的"海铁枢纽"与东边的"空铁枢纽"相呼应的双门户枢纽格局(图4-45)。进出岛的客流可以利用环岛高铁直接转移到岛内其他城市,环岛高铁同时又是两个枢纽之间非常重要的快速连接的交通方式。

总之,枢纽能够带动的周围地区的产业集聚,汇集的都是现代服务业和一些新兴产业。这些产业对海南、对海口的城市定位和生态城市的建设都是符合我们的规划目标的。那么双枢纽在海口城市的东西两端建成运行的时候,还会给城市空间的更新带来巨大的拉动作用,对城市结构的重筑也会产生很大的影响。东西两边的"空铁枢纽"和"海铁枢纽"及它们的配套产业设施就像两个轮子一样,它们的高速运转必将会牵引海口经济的加速发展。这也是符合城市发展规律的,因为我们的城市都是在交通便捷、交通枢纽、交通节点的地方发展起来的,所以回归城市的本质就会拉动海口城市的发展,促进海口城市空间结构的重新组织。也基于此,我们还可以通过这两个枢纽,实现海南与南海、东南亚乃至世界的对接,打通海上丝绸之路。

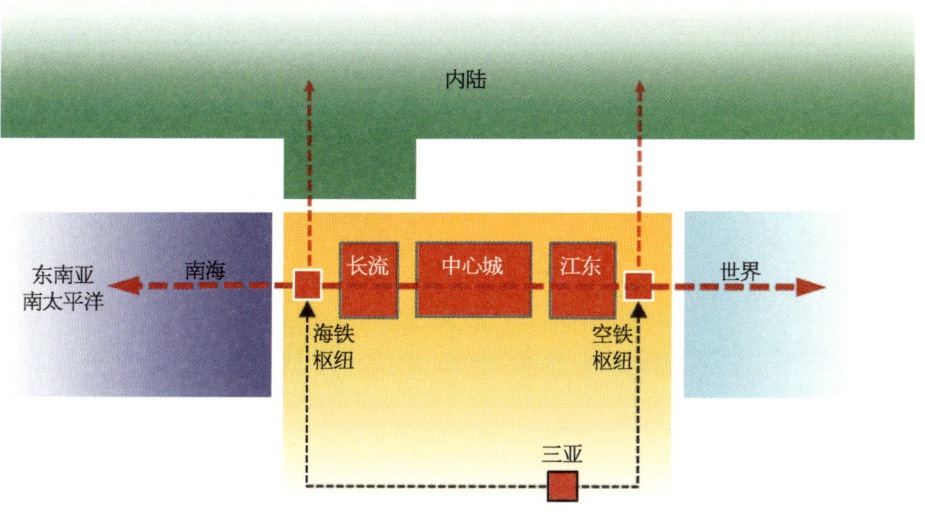

图 4-45　双枢纽视角下的海口城市空间结构

4.10　小结

机场集团公司为了回收一部分机场开发所带来的间接经济利益,需要组建一批"公私合资合作(PPP)公司"。这些 PPP 公司的职责就是要收回机场的部分间接经济效益。因为他们实际上是要从市场上去"争抢"收益的,所以他们必须要有市场竞争力。这些 PPP 公司要做的就是"能争就争"!

为什么这些临空产业链上的企业要做成 PPP 公司呢?那是因为这些在临空产业链上的企业所从事的都不是机场的核心业务,机场集团都没有自然垄断的优势,也没有绝对的竞争优势。为了做大临空产业这块蛋糕,做强我们的公司,我们必须走投资多元化、管理社会化、经营市场化的道路,找到细分市场上的强者,实现强强联合、实现双赢多赢。

三大或者说四大临空产业链的龙头都在机场里面,龙头就是我们的航站楼、货运站、机库。因此,我们必须谨记:"要充分发挥机场在临空产业链中的龙头作用,要从离龙头设施最近的项目开始做起,最大限度地控制好投资风险。"要因事、因时、因地、因人制宜地做好项目策划。每个项目都是一种全新的挑战,都要求我们一定要发扬求真、务实、开拓、创新的精神,埋头苦干。

机场集团公司对这些公司的经营管理原则应该是：用已有的优势资源"创建公司"，在有成长性的领域"收购公司"，为产业链的发展壮大"经营公司"，按照发展战略、选在合适的时机"出售公司"，如果陷入治理困境就"重组公司"，在扭亏无望又无计可施时"解散公司"。一句话、四个字：经营"公司"！是的，经营公司本身，而不是公司的业务。

第 5 章

固定资产投资的管控

前面，我们讨论了机场集团资金来源的三个方面：作为机场社会效益回馈的政府投入；作为使用者付费得来的直接经济效益；参与市场竞争挣来的间接经济效益。但是，成功的机场集团仅有一个好的融资模式还是不够的。就像一个家庭，既要有一个会挣钱的"老公"，还要有一个勤俭持家的"老婆"。也就是说，我们还必须学会对固定资产的投资管控。控制"投资规模"其实是我们机场集团公司治理的核心工作。

我们民航有一个不好的传统，就是非常不重视机场建设。过去，我们往往只是会在机场集团内设置一个"基建处"，认为他们就是一个"修房子和场道"的服务保障部门；认为他们只是把建设任务包给第三方而已。这是非常错误的！要记住：承包出去的是皮囊，承包不出去的是灵魂！承包出去的是设施和设备的施工和采购，承包不出去的是使用需求和工艺要求，即流程、标准、用法、规模、目标等。我们机场集团的董事长、总裁（或 CEO）们都应该把主要的精力用在资产的投资和经营管理上来，而不是盯住日常运营，满足于做一个机场运行指挥中心的"值班经理"。我们的基建部门建设的的确是房子、场道，但是我们应该看到，那实际上是机场集团未来的发展平台，是机场集团战略实施的"舞台"。不同的舞台是拿来演不同的戏的，京剧舞台是演不好话剧的，时装表演的 T 台是演不好歌剧的。因此，机场规划建设的各种基础设施必须以机场集团的发展战略为剧本，为航空枢纽的发展服务，把枢纽建设这场戏演下去、演得精彩。因此，为了在机场建设中全面落实机场集团的发展战略，作为机场集团发展战略"编导"的董事长、总裁必须直接担任机场规划建设的总指挥。

另一方面，由于机场建设所形成的固定资产对机场运营成本的影响巨大，我们的机场 CEO 们也都必须对固定资产的投资给予最大的关注，对控制固定资产规模管控倾注最多的精力。

5.1 机场运营成本与固定资产规模

机场很大,处处都在不断地发生运营成本。我们每一个管理者都有必要弄清楚都有些什么成本,这些成本是怎么发生的,它们之间有着什么样的逻辑关系。表 5-1 是上海国际机场股份公司 2012 年的运营成本概要。从中我们可以看到作为服务行业,机场最大的成本是人工成本,占总成本比例已经超过三分之一。

表 5-1　上海国际机场股份公司 2012 年运营成本

成本构成项目	金额(万元)	占总成本比例(%)
人工成本	124 285.69	38.19
摊销成本	91 467.77	28.11
运行成本	59 851.96	18.39
燃料动力消耗	29 754.84	9.14
税金支出	10 938.61	3.36
财务费用	3 536.87	1.09
其他	5 607.06	1.72
合计	325 442.80	100

注:资料来源于上海国际机场股份有限公司(600009)2012 年年度报告。

人工成本的构成包括:工资、奖金、津贴、补贴、职工福利费、社会保险费(医疗保险费、基本养老保险费、失业保险费、工伤保险费、生育保险费、年金缴费)、住房公积金、工会经费、职工教育费,以及因解除劳动关系给予的补偿等。由于这些与员工利益直接相关,都是只会升高、不可能降低的成本,这一块成本是非常刚性的。

另一方面,人工成本的大小直接取决于员工的数量,而对于机场来说,员工的数量主要是由设施与设备的规模决定的。航站楼的面积、机位数、跑道数、机电信息系统的规模和复杂程度等这些固定资产规模,实际上决定了你所需要的员工数量。当然,你可以采用社会化、市场化的办法,将一部分业务外包出去。由专业化的公司去承包,会改变服务的专业化水平和成本明细。但对于机场公司来说,人工成本依然是发生了的,只是改了个名称。

从表 5-1 中,我们看到机场运营的第二大成本是摊销成本。摊销成本包括固定资产折旧、无形资产摊销等,固定资产折旧是绝对大头。由于投资的贷款利息也是资产形成中发生

的成本,于是我们应该将固定资产投资的利息也一起计入摊销成本。这样摊销成本大概也占到一般机场运营成本的三分之一。由于上海机场股份公司不是将浦东国际机场的全部资产一起上市的,还有一部分机场运营的必要资产没有计入其中,所以表 5-1 还不是一个机场运营的完全成本表。但我们基本上可以认为摊销成本大约占机场整个运营成本的三分之一。

固定资产折旧与固定资产使用寿命和固定资产年折旧率两个概念相关。这是非常重要的两个概念。各种固定资产的使用寿命是很不一样的,从 6 年到 35 年不等,这对我们的固定资产投资管控来说是非常重要的。这就要求我们要非常精细地配置各种设施、设备、材料、系统等,特别要关注不同使用寿命的设施设备,进行认真的甄别和选用。一般来说,土建设施的使用寿命为 30 年、机电设备 10 年、信息系统设备 5~6 年。上海机场固定资产折旧相关情况见表 5-2。

表 5-2 上海机场固定资产折旧相关情况

类别	使用寿命	残值率	年折旧率
建筑物、构筑物、场道	8~35 年	3%	2.77%~12.13%
机电设备	10 年	3%	9.70%
通讯导航设备	6 年	3%	16.17%
运输设备	6 年	3%	16.17%
电子设备	6 年	3%	16.17%
其他设备	4~11 年	3%	8.82%~24.25%

摊销成本必须按照国家有关规定计提,也是一块非常刚性的运营成本。表 5-1 中除了人工成本、摊销成本,就是运行成本和燃料动力消耗,再加上一些其他费用就是机场的全部运营成本了。具体包括:燃料动力消耗、维修维护费、绿化环卫费、特种车辆、内场车辆费、委托管理费、办公经费、其他经营成本等。一般这部分内容加在一起也占机场运营成本的三分之一左右。我国的多数机场在运行维护方面投入的费用普遍不足,这对于设施设备的运行状态和使用寿命延长是不利的。

在这个三分之一的运营成本中,燃料动力消耗是比较大的一块,而且是比较柔性的运营成本。所谓"柔性成本"就是指降低这一块成本既存在技术上的可行性,又不会引起其他方面的抵抗或副作用。如果我们按照国家的大政方针,大力推进各项节能减排工作,这一块成本的降低是大有可为的。

很明显，运行成本和燃料动力消耗也是由固定资产的规模决定的。燃料动力消耗实际上就是照明和制冷的电费和采暖用的气、油费用，以及维护维修费用，都完全取决于房屋、场道的规模及其使用频度。

综上所述，可以看出机场的运营成本由三个1/3组成，我把它们称作"人工成本""摊销成本"和"运维成本"。这就是我的"三个1/3的理论"，全名是"固定资产规模决定机场运营成本的理论"。这个理论的要点有三个：

（1）前两个1/3，即人工成本和摊销成本都与固定资产的规模正相关，基本上可以说由固定资产规模决定，是非常刚性的。

（2）第三个1/3的一半是能耗，即燃料动力消耗。固定资产一旦形成之后，燃料动力消耗也是非常刚性的。剩下的另一半叫"运维成本"，主要是维护维修费用，也基本上取决于固定资产规模。机场设施设备的规模越大，运行维护的成本就会越高，这是显而易见的。

（3）固定资产一旦形成，机场的运营成本就非常刚性。这也是城市基础设施的共同特征之一：运营成本相对稳定、边际成本趋于零（图5-1）。由于机场的运营成本在很大限度上取决于固定资产的投资规模，因此机场业主方对于固定资产的投资管控就非常重要了。基本上可以认为机场建设期间节省出来的不仅仅是投资，还是以后的运营成本。

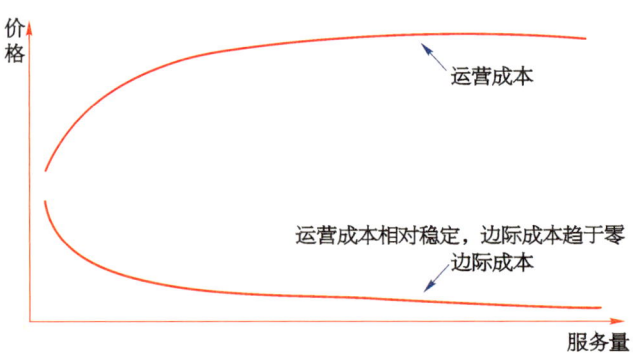

图5-1 基础设施的特征之一

5.2 管控固定资产的投资

机场集团和股份公司是机场建设的业主方（即"甲方"）。甲方的责任其实就是两点：一

是确认使用需求；二是管控投资规模。有人可能会说：不仅仅是这一点，还有安全、质量、进度、文明生产等！这些在甲方与设计、监理、施工单位签订合同之后，就已经将责任转移出去了。只有上述两点是甲方转移不出去的，机场建设方自己一直要管控的。

所谓"确认使用需求"，就是要在整个建设过程中不断地研究、确认和监督实施机场（特别是航站楼）的工艺流程、具体的运行管理环节和使用要求。所谓"管控投资规模"，就是要在整个机场建设过程中不断地研究、确认和监督建设过程的造价变化、设计变更管理和资金运用管理。做好投资管控，最重要的就是要区分无效资产、功能性资产和经营性资产，并对它们建立不同的管控目标，实施不同的管控模式。

5.2.1 "无效资产"的最小化

"无效资产"（图5-2）就是无法产生效益的资产。例如我们飞行区的调节水池就是一个很好的案例。当雨天水池储满水之后，我们开闸或开泵放水时，我们只能把排水通道底标高以上的水排出。该排水通道底标高与调节水池底之间的水（图5-2中深蓝色部分的水）是永远排不出去的。这部分永远排不出去的水被称作无效储水量。但调节水池预留适当的无效储水量在技术上还是需要的，主要是用于沉淀水中的异物。

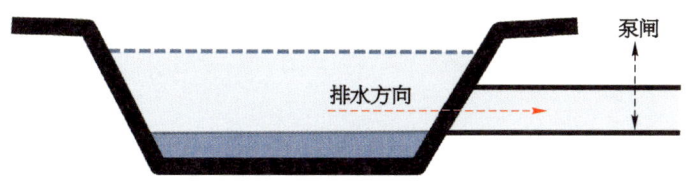

图5-2 "无效资产"释义

在机场规划建设中，我们也会遇到许多类似的问题。我们的动拆迁成本、土石方成本、土地成本中的一部分都会变成这种无效资产。例如某机场用近70亿元人民币把具有较大高差的扩建用地填平，就形成了一块巨大的无效资产（案例5-1）。又如，某机场建设了一套高峰小时处理能力达到12 000件的旅客行李处理系统，但直到12年后这套系统报废时，它的高峰小时处理量都没有超过5 000件。还有，我们最常见的就是通信系统设备，由于信息技术的高速发展，设备的更新速度越来越快，造成许多设施设备还没有充分使用，就过早地报废或大量的能力空置，甚至有的设备刚刚建好就被淘汰掉了。

建议我们在以后的机场建设审计中，新设一个"无效资产率"的考核指标。

案例 5-1　两个机场的不同土石方工程方案

机场占地面积巨大,对飞行器地面移动用的跑道、滑行道、机坪等场道设施的坡度要求较高。于是,机场建设中的土石方量往往非常巨大,总是我们在规划设计阶段的一个很重要的课题。由于土石方量基本上都是无效资产,所以在我管的机场工程项目中,我总是要求设计单位必须做到"场内土石方平衡"。

某机场在已有的运营区域与即将扩建的区域之间有一个较大的高差,新一轮扩建工程的规划设计中采用了将扩建用地与已有运营区域填平的方案。从表 5-3 中可以看出土石方工程为 69 亿元、征地动迁为 50 亿元。这两项分别大于最大的两块有效资产,即航站楼工程需要投入的 59 亿元和场道工程将投入的 42 亿元。是不是有点触目惊心啊?针对这一问题,我给他们提出了我的建议。

表 5-3　某机场扩建工程投资情况

- ◆ 征地动迁 （50亿元）
- ◆ 市政配套工程 6.6 亿元(通信 0.86 亿元,供电 3 亿元,供水 0.82 亿元,供气 0.15 亿元,雨水 1.8 亿元)
- ◆ 政府关联设施(一关三检、空管)
- ◆ 土石方工程 （69亿元）

- ◆ 场道工程 40 亿元,场务 1 亿元,消防 1 亿元
- ◆ 航站楼工程 59 亿元
- ◆ 供冷供热设施 1.4 亿元　生产辅助设施 7.8 亿元　信息系统 5.9 亿元
- ◆ 交通枢纽工程(含停车场)9 亿元　场内道桥 14 亿元,绿化 1 亿元(管线 2.4 亿元)
- ◆ 旅客过夜用房-亿元　航空公司用房(办公、生产)-亿元
- ◆ 货运设施 3 亿元
- ◆ 机务设施 0.26 亿元　航油设施-亿元　特种车辆 11 亿元
- ◆ 预备费 20 亿元　动态费 8 亿元　二类费用 18 亿元
- ◆ 合计:330 亿元,其中工程费用 233 亿元

我的建议是将整个机场用地划分为三部分(图 5-3)。南部是已有建成区,加上扩建区域的南部站坪,这部分是高程最高的。中部为航站楼和航站区,基本保持原地面标高。北部为新的飞行区和站坪,高程最低。南北两个飞行区和站坪通过两组、四条垂直联络道连接。由于两条主跑道之间的距离超过 2 km,按照滑行道纵坡不得大于 1.5% 的规定,两条主跑道之间高差可以在 20 m 以上。这样只需要动用少量的土石方量即可满足工程需要。

由于北部飞行区有两条跑道,南部只有一条跑道,且南跑道南侧已经有了现在的航站区,因此建议新扩建航站区的 2/3 机位规划布置在北航站区,这就可以使南站坪扩建的土石方量减到最少。

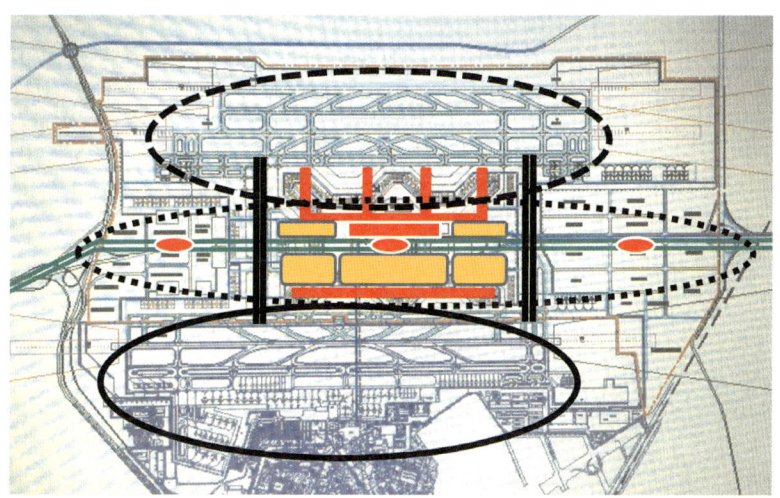

图5-3 我们对某机场高程规划的建议

同样,西安咸阳国际机场两条主跑道之间的高差也很大,它的规划方案是将这一高差分五段来解决的。首先,从跑道到站坪这一段基本利用地势的现状坡度组织排水。然后,将站坪分为三大块,采用各自不同的站坪标高与航站楼对接。最后,垂直联络道在不同的标高上分别与平行滑行道和站坪滑行道对接。彻底实现了场内土方平衡(图5-4)。

图5-4 西安咸阳国际机场规划鸟瞰

5.2.2 功能性设施的投资管控

机场的主要生产性设施,如跑道、滑行道、机坪、航站楼、交通设施、货站、机库等,都是功能性设施。对这些功能性设施,首先就是要对其"投资节奏"进行管控。

前述已经谈过基础设施的特征之一就是"运营成本相对稳定,边际成本趋于零。"这就意味着我们的上述功能性设施,例如航站楼,一旦建成投运,无论是稀疏空寂,还是人满为患,它的运营成本都是差不多的,或曰变化不大。在航站楼的设计容量范围内,旅客量的增加是几乎不增加运营成本的。因此,如何设定每一期航站楼设施的规模,就是我们要考虑的问题。航站楼建得过大,会增加空置期,太小又不能形成一定的规模经济效益。于是我们就找到了洛杉矶国际机场这么一个著名的案例(图5-5),它的每一个单元都有10多个近机位,而其国际航站楼要比较大一些。

图5-5　洛杉矶国际机场的单元式航站楼

航空旅客的增长总是一条比较平顺的发展曲线,而设施能力的增长总是一个台阶状的折线。图5-6中,市场需求虚线以上,与台阶形折线间围成的区域是空置的资源,市场需求虚线以下,与台阶形折线间围成的区域是航站楼超负荷的部分。理论上来说,台阶形折线与市场需求虚线间的面积越小,越经济合理。但是,航站楼有一个合理最小规模问题。这个合理最小规模,是否就是洛杉矶国际机场给出的这个答案呢?

建成一座航站楼后,机场的旅客处理能力就上升了一个台阶。那么这每一个台阶到底要升多高呢,其实这是一个很重要的投资课题。我们往往会忘记这是一个投资效益问题,往往会简单地从形式上考虑,把航站楼做得很高大上、规模很大。我不是说规模过大的航站楼永

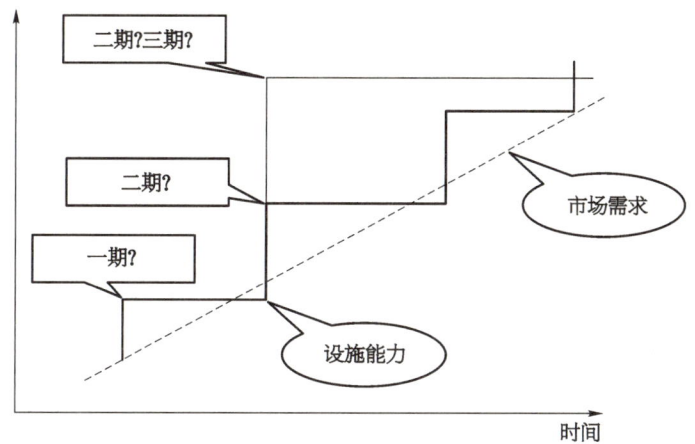

图 5-6　航站楼规模与市场需求的关系

远没用,而是说它过多地超过了市场的需求,会使其作为无效资产被长时间闲置。

案例 5-2　浦东国际机场 2 号航站楼设计方案的选择

浦东国际机场一期的时候我们建了一个年处理 2 000 万人次旅客量的航站楼。到二期的时候,就有了一些不同的想法。是再建一个 2 000 万人次旅客量的航站楼呢?还是一下子建设一个 6 000 万人次旅客量的航站楼呢?

投标方案对此的回答有两类:一类是建一个 2 000 万～4 000 万人次旅客量的航站楼,以后再建两个卫星厅,来满足第三个、第四个 2 000 万人次旅客量的需求;还有一类就是马上建一个 6 000 多万人次旅客量的航站楼(图 5-7)。

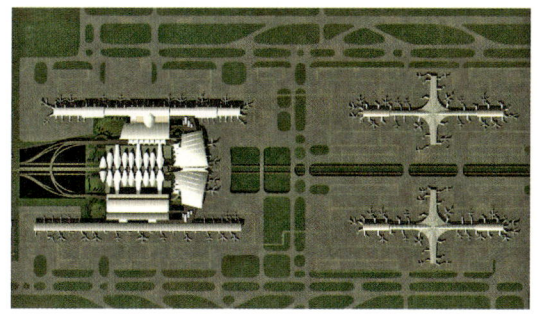 

图 5-7　浦东国际机场国际方案征集中的两类方案

浦东国际机场二期航站楼方案评标的时候,我用图5-6说服了多数评委,即"一步做到位是不经济的"。因此,最终我们选定的是一个分3~4个台阶发展到8 000万人次旅客量的方案。后面的几个台阶就是我们预留的发展余地。

案例5-3 某机场航站楼设计方案中的设施预留

由于机场航站楼发展的一些特殊性,我们在对航站楼采取分期建设的同时,还会采用超规模建设、楼内设施设备预留发展空间的办法。采用这种办法的时候,预留的设施设备其实就是近期的无效资产,必须控制其规模和闲置时间。

图5-8是国内某机场航站楼的设计方案,采用了将航站主楼一次建成、两个候机指廊以后加建的办法。我们可以从航站楼出发层和到达层的平面图中看到,设计师在航站主楼的南北两端预留了两个值机岛在内的大量空间(图5-8中的红圈部分),虽然支撑起了一个宏大的航站楼立面,但同时也造成了巨大的浪费。而且按照目前互联网技术的发展,未来网上值机、手机值机、自助值机的旅客还会大幅度增加,未来对航站主楼的需求还会进一步下降。

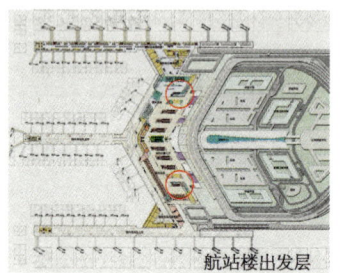
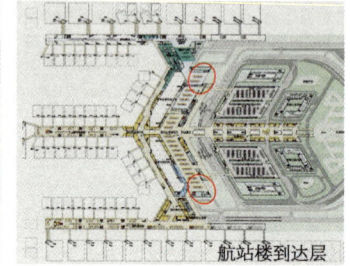
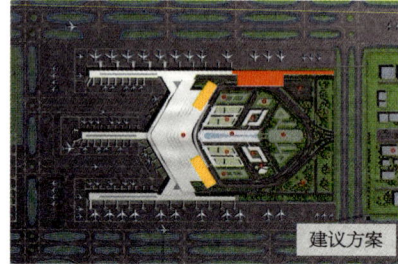

图5-8 某机场航站楼设计中的预留设施布置

因此,我们建议将航站楼设计中的这两块预留空间改为两个旅客过夜用房,或一个宾馆、一个办公楼(图中黄色位置);然后在北边预留的指廊处预留未来扩建一个航站楼的可能性;同理,南边预留的指廊处也预留未来再扩建另一个航站楼的可能性。当然,我认为这第三个航站楼一定是不需要的!

我们这个建议方案的最大好处是"将无效资产降到了最少",既节约了投资,也减少了运营成本。

接下来我们讨论功能性设施的投资成本和运营成本的管控。对于功能性设施,我们需要

做的就是要在保证功能的前提下,把投资做到最省。怎么样把投资做到最省呢?我们认为必须要是从"功能与价值相匹配"和"全生命周期成本"这两个方面来考虑。

由于机场特有的公益性,使得投资方往往并不了解它的功能,甚至也不了解它的价值。这就要求我们作为业主代表,必须具备相应的专业知识背景,必须对机场各设施的功能和价值进行彻底的分析,然后向规划设计者们提出科学的设计目标(任务书),并监督指导设计工作。我们分析基础设施功能的时候,我们要尽量把最实质性的需求找出来。但是寻找实质性需求很困难,往往运行管理者和使用者提出的需求都不是实质性的需求,只是使用上的要求,只是一个角度提出的问题。怎么样去识别这些要求,需要一定的知识背景。要学会从这些要求中寻找出、提炼好最关键指标,然后用于规划设计。例如机场行李处理系统的最关键指标是行李"运输速度"和"不要出错",处理好了这两个问题,它就是一个好的系统,而不是说越先进、越自动化、越复杂越好。总之,机场比较复杂,不要被表象所迷惑,要彻底摸清实质需求(即所谓功能),否则我们就可能会将资金投向那些无用或低效的地方。

机场投资方一般都会关注项目的投资,把投资管控作为考核建设工作的重要内容之一。但是建设管理者的首要任务是建成项目,然后把项目移交出去。因此建设管理者往往会忽视项目的运行成本。我们经常会见到建设单位与运营体系相对脱离,甚至会出现建设成本下降但运行成本大大提高了的现象。机场具有生命周期长、运行成本高的特点,从整个项目生命周期来说,我们不仅要考虑建设成本还要考虑运行成本。因此,必须以追求项目全生命周期成本最小为原则开展投资管控工作。

案例 5-4 旅客捷运系统的投资管控和运营成本管控

浦东国际机场的旅客捷运系统采用什么制式是我们的重大研究课题。经过多年的不断调查、研究、比选,最终我们选择了与上海市城市轨道交通主流车辆一致的所谓"地铁制式"。其主要优势在于:技术成熟、安全可靠;运能充足、舒适度有保障;市场巨大、运营维护有保障;竞争充分、经济效益可期待。

浦东国际机场的旅客捷运系统是机场运营的核心设施,但它对于机场运营者来说,又是一个全新的领域。我们既无技术储备,也无人才储备。如果自己从头学起,自己负责建设管理,并另起炉灶组建一个运营管理公司,我们的投入将是巨大的。于是,我们采取了管理社会化、运营市场化的方法,通过招投标将旅客捷运系统的建设管理和运营管理交给了上海申通

地铁集团有限公司(图5-9)。这一举措为浦东国际机场的投资管控和运营成本管控都带来了巨大的经济效益。

图5-9 机场集团将旅客捷运系统的建设和运营管理移交地铁集团

在这个案例里面,上海申通地铁集团有限公司用的是边际成本。因为他们承担着上海市2 000多km轨道交通的建设管理任务和已有近800 km轨道交通的运营管理工作。给他们增加这5 km、5个站的任务,对他们的影响与对我们的影响是不可同日而语的。上海机场(集团)有限公司从中实现了浦东国际机场旅客捷运系统的管理社会化和运营市场化,提高了运营的安全可靠度,并带来了投资成本降低和运营成本降低的双向成果,产生了很好的经济效益。

5.2.3 经营性设施的投资管控

对机场经营性设施的投资管控,其原则就是要让开发利益最大化。这就要求我们要认真做好市场调研,充分了解市场需求,要有一个翔实可靠的开发策划,最后还要贴合好市场需求的节奏,保证项目的竞争力,最终实现项目合资合作方的双赢和多赢。

经营性设施投资管控的目标首先是要让这些投资能够支撑未来的经营需求,不拖后腿,有时候还要"筑巢引凤"、适度超前。民航是非常不重视、也很不擅长经营设施投资的,从机场的可行性研究报告就可见一斑。一个新机场的项目有上百个子项,其中几乎全是功能性子项,很少有经营性子项。

为了做好机场经营性设施的投资管控,我们常采用的方法就是将设施、设备、土地等都单元化、模块化的手法。这非常需要一个有远见、有弹性的规划设计。经营性设施的规划设计,

要远比我们机场的功能性设施的规划设计困难得多,这是因为市场的变化要远远快于我们机场功能的变迁。

案例 5-5　北京新机场商务区开发策划

我们曾经应邀给北京新机场在交通枢纽和商务区做过一个项目策划。在这个策划研究中我们将航站楼前的经营性设施分成了三个不同的空间群:一是"公共空间"包括走道、自动步道、商业服务设施等;二是"经营性空间",包括宾馆、办公、会展中心,及其相关服务设施等;三是停车空间,包括停车位、车道边、通道及其相关服务设施等。我们规划设计的每一个基本单元都包括上述三种空间,而且三种不同的空间都总是位于相同的方位。即每一栋高楼(办公楼或宾馆)都带有一个4~5层的停车楼(不含地下部分),同时按统一要求设置与其相邻单元连接的公共空间,保证该公共空间联通所有开发单元、连接综合交通枢纽和航站楼(图5-10)。这样每个单元都具有最大的独立性,完全可以按市场需求和项目发展的成熟度来推进建设和运营管理。

图 5-10　北京新机场综合交通枢纽与商务区开发策划

如果图 5-10 中的开发设施群为第一期,那么其北侧的相邻地块就可以作为第二期,依此类推再北侧就是第三期、第四期(图 5-11)。这样每块土地都是一个独立的开发单元,各地

块的开发都有比较好的独立性,可以分别各自进行动拆迁、市政配套、设施建设等,可以最好地适应市场需求、贴合市场变化的节奏。

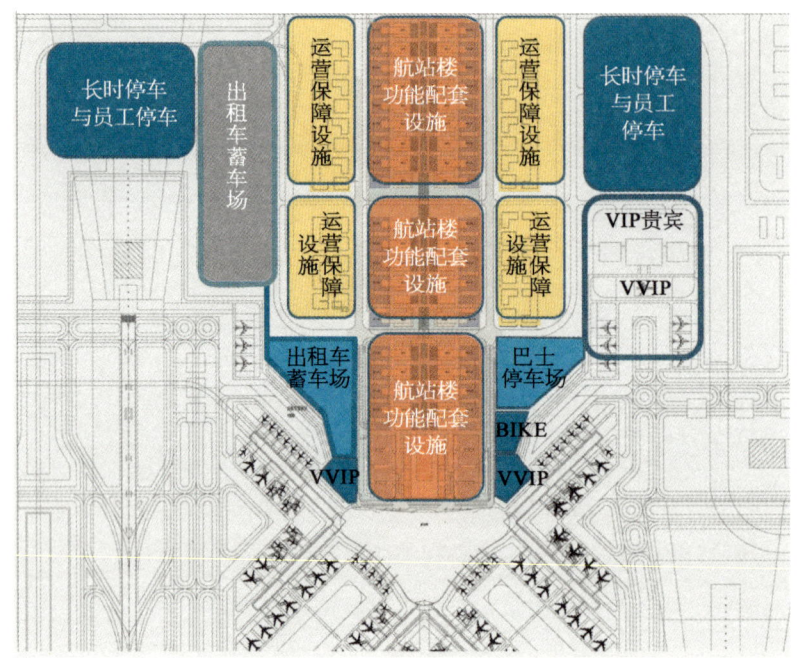

图 5-11　北京新机场商务区分区分期开发策划

5.2.4　严格控制"负资产"

什么是"负资产"？就是指在功能上并非必需,而一旦运行,就会吃掉企业利润的资产。例如图 5-12 中,国内某机场的旅客出发流程的设计,是从地铁车站(−6 m)上到交通中心的地上二层(6 m),然后旅客去航站楼内,乘电梯或自动扶梯到旅客值机大厅(18 m),办理值机后,再乘电梯或自动扶梯下到 6 m 层安检后登机。在评审会上,轮到我发表意见时我就问："可以让无托运行李的旅客直接从 6 m 登机吗？"回答是肯定的："可以。"但是,问题马上来了,有人就接着问："也可以让有托运行李的旅客,在这里交行李吗？"回答说："加上值机柜台后也是可以的。"这样一来,麻烦就大了：值机大厅就被放下来了(至少很大一部分值机设施放到 6 m 层来了),那个代表城市形象的、高大上的机场航站楼就"没有了"！

在这个旅客出发流程中,航站楼内把旅客从 6 m 层提升到 18 m 层的电梯和自动扶梯,以及把旅客从 18 m 层降落到 6 m 层的电梯和自动扶梯,就是我所说的"负资产"。因为没有它

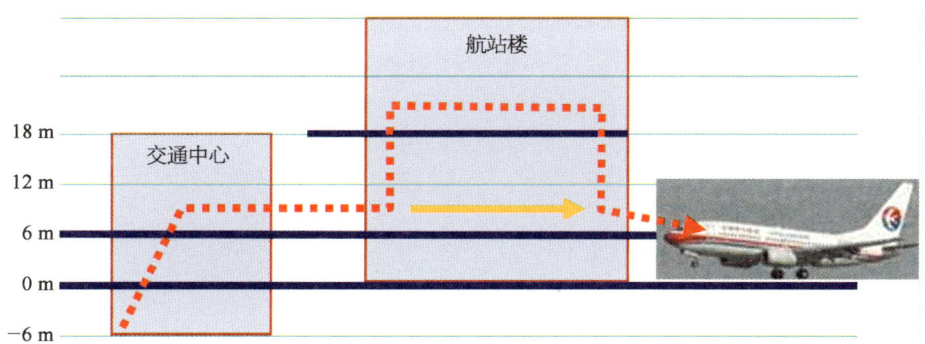

图 5-12 "负资产"概念说明图

们,旅客流程更便捷,运行成本更低,它们一旦运行,公司利润就会下降。在我们的机场规划设计中,我们经常会看到这种负资产,由于规划设计上的失误,这些负资产每天都在增高我们的成本、蚕食我们的利润。

我们在规划设计的审查中,特别是在最后一道关,即初步设计审查中,一定要把好这道关,减少或清除这些负资产。

最常见的负资产往往出现在旅客流程复杂化、行李流程不顺畅、通道过多、可选择性过多,以及不必要的冗余、奢靡的装修、没有意义的高标准、出现频率极低的需求等方面。

5.3 设计管理与投资管控

我们在这里所说的"设计管理"是指项目前期的所有工作。是指业主或业主代表对项目前期全部生产过程所实施的全面管理。设计管理包含项目立项后,从可行性研究、方案设计、初步设计、设备采购、到施工图设计完成的工程施工、设备采购招标前的全部工作。设计管理是一种过程筹划和监控,管理者既是筹划人,又是监督员,管理者必须在确保质量的前提之下,把整个项目严格地控制在设定的投资和进度之内。

设计管理的内容分布在投资前期、工程前期、实施阶段和运营期,包括业主(或业主代表)的工作、工程咨询、设计公司、科研单位的工作,以及承包商和供货商的工作(表5-4)。

千万不要认为设计管理是设计院的事情。从我们的现行法规来看,表5-4中,只有蓝色部分是我们签入设计合同的内容。也就是说,设计院只做了项目前期工作的很小部分工作,而且是管理工作量最小的那一部分技术工作。

表5-4 设计管理的内容

内容	投资前期	工程前期	实施阶段	运营期
业主、业主代表的工作	1. 项目策划 2. 项目规划 3. 项目选址 4. 立项	1. 投资审定 2. 方案确认 3. 组织审图	1. 项目采购 2. 招标	1. 实施监理 2. 验收、投产 3. 设计变更管理	总结/评估
工程咨询、设计公司、科研单位的工作	1. 规划研究 2. 投资机会研究 3. 预可行性研究、评估 4. 可行性研究、评估	1. 方案设计 2. 初步设计 3. 施工图设计 4. 审图	1. 科研 2. 编制招标文件 3. 评标 4. 合同谈判	1. 供货监理 2. 施工监理、施工管理 3. 生产准备 4. 竣工验收准备 5. 设计变更	后评估
承包商、供货商的工作	—	—	投标	1. 施工、供货 2. 安装调试 3. 竣工 4. 运行保障	售后服务

设计管理是项目管理的重要组成部分。一般情况下,我们把项目管理分为三块,即设计管理、工程管理和运营管理(PM=DM+CM+FM)。设计管理的核心内容就是对项目投资的管控。我们在项目的前期阶段对项目成本的影响力是最大的,而在设计阶段之后就回天乏力了;而项目成本的发生与之正好相反,在设计阶段之后进入工程实施成本会高升,进入运营阶段成本就进入平稳上升了;我们对项目成本的决定在设计阶段结束之前基本上也就完成了。图5-13中所表现的"成本三曲线"正是对设计管理的重要性和作用、地位的最好说明。因此,我常说"规划阶段是以'亿元'为单位花钱和省钱的,设计阶段是以'百万元'为单位花钱和省钱的,施工阶段是以'万元'为单位花钱和省钱的,而运营阶段则是一块钱、一块钱慢慢挣的。"

凡事预则立,不预则废。设计管理就是项目的"预",是决定项目成败的重要时期。一般来说,项目的可行性研究阶段决定了项目生命周期成本的80%;项目的初步设计阶段决定了工程投资的80%。这就是我常说的两个"二八定理"(也叫"帕雷托定律")。剩下的20%怎么决定的呢?项目生命周期成本是由运营管理期间的各种革新和改进来决定的;而工程投资的那个20%,在我们招投标的过程中就决定了。因此,我们可以认为工程的全部投资应该在工程实施(开工)前已经全部确定了。

在设计管理过程中,不同的参与者、决策者对项目成本的影响力是不一样的。影响项目成本最大的是国家、地方的标准和法规,与之不相上下的就是业主,或者说是业主提出的使用要求。这两个方面是决定性的。因此我们作为基础建设的业主要担负起责任,要当好业主,不要

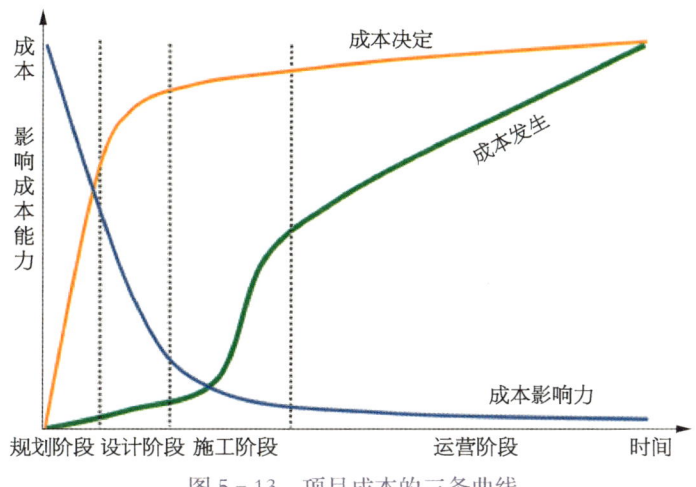

图 5-13 项目成本的三条曲线

不过脑子地乱提要求。每一条要求都是有价的！对成本影响次之的是咨询单位和设计人员，他们努力一点、工作认真一点、图画得精准一点……项目投资就会节约一大块、运营效率就会提高一大块。所以请我们的业主们千万要记住：不要克扣设计、咨询单位的工钱。因为他们是用脑子挣钱的，少动脑筋他们没省多少钱，工程上的损失可就大了去了。现状是投资者们始终不愿意在前期投入时间和金钱，市场经济下的工程建设领域没有雷锋，因此也就没有物美价廉的东西。接下来的承包商和设备供应商对项目成本的影响力就更小了，理论上他们只是按图施工而已。至于运营管理人员他们在项目运营期间对成本的影响力几乎是没有的，除非有人做出了重大技术突破，采用了新的设施设备。不同角色对项目成本的影响度如图 5-14 所示。

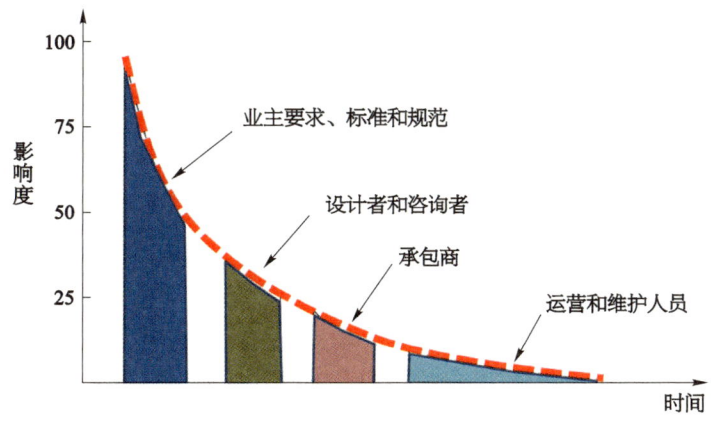

图 5-14 不同角色对项目成本的影响度

鉴于上述设计管理如此重要,对项目成本的管控如此关键,我们必须要有专业的部门和人员来研究设计管理这一课题,终生从事设计管理工作。特别是对于大中型机场和机场集团来说,我们需要这么一个专事固定资产投资管控的平台,需要一个专业的机场建设公司,需要一批专业人才。

案例 5-6　某机场集团的建设开发公司简介

机场建设公司与政府的"机场建设指挥部"通常会实行"两块牌子、一套班子"的模式。机场建设公司是机场集团公司的全资子公司。机场指挥部的主要领导由机场集团主要领导兼任。这是为了保证"建设以运营为导向"和"开发、建设、运营一体化"理念能够得到顺利实施的组织保障。

指挥部是机场重大项目建设中的临时机构,主要负责对外协调和重大决策。建设公司则是常设机构,是机场集团公司的二级法人。建设公司在项目实施中一般是代业主身份,在机场集团内部任务相对轻松时,亦参与市场竞争,对外提供前期咨询和建设管理服务。建设公

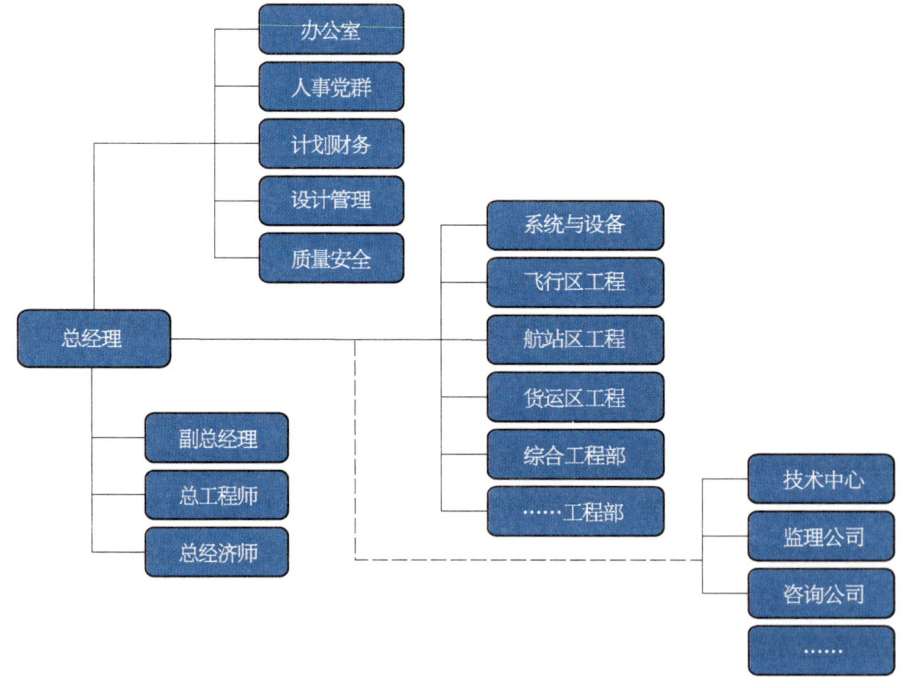

图 5-15　建设公司的组织结构

司的经营范围包括项目策划、工程咨询、设计管理、设备采购、施工管理、施工监理、财务监理、审计决算等。

建设公司设有计划财务、设计管理两大综合部门，是公司的核心竞争力，负责所有机场项目的前期工作和机场规划编制工作，是投资管控的主体。建设公司的各工程管理部门和系统设备部门根据工程内容设置，是机场项目的分块实施责任部门，主要负责工程实施策划和工程实施进度的推进。建设公司的组织结构如图5-15所示。

建设公司在对外提供服务时，一般会用监理公司、咨询公司的招牌。

5.4 小结

机场的运营成本由人工成本、摊销成本和运维成本组成，它们大体上各占三分之一。机场这三大方面的成本，基本上都是由机场的固定资产规模决定的。因此，机场的运营成本在固定资产形成期间，即建设期间就已经被固化了，对运营管理人员来说几乎都是先天决定的，是非常刚性的。

但是资产规模的大小，并不简单地对应机场的生产能力。也就是说，同样的机场生产三大指标，可能对应差异很大的机场固定资产规模。例如如果同样年处理4 500万人次旅客量，一个机场是300亿元固定资产，另一个机场是600亿元固定资产，那么两家机场公司的经济效益就会有很大差异，这是显而易见的。

对于机场来说，项目可行性研究阶段，决定了项目的全生命周期主要成本；机场建设中的投资管控结果，决定了机场的运营成本。因此，在保证机场运营功能的前提下，机场集团的固定资产规模越小越好。也就是说，机场建设公司或建设指挥部在项目策划、规划设计、设备采购、工程施工中必须做到"能省就省"！一定要让我们的每一个建设管理人员都明白，他们的节省就是企业的盈利。

投资控制的成败取决于业主对项目前期的管控力度和水平。项目可行性研究阶段决定了项目全生命周期成本的80%；项目初步设计阶段决定了项目建设成本的80%。这个"二八定理"很重要，机场集团的高管们要放心里。

机场建设指挥部、机场建设公司的职责是以机场发展战略和机场总体规划为依据，掌握投资节奏、管控投资规模，他们实际上是在实施机场集团未来的顶层设计。集团公司的领导们作为发展战略的"编导"，不仅要监控其投资建设工作是否符合机场发展战略，而且要直接指挥、实际操盘。股份公司和那些PPP公司要作为业主方或使用方，主动参与规划设计和工程实施，以保证所建成的设施功能完善、经营高效、接管顺利。

第6章 经营性效益的最大化

机场提供的产品是"服务",而这种产品的价格是不能完全由市场来决定的。说白了,就是我们只能不断地提高服务质量和数量,而不能在服务的价格上不断提高。因为我们的收益实际上就是社会生产的成本,它会转移到其他商品上去的。因此,机场必须建设、规划一批非航空业务的经营性资产,并通过我们的经营管理争取最大的经营效益。

　　国内外经营得比较好的机场集团,旗下都拥有一大批经营性资产和经营管理这些资产的公司。机场集团的航空主业收入大多数都低于非航空业务的收入。上海机场近几年的非航空业务收入都在60%左右。也就是说,机场不能利用其自然垄断的属性,加大对航空公司、旅客和其他驻场单位的收费,来增加自己的收入。其实,我们机场集团非常清楚,提高客户(航空公司和旅客)使用自己机场的成本,无异于杀鸡取卵。因此,我们机场集团必定把眼睛盯住非航空业务这一块,做大做强与主业相关的经营性资产和临空产业链上的经营性资产。

　　既然我们是"公司",我们就要挣钱,这是天经地义的事情。不能把"追求经济效益"和"提高服务质量"对立起来。在我看来,这是一张纸的两面。很难想象那些拿不到奖金或工资的服务生们,能够总是对旅客和航空公司工作人员笑脸相迎。无论如何,一个亏损的企业是不可能提供一流服务的!这就是我们机场集团必须争取最大经营收益的理由。

　　为了机场集团的可持续发展,我们必须首先要建设充足的经营性资产,然后就是要追求最大的经营收益,还要为未来预留充足的发展空间和其他所需条件。

6.1　建设充足的经营性资产

　　在机场这样的大型综合性交通设施中,对经营管理与规划设计的默契配合的要求是非常

高的。我们希望它们两个方面的配合不是准确无误,而是要达到艺术的、美的高度,就像一场经典的"双人舞"一样。用我们上海机场集团的话来说就是规划设计与工程建设必须"以运营为导向",这里所说的"运营"是"运行"加"经营"。

机场的主要经营性资源包括飞机起降权资源、土地级差资源、航站楼物业资源、机场商业资源、机场广告资源、地面代理服务资源、客货运代理服务资源、品牌资源等。从上海国际机场股份公司2012年的运营收入来看,其一半的收入来自航空主业,另一半收入来自股份公司对其所持有的物业和其他经营性资源的租赁和转供(表6-1)。因此,为机场集团及其所属企业多建设或预留一些经营性资产的开发空间是非常必要的。

表6-1 上海国际机场股份公司2012年运营收入

收入构成项目	金额(万元)	占总收入比例(%)
航空及相关收入	239 390.99	50.71
地面服务收入	23 775.69	5.04
场地及设备租赁收入	35 328.36	7.49
商业餐饮租赁收入	142 218.69	30.13
能源转供收入	13 827.49	2.93
广告阵地租赁收入	5 208.83	1.10
其他收入	12 291.32	2.60
合计	472 041.37	100

注:资料来源于上海国际机场股份有限公司(600009)2012年年度报告。

一个机场就像一个复杂的高度多元化的商业企业,为不同的企业和个人提供范围广泛的设施和服务。因此,机场的经营性收入和支出是多渠道、多方面的,并影响着机场的使用者、经营者和所有者,以及所在地区。同时,收入和支出的不同也是选择机场融资模式需要考虑的重要因素。

我们策划机场下属公司的融资模式和公司治理的顶层设计时,首先要清楚机场设施有哪些收益,有哪些成本(包括固定成本和可变成本),收益怎么收回,成本怎么平衡好,这是融资模式和公司治理要考虑的核心问题。直接效益(航空主业收入)与运行生产量直接相关,间接效益(大部分非航空业务的收入)与开发程度相关。

机场的经营活动都有经营性支出和经营性收入两本账。机场经营性支出大体分为四类,

见表 6-2。机场的经营性收入可以分为五个主要部分，见表 6-3。当然，每个机场集团在不同的时期其经营性收入会有很大的差异，关键是我们的管理者要胸中有数。以上海机场集团为例，最近几年的收入可分为运行类收入、经营性收入和其他收入三类。运行类收入包括：起降服务费、停场费、附加费、旅客服务费、旅客安检费、货邮安检费、客桥费。经营性收入包括：系统使用收入（桥载设备使用、目视停靠、离港系统、通信服务、设备使用、车辆使用）、代理服务收入（地面代理、客票代理、货运代理）、租赁收入（航站楼贵宾室、航站楼内业务用房、航空业务柜台、商店、停车位、场地、房屋），以及贵宾服务收入、货运服务收入、能源转供收入、广告收入等。其他收入是指与以上运行、经营无关的收入，在上海机场集团是非常小的，小到可以忽略。

表 6-2 机场的主要经营性支出

类　　别	支　出　内　容
飞行区	与飞行区相关的所有维护和经营支出包括： 1. 跑道、滑行道、站坪区、飞机停机坪区和飞行区灯光系统维护； 2. 机场设备，如小汽车和卡车服务； 3. 飞行区内的其他勤务，如在消防设备和机场服务道路维护方面的其他支出； 4. 飞行区的公用事业（水、电等）
航站区	与航站区相关的所有维护和运营支出包括： 1. 建筑物和地面设施的维护和包管服务； 2. 完善场地和绿化； 3. 廊道和闸口的维护和包管服务； 4. 经营设施的改进； 5. 观测设施的维护和包管服务； 6. 旅客、雇员和承租人停车设施； 7. 公用事业（电、空调、供热、水等）； 8. 污水处理的维护； 9. 设备（空调、热力、行李系统）的维护
其他设施	包括机库、货运设施、其他建筑物和地面设施相关的维护和运营支出： 1. 建筑物和地面设施的维护和管理服务； 2. 完善场地和绿化； 3. 雇员停车场和维护； 4. 道路的维护； 5. 公用事业（电、空调、供热、水等）； 6. 污水处理的维护
一般费用和管理费用	所有用于维护、运营和管理员工的工资支出，以及材料和供应物资的其他经营支出等

表 6-3 机场的主要经营性收入

类 别	收 入 内 容
飞行区	直接与飞行运行相关的收入,包括:起降费、飞机停场费、燃油附加费、夜间照明使用费等
航站区	1. 食品和饮料经营(包括餐馆、快餐店和休息厅等); 2. 旅行服务和设施(包括行李寄放处和橱柜、飞机保险、贵宾服务、各种休息室、租车和电信服务等); 3. 专业商店(包括时装商店、报摊、银行、礼品店、服装店、免税店等); 4. 个人服务(包括美容美发店、衣物架店和擦鞋店等); 5. 娱乐(包括有电视的长廊、电影和电视间以及观景台等); 6. 广告; 7. 航站楼外经营项目(包括停车场、地面运输、酒店和汽车旅馆等)
航空公司租赁区	包括来自承运人的航空服务代理、地面设备租赁、货运楼、办公室租赁、售票柜台、机库、运行和维护设施的收入
其他租赁区	机场产业区的货物代理、固定基地经营者、政府单位和商业企业等
其他经营性收入	包括来自公用事业分配系统运营的收入,以及为承租人提供的临时工作和合同约定的工作等

经营性资产的建设主要包括建筑内部和外部两个方面。建筑内部是指以航站楼为代表的各种设施内部的各种经营性设施,例如零售、餐饮、两舱服务等设施(案例6-1)。建筑外部是指相对独立的、具有可拆分性的经营性设施,例如停车楼、宾馆、办公等设施(案例6-2)。

案例 6-1 浦东国际机场卫星厅的经营性资源最大化

机场航站楼内的商业服务设施是航站楼的主要经营性资产,同时也是旅客服务的必须要的设施,是航站楼功能的一部分,是规划建设必须高度关注的内容。在市场需求允许的范围内,要尽可能把设施规模做得大一些,还要为今后多留一些为适应市场变化进行各种改造的可能性。

浦东国际机场卫星厅分为东、西两个部分,称为S2和S1,共计有100个左右的停机位。两个卫星厅都呈T字形,每个卫星厅的三个指廊的相交部位旅客最集中,是零售餐饮设施、广告设施、贵宾服务设施等争夺的最宝贵地方。于是我们在规划设计阶段就尽量将这三角区域做得大一些,在这个三角形的区域内规划建设了大量的商业服务设施和广告设施,

成为卫星厅内经营性资产最为集中的地方。从内部景观看,这里无异于一座大型商场(图6-1)。

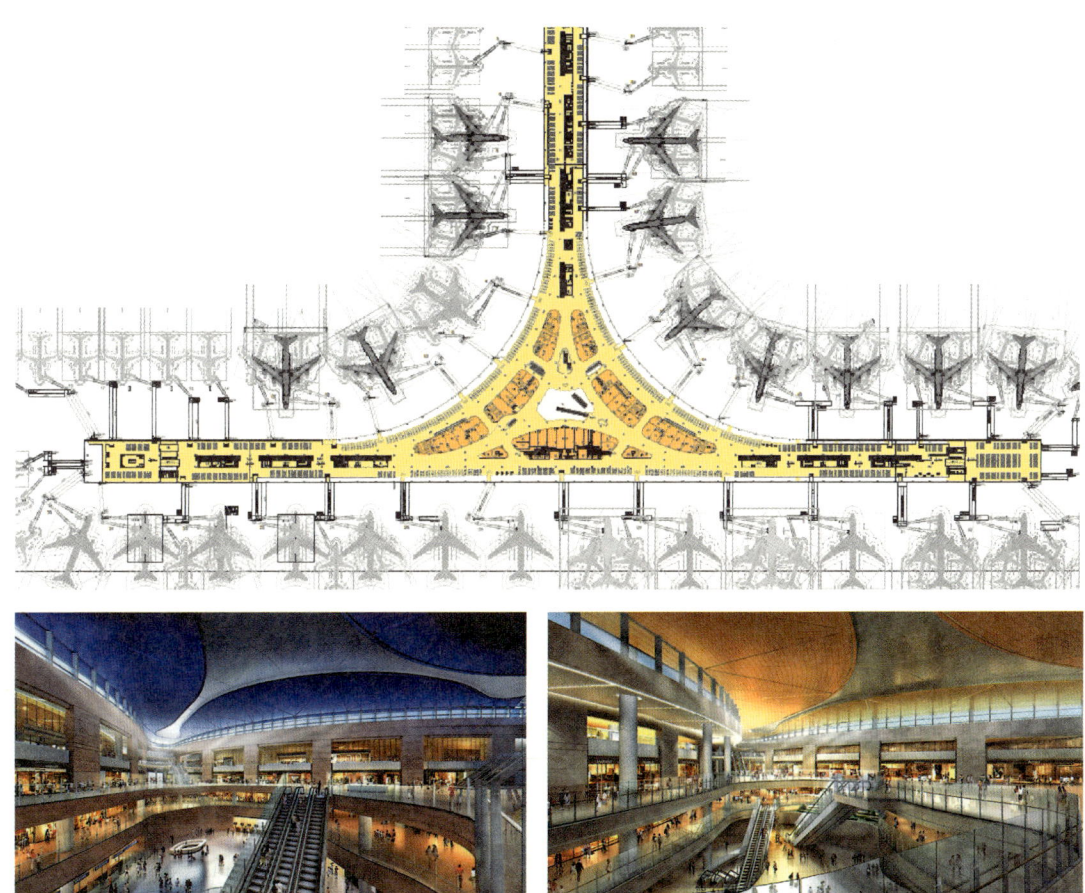

图6-1 浦东国际机场卫星厅商业服务设施

案例6-2 浦东国际机场陆侧交通中心的经营性设施

浦东国际机场2016年的旅客量已经达到6 600万人次,而且国际与港澳台客人占了一半。按照浦东国际机场总体规划,在1号航站楼和2号航站楼之间的这个陆侧区域,将要年处理8 000万人次的旅客量。这是个功能性非常重要的地区,其经济价值也是非

常高的。

浦东国际机场一体化交通中心位于1号航站楼和2号航站楼之间,在这片400 m×600 m的土地上运营着巴士、公交、出租车、社会车辆、长途汽车、地铁、磁浮、铁路几乎所有的交通设施,还规划建设了13组车道边、2座共计4 200多个停车位的停车楼、4栋共计1 600多间客房的宾馆、一座轨道交通车站、一座磁浮交通车站,以及一大批零售、餐饮等各种商业服务设施(图6-2)。其上盖开发的设施都是机场的经营性资产(图6-3),交通中心的停车楼也是效益很好的经营性资产。

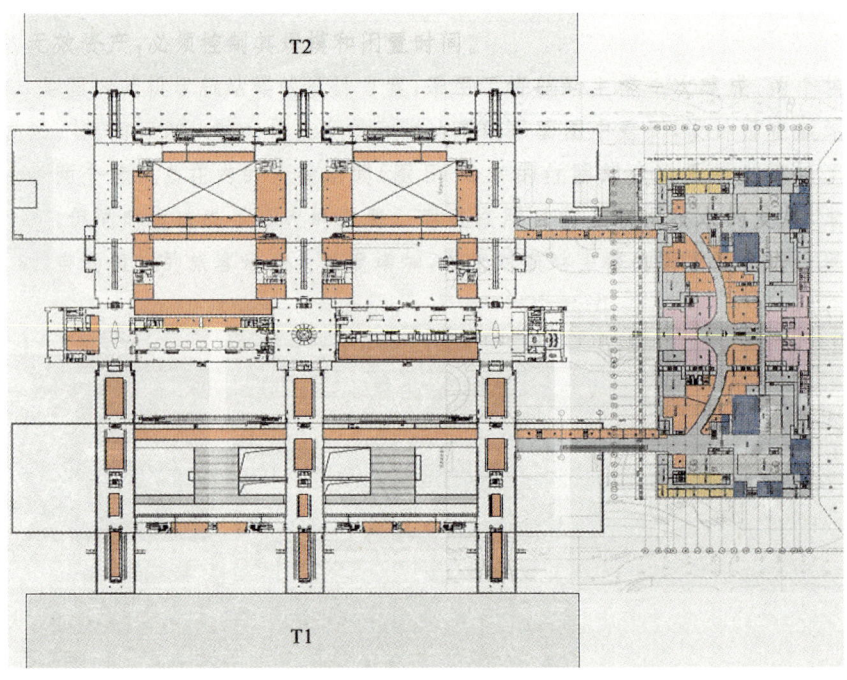

图6-2 浦东国际机场交通中心的商业服务设施

随着互联网技术的高速发展,航空旅客的自助值机、网上值机、手机值机比率大幅提升。我们在浦东国际机场总体规划中预留的3号航站主楼已经没有必要了,于是我们调整规划,在3号航站主楼的位置规划建设了两个酒店,超过1 000间客房。并借此机会对交通中心的商业服务设施进行了改造,特别是针对原来缺乏旗舰店,即大型零售、餐饮设施的问题,在酒店二层规划建设了相应的设施,还增设了会议设施等。这样既增加了经营性设施,又改善了经营条件。

图 6-3　浦东国际机场交通中心屋盖上的经营性资产

6.2　追求最大经营收益

经营性资产的运营要追求最大经营收益,就是要有"能挣一百,九十为亏"的理念和具体的考核办法。要做到这一点,关键是要"区分经营性资产与功能性资产"和"划小核算单位"。要区分经营性资产,除了前述的在设施规划设计和工程建设阶段就有策划、有明确的应用需求外,还要求运营管理体制和资产划分要提高可经营设施的可拆分性,做到"产权清晰、界面清楚"。划小核算单位的目的就是要做到"可计量"。而做到两点加起来就是为了经营收益的最大化。

所谓经营,就是要让花钱的花最少,让挣钱的挣最多。我们在前一章中已有讨论了怎样让花钱的花得最少,而要让挣钱的设施挣最多就比较难了。要做到这一点,必须要建立一个开放的、对接市场的运营管理体制。其实,这就要求我们必须走投资多元化、管理社会化、经营市场化的道路。

另一方面,经营性设施的收益在机场集团的总收益中所占的比例一直是上升趋势,努力做大非航空业务的收益已经成为我们的共识。

案例6-3 虹桥国际机场2号航站楼旁的泊悦酒店简介

虹桥国际机场2号航站楼旁的泊悦酒店(图6-4)位于新建2号航站楼主楼以南,紧邻航站楼主楼和虹桥综合交通枢纽,占地12.25亩,建筑面积4万m^2,客房494间,建筑安装费用约2亿元。酒店北侧与航站楼办票大厅直接相连。旅客步行数分钟可直达航站楼和综合交通枢纽。酒店东侧与航站楼隔离区内的贵宾区(航空公司的两舱休息室)直接相连,有专用的旅客值机和安检设施,也可供机组和工作人员使用。

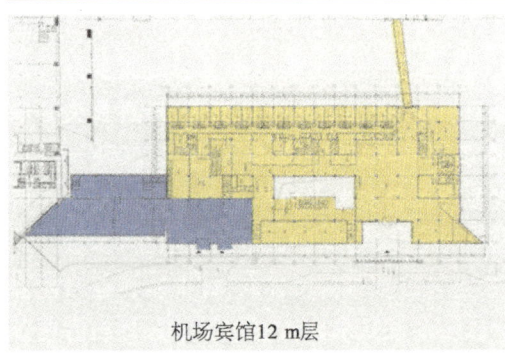
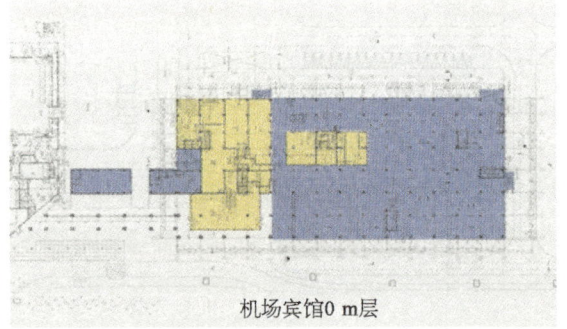

图6-4 虹桥机场2号航站楼旁的中航泊悦酒店

宾馆潜在客户包括滞留旅客、早发航班旅客及较晚航班旅客、转机旅客、航空乘务人员、外地来沪短途出差的商务旅客、旅游人士和团队旅客、机场及周边公司客户、普通商务旅客等。

招商采用特许经营权出让的方式,宾馆产权归属上海机场集团,由机场集团负责宾馆建

设管理。宾馆建成后,机场集团转让20年的宾馆经营权,并将宾馆相关设施交由中标方使用。中标方向机场支付2亿元,相当于宾馆土建、安装工程总造价的预付租金,一次性买断20年经营权,并负责宾馆的二次装修。在运营期内向机场支付年租金,年租金报价最高者中标。运营期届满,包括二次装修在内的所有宾馆设计无偿移交给机场集团。

可见,我们为上海机场集团设计了一个只赚不亏的模式,而且未来20年的收益非常稳定、可预测。但是大家可知道,全国各机场集团的酒店(除厦门翔业集团外)几乎都是微利、不盈利或亏损的,绝大多数甚至做不到经营性盈利。我们对全国所有机场集团的酒店做了个调研,结论是:机场集团管得越多、越深入、越具体,效益就越差。上海机场集团的7个酒店就是典型的案例,自己管的酒店,即使与航站楼连为一体还是亏损,我们管得越少,盈利就越多。我们了解到的自称盈利了的机场酒店都是不考虑固定资产折旧等情况下的不完全成本核算。只要我们追问一下"它真的盈利了吗?"他们就会缩了回去。

其实,机场酒店如果与旅客航站楼直接相连,旅客可以步行到达航站楼,酒店的客房使用率是非常高的。我就在招标答疑会上说过:"每年有几千万人次旅客从机场航站楼进出,这些客人都是从我们的酒店门口走到别人的酒店去的,如果我们的酒店没有留住客人,没有把客房率做到百分之百,那说明你们的工作不努力,就可以换总经理了。"我这么说是有根据的,浦东国际机场1号、2号航站楼之间的大众宾馆和虹桥机场2号航站楼旁的泊悦酒店,都达到了百分之100%以上的客房率。之所以会超过100%,是因为有一部分旅客只住了几个小时就走了。如果这样的酒店都只能微利,甚至还是亏损,那我们是不是该做点什么了呢?

我们一定要找到那个把事情做到完美、极致的人。

案例6-4 上海机场广告的合资经营

上海机场德高动量广告有限公司是由上海机场广告有限公司(占股50%)、德高贝登户外广告有限公司(后改为梅迪派勒广告有限公司,占股35%)以及上海动量广告传媒有限公司(后改为动量传媒国际有限公司,占股15%),于2005年共同创建的合资公司。合资公司与上海机场集团签署了15年独家广告经营管理合约,拥有对上海浦东国际机场和上海虹桥国际机场所有户内外媒体的独家发布经营权。

在这里,我们先将虹桥国际机场和浦东国际机场的资源整合在一起,成立了一个集团内

资的上海机场广告有限公司,该公司中上海机场(集团)有限公司占股49%,上海国际机场股份公司占股51%。然后用这个上海机场广告有限公司与外方合资成立了上海机场德高动量广告有限公司。这样整个上海机场集团在广告方面就有两块收入:一是上海机场集团将广告阵地出租给上海机场德高动量广告有限公司的租金;二是上海机场广告有限公司作为上海机场德高动量广告有限公司的股东的分红。

合资公司运营之后,上海机场集团在广告收益方面发生了根本性的变革(表6-4)。从合资前的每年2 700多万元利润,到合资后的第一年就8 400多万元利润,再到2015年的5.5亿元的利润。我们是否要问:我们的广告公司在2005年前是盈利呢,还是亏损?

我想要说的就是:该盈利一百的,只挣来九十,那就是亏损!

表6-4 上海机场集团的广告收益变迁

广 告 收 益	内资广告分红(万元) 集团49%+股份51%	德高动量租金(万元) 集团+股份	合计(万元)
2004年广告收益	—	—	2 767.19
2005年广告收益	283.34	8 154.00	8 437.34
2006年广告收益	2 439.22	8 236.00	10 675.22
2015年广告收益	42 984.59	12 084.43	55 069.02

6.3 预留充足的发展空间

机场的基础设施的特性,决定了我们在航空主业上的盈利躁动必须节制。提高与机场主业相关的商业服务设施的经营管理水平,以及在临空产业链上的拓展才是我们经营性资产发展的主题。

民用机场超长的生命周期,要求我们必须为未来的发展,预留充足的空间。我们在做虹桥国际机场2号航站楼规划设计时,就分别考虑了与指廊扩建同步进行相关商业服务设施、商务设施、住宿设施的经营性资产的扩建(图6-5)。这种预留又可以分为设计上的预留和规划上的预留两个方面。"设计上的预留"指建筑内部留出的或与已有建筑一体化的改扩建可行性(案例6-5、案例6-6)。"规划上的预留"指在土地利用规划中对机场未来经营性资产的发展布局(案例6-7)。规划上的预留更多地用于我们在机场规划阶段对临空产业园区的规划布局。临空产业和机场周围地区是机场经营性资产发展的舞台,对临空产业园区的认识,将决定该机场的未来发展和地位。因此,我们在机场总体规划中一定要为未来临空产业

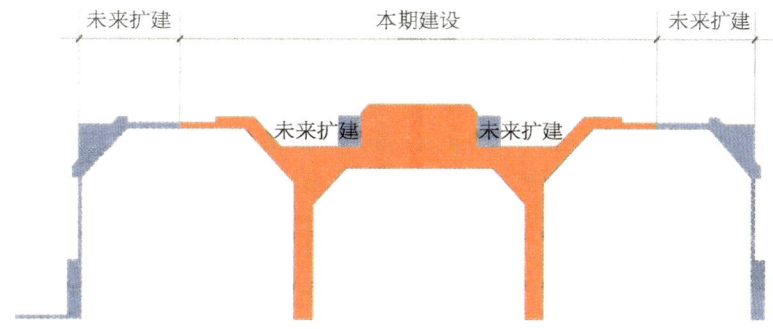

图 6-5 虹桥机场的指廊扩建示意图

园区的发展搭好平台、留下空间和土地（案例 6-8、案例 6-9）。

在做规划预留时，空间规划和产业规划的科学性，以及规划管理的可靠性都非常重要，是对我们规划工作人员挑战和考试！

案例 6-5 虹桥机场 2 号航站楼的"品牌大道"

国家发改委在对虹桥机场扩建工程可行性研究报告的批复中，只给了虹桥国际机场 2 号航站楼 25 万 m^2 的面积。而上海机场集团对我们的要求是要具备每年处理 3 100 万人次旅客量的能力，并预留未来年处理 4 000 万人次旅客量的可能性，同时还要为商业服务设施预留尽可能多的空间。这样的要求对于我们来说，最大的难题是建筑面积太少。

我们采取的办法是先按照站坪机位规划确定航站楼指廊的布局，这样航站楼的面积就超出了批复的规定。然后我们就在航站楼内掏出了一些功能上暂时不用的面积作为上下两层的共享空间（图 6-6），使之基本达到了工程可行性研究报告的批复要求。

2 号航站楼通过验收、投入运营一年后，负责航站楼运营管理和商业服务设施经营管理的沪港机场管理（上海）有限公司，就提出了将 2 号航站楼原设计中预留的一系列共享空间进行商业服务设施的开发。并针对图 6-6 中的四个"洞"提出了将其填平，建设 2 号航站楼内的"品牌大道"，引入一线品牌提升机场商业服务设施的档次和影响力。

非常富有创意的是在这些一线品牌店的规划建设中，他们巧妙地将商业价值不大的商店下层（位于旅客到达层，且不能开门），一起招租给了店家，让店家各自将商店的下层设计成实物橱窗，每日可进行实物、动态展示，起到了非常好的广告效果（图 6-7）。顺便说一下，如果租下这么大一块广告牌，一年也要几百万。

第6章 经营性效益的最大化

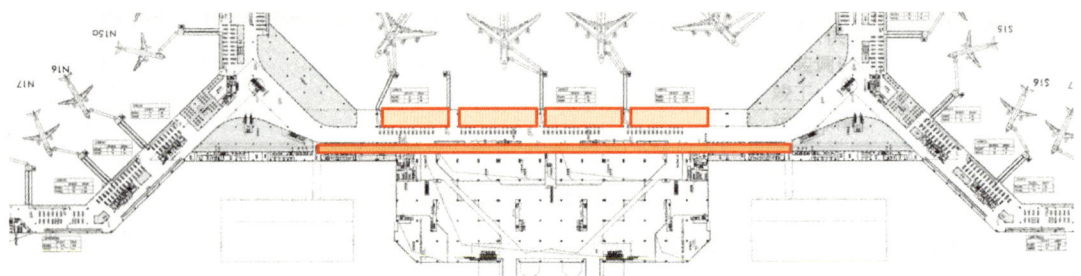

图6-6 虹桥机场2号航站楼的"品牌大道"

图6-7 "品牌大道"下层的广告效果

案例 6-6　虹桥机场 2 号航站楼的"21 m 层旅客俱乐部"

我们的航站楼屋顶一般是不能上人的,因此也就是不具备经营性的。但我们在虹桥国际机场 2 号航站楼的屋顶上规划建设了两栋办公楼、一个"职工餐厅"和一个"旅客俱乐部"(图 6-8)。由于航站楼屋顶的标高是 21 m,于是被称作"21 m 层旅客俱乐部"。

图 6-8　虹桥机场 2 号航站楼屋顶上的旅客俱乐部

我们在 21 m 层旅客俱乐部规划建设了会议展示区、SPA 区、西餐区、中餐区、贵宾区,以及相配套的厨房、机房、卫生间等设施,特别是专门为俱乐部配备了安检设施和直达航站楼隔离区内的电梯(图 6-9)。

提供这些设施的服务商均通过公开招商引进,开业运营以来获得了巨大的成功。现在,我们又准备将原来作为职工食堂的另一半空间,也作为俱乐部设施对外租赁出去。在这里用餐的同时,客人能够俯瞰 2 号航站楼港湾机坪上的飞机进进出出,是上海的一处不可复制的景观资源(图 6-8)。

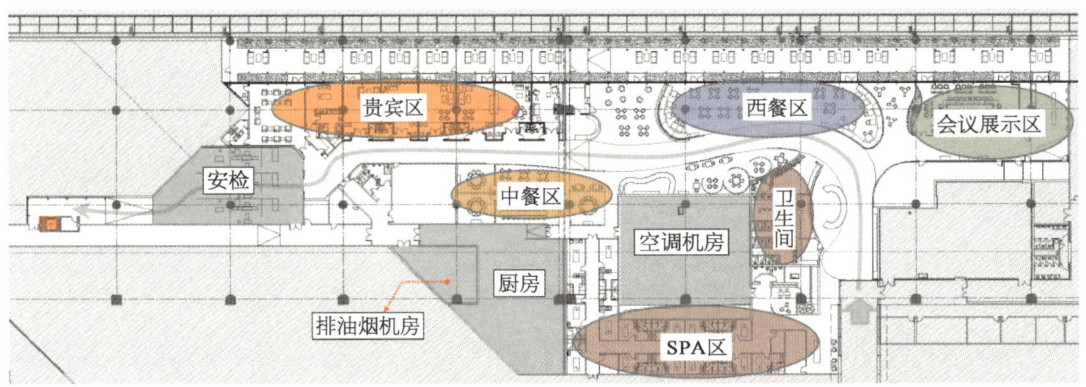

图6-9 虹桥机场2号航站楼"21 m层旅客俱乐部"

案例6-7　虹桥机场2号航站楼前的土地开发预留

机场旅客航站楼是城市中高端人流、资金流、信息流集聚的地方,其门前土地最为珍贵。这块土地作为城市的门户还有很高的景观要求。

按照虹桥国际机场的总体规划,2号航站楼前是虹桥机场经营性资产最为集中的地方。我们在航站楼启用的同时,首先将与航站楼联为一体的21 m层旅客俱乐部、屋顶上的两栋办公楼、交通换乘中心楼上的商业设施、交通换乘中心南北两侧的两个停车楼等都一次性建成投运了。随后我们很快又建成投运了航站主楼南侧的泊悦酒店。现在我们正在开展北侧宾馆和南北停车楼南北侧地块的开发策划、规划设计等前期工作(图6-10)。

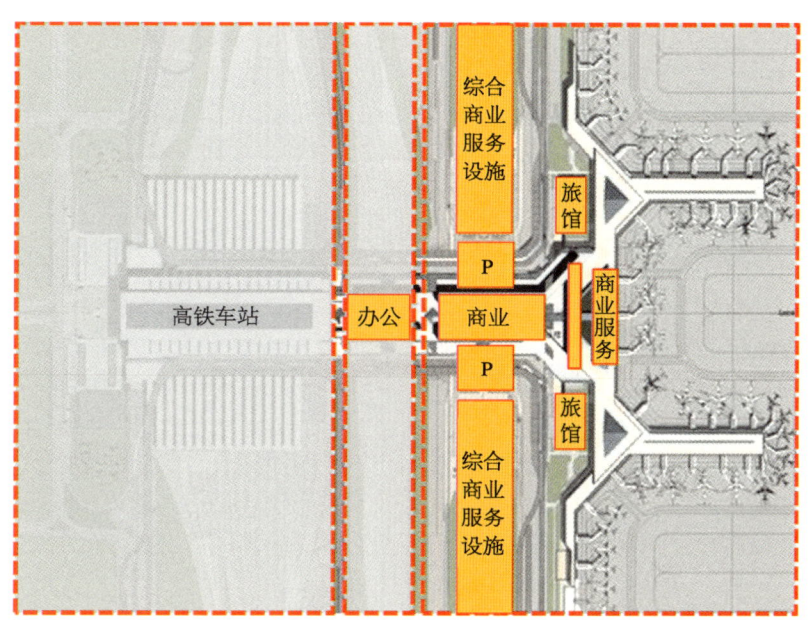

图6-10　虹桥机场2号航站楼前的土地开发规划

从图6-10可以清楚地看出,虹桥国际机场2号航站楼前的经营性设施的规模已经大大地超过了航站楼本身。在2号航站楼门前这块黄金地段,我们为虹桥国际机场预留了充足的经营性设施的开发用地,为虹桥国际机场今后提高非航空业务收益,少收或不收旅客和航空公司的功能设施使用费,同时提高我们的服务水平奠定了基础。

第6章 经营性效益的最大化

案例6-8 北京新机场功能区布局与临空产业园规划的调整建议

北京新机场原先提供的总体规划方案中,机场货运区和机务区都是布置在机场西跑道以西、京开京广高速以东的狭长区域(北京市域之内)的。

在北京新机场总体规划研究讨论的过程中,我给出了图6-11所示这张规划示意图。我建议将机场的货运区和机务区都布置在机场东跑道以东的北京与廊坊交界区域,北部以机场机务区为龙头发展航空产业,南部以机场货运区为龙头发展物流产业。这样就可以在新机场与廊坊市之间,以现有的廊坊工业园为基础发展出一个包含物流和航空两大产业集群的临空产业园区。

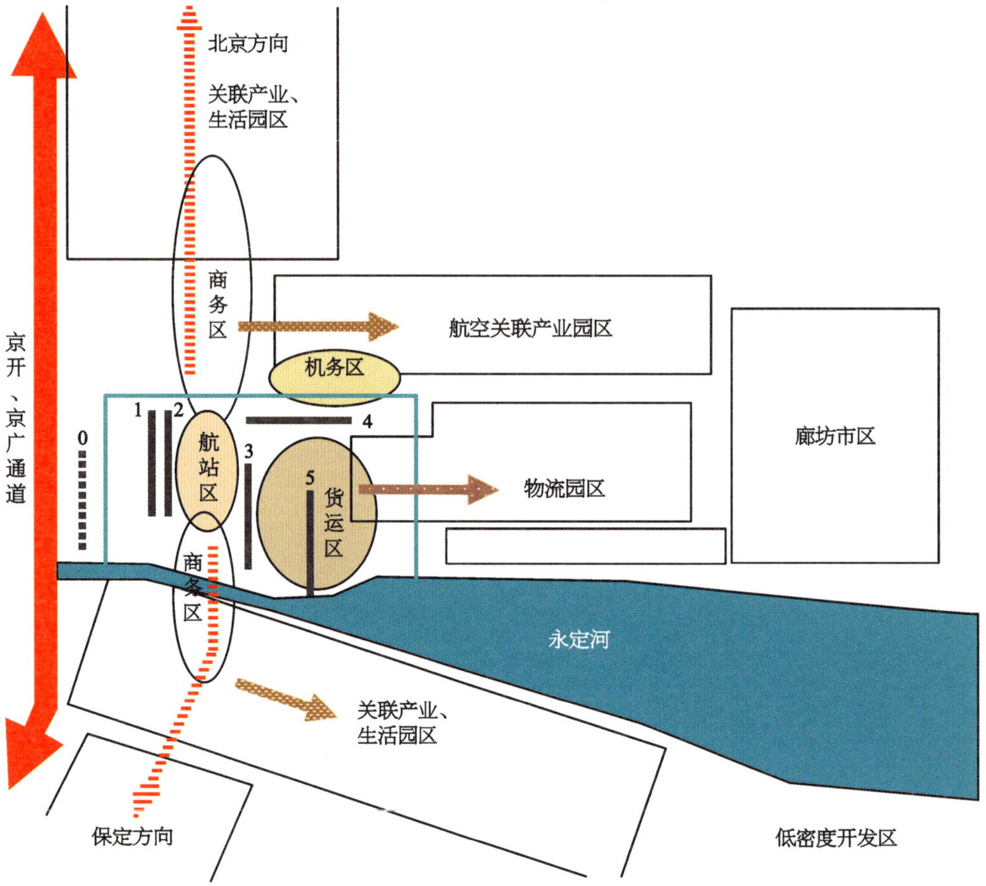

图6-11 北京新机场功能区布局与临空产业园规划建议

这个规划建议的目的就是要为临空产业的发展预留空间,为机场集团未来在这些临空地区,通过合资合作开展土地开发和经营管理埋下伏笔。如果再加上由机场航站区一直向北延伸至南苑CBD的航空商务园区、机场南侧的高档居住区等,我们就为北京新机场未来经营性设施的规划建设预留出了一个非常大的舞台。

案例 6-9 某机场功能区布局与临空产业园规划的调整建议

2016年,我们很荣幸给某机场集团做了一系列的咨询工作。机场集团提交给咨询单位的机场总体规划图中,旅客航站区位于两条主跑道中间位置,其东西各布置了一个工作区。东工作区位于规划航站楼东侧垂直滑行道与规划安宁渠路之间,南北向最短距离为965 m,南北向最长距离为1 822 m,东西向长约1 770 m,规划用地195.86 hm^2;西工作区位于西垂滑与乌昌高速路之间,南北向距离为946.5 m,东西向最短距离为383 m,最长距离为625 m,用地47.29 hm^2(图6-12)。

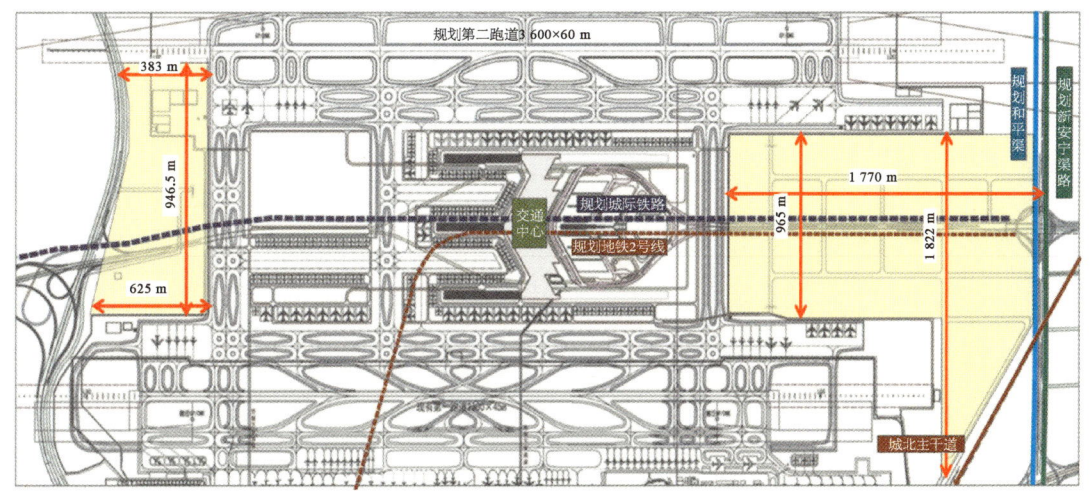

图6-12 某机场提供给咨询单位的规划图

我们认为机场集团提交给咨询单位的机场总体规划图,存在以下问题:

第一,航站区与东工作区被垂直联络滑行道隔离,不利于东工作区与航站区的一体化开发。

第二,东工作区商业用地只占30%,将来的经营性设施发展空间太小。

第三,规划位于东工作区南部的货运设施只是货运站,没有其他物流产业设施发展的

空间。

第四,货运区与商务区一路之隔,距离较近,相互干扰、影响大,道路交通受货运卡车影响大。

于是,我们提出了以下建议:

第一,将航站区适当东移,取消规划的东边这条垂直联络滑行道,航站楼与东工作区就能形成一体化的"航站楼+商务综合功能区"(图6-13)。

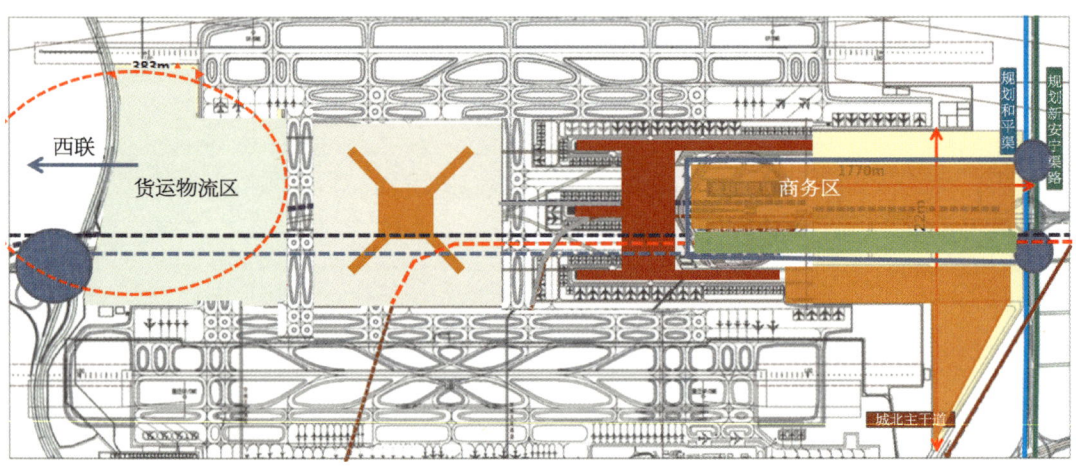

图6-13 对某机场功能区与临空产业园规划的调整建议

第二,规划建设旅客步行系统可以直接抵达商务区的各大型商务、商业综合体,并连接成一条商业步行街,商务区开发规模可达300万 m^2。如果我们将航站楼的值机功能延伸到商务区,旅客就可以在商务区很方便地值机办票,然后直接乘旅客捷运系统到航站楼或卫星厅登机。

第三,建议只做一个卫星厅,如果做两个卫星厅,旅客捷运系统的建设、运行成本都较大。

第四,航站区东移以后,西面货运区就大了。建议在西区集中发展货运物流设施,形成东商务、西货运格局。

第五,建议根据上述建议,对整个机场的土地利用规划、功能区布局做一次调整(图6-14)。

在这个案例中,我们建议调整方案的目的是让航站楼与商务区的结合更为紧密,做到旅客能够步行到达商务区。扩大货运区是为货运物流产业争取更大的开发空间,希望能形成货运物流产业园区的概念。如果把相关生产加工企业、传统物流企业、新兴电商、快递企业等都放在这里,就能够实现相互促进,也就可以带来机场货运量的提升。所有这些都是为了增加机场集团未来开发经营性资产的可能性。

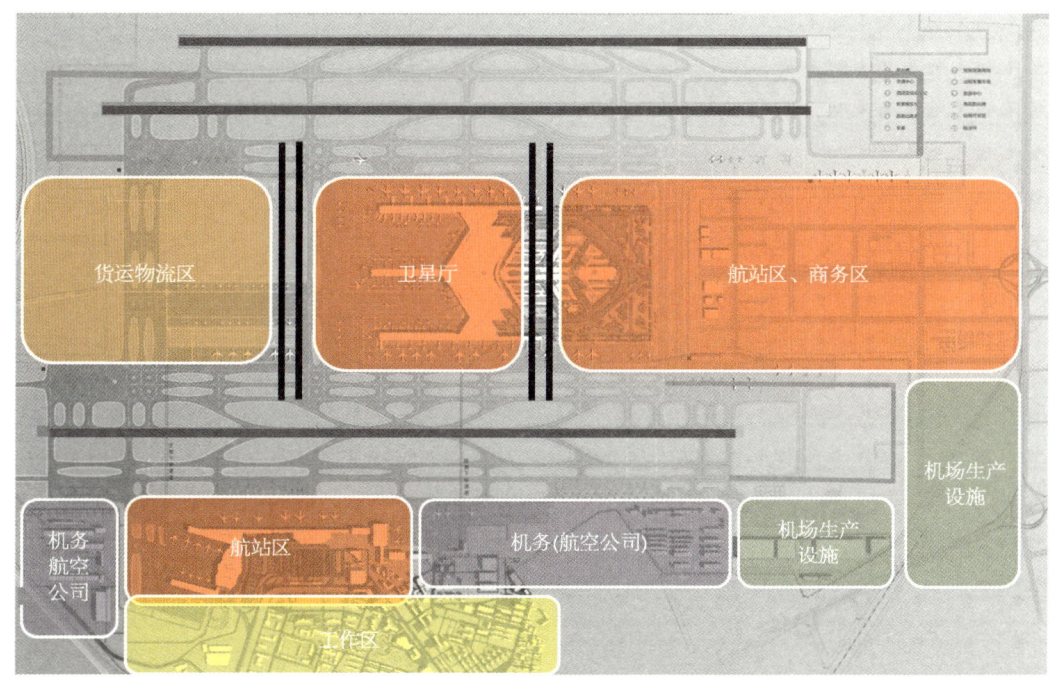

图 6-14 对某机场土地使用规划的建议

6.4 小结

在第 5 章,我们讨论了机场的运营成本是固定资产的规模决定的,用最小的资产规模支撑最大的机场运营能力就是我们追求的目标。我们要做的就是在机场规划建设时"能省就省"。但仅仅靠"省"是不能致富的,还要能"挣"才行。为了获得良好的机场经营效益,我们必须要有"能挣一百、九十为亏"的理念,并把它根植于我们的每一个经营管理者的思想深处,落实到每一个员工的具体工作中去。

为了争取最大的经济效益,我们必须在机场建设中为经营管理者规划建设充足的经营性资产;必须在机场运营时区分好经营性设施、划小核算单位,为经营管理者建立起精准的绩效考核体系;还要在机场规划中为机场经营性资产未来的发展和转型预留足够的空间和土地。

我国的机场集团必须要在市场容许的范围内,想方设法做大自己的经营性资产;机场建设公司要在保障运行功能的前提下,最大限度地管控好投资规模,不断地巩固"节省就是盈利"的理念;其他公司都应该将"能挣一百、九十为亏"的理念作为公司经营管理的指导原则。

第 7 章

融资方案与公司治理的设计

前面,我们讨论了机场的基本经济属性、三大资金来源与三大融资主体,又讨论了投资管控和经营性资产的最大化问题。在本章,我们讨论机场工程项目的融资方案和项目公司的融资方案,及其项目公司的公司治理问题。

多数情况下,我们都是在研究机场相关项目的工程建设资金时,才会想到机场的融资问题。因此,融资问题总是以工程投资来源的面目出现,结果大家都把资金来源问题当成了主要矛盾。其实,我国的绝大多数机场都"不缺钱",它们最缺的是一个"挣钱的机制",是现代企业的治理制度。

无论是工程项目融资,还是公司融资,只要我们不是简单地向银行贷款,那就都是一个新型现代企业诞生或再生的机遇。就像每一个婚姻都是一个新的家庭的诞生一样。因此,找好婚姻的对象、选好家庭的房子和未来的生活环境是一定要一起考虑好的。如果你什么都不管"先结了婚再说",那你一定是昏头了。只专注于找到工程投资,不考虑项目和项目公司未来的可持续发展,就如同不负责任的婚姻一样。因此,必须把项目的融资方案与项目公司的治理结构进行科学的统筹,以保证项目的可持续发展,机场的可持续发展。

要做好融资方案,首先要研究投资多元化,投资多元化实际上是项目成功的起点。对于机场集团及其下属公司来说,每一次融资都是企业改革、资产重组的绝好机会。一定要在我们脑子里,永远把项目的融资方案与项目公司的治理设计放在一起、不能分离,它们其实就是一张纸的两面。

7.1 投资多元化

项目公司的投资多元化,就有可能吸收股东各方的优势,公司会更加开放,会比较容易走上管理社会化和经营市场化的可持续发展之路。

投资多元化是我们为项目公司注入新鲜血液的过程。一旦公司的资本结构形成,就如同人类的基因形成了一样,要想通过自身的进化来等待基因的突变,那是要花很长、很长时间的,是非常困难的。因此,我们在投资项目公司、在研究项目公司资本结构时,要特别关注项目公司资本结构的成本要素、风险要素和弹性要素;要特别关注优化项目公司的资本结构,要切实以降低企业资金成本、提高企业赢利能力为目的;要特别关注选择好合作伙伴、调整好项目的投资主体。

可见,投融资过程实际上是给企业注入基因的过程。投资多元化既可以是对新建项目公司的基因选配,也可以是对已有公司的基因改良。例如,上海机场集团原本完全没有公务机地面服务相关的经验和人才,于是为了发展上海的公务机地面服务业务,我们就找到了国际上首屈一指的澳大利亚霍克太平洋公务航空服务公司,与之共同组建了上海霍克太平洋公务航空地面服务有限公司(案例7-1,这是一次基因选配)。同样,为了快速提高虹桥国际机场旅客服务和商业经营的水平,我们将虹桥机场原航站楼管理公司和商贸公司拿出来,与香港机场管理局组建了沪港机场管理(上海)有限公司(案例7-2,这是一次基因改良)。上述两家公司在投资多元化完成之后,都取得了巨大的成功,产生了巨大的社会效益和经济效益。

案例7-1 上海霍克太平洋公务航空地面服务有限公司

上海霍克太平洋公务航空地面服务有限公司是由上海机场(集团)有限公司与澳大利亚霍克太平洋公务航空服务公司共同出资1.75亿元成立的合资公司,注册资金1.2亿元,其中机场集团出资6 120万元,占51%,霍克太平洋公司出资5 880万元,股权比例为49%。

对于机场集团来说,上海虹桥公务机基地经营模式采取"合资+特许经营"的经营管理模式。即上海霍克太平洋公务航空地面服务有限公司按照整体租赁原则,向上海机场集团支付公务机基地所属土地和地面设施的租赁费用,以获得公务机基地的经营权。建设期不设租金,租期20年。其中设施建设由上海机场(集团)有限公司负责完成,合资公司支付的20年租赁费用于设施建设,设施建成后资产所有权归属于机场集团公司,但合资公司以租赁方式来特许经营公务机基地的服务设施。

上海霍克太平洋公务航空地面服务有限公司在获得公务机基地经营权期内,可将相关服务设施按照服务功能要求租赁给不同的专业公司进行运营,例如公务机运营公司(东方公务机公司、上海金鹿公司等)、销售代理公司、金融服务公司(航空租赁公司、银行、投资公司、保险公司等)、地面服务公司(航油、航材、航食等企业)等。

合资公司向上海机场集团一次性支付的场地租赁费用包括：第一，一次性支付所有土建设施租赁费用(以竣工决算为准,可行性研究报告估算建设费用为5350万元)和50%的土地租赁费用,该部分租金共计1.06亿元。第二,50%的土地租赁费(可按可行性研究报告的估算,定为5300万元)分20年逐年支付,累计约为1亿元。

上海机场集团的营业收入主要包括公务机基地场地和服务设施的租金,加上合资公司业务收入提成的专营费。上海霍克太平公务航空地面服务有限公司的营业收入主要是公务机基地的特许经营营业收入,其中包括自身业务的营业收入、加上场地资源运营收入、服务设施租赁收入等。

合资公司被授权在上海机场从事公务机候机楼及停机坪服务的经营,每年按业务收入的5%支付专营权费用。但双方承诺,当基地业务量连续两年不超过6000架次时,不会引进新的竞争者,从而保证机场的服务水平和利益的最大化。上海虹桥机场公务机基地如图7-1所示。

图7-1　上海虹桥机场公务机基地

上海虹桥公务机基地经营模式突出表现在以下两个方面：

(1) 资源优势互补。通过上海机场集团与澳大利亚霍克太平洋公司的资源整合,达到了双方在"市场、技术、管理、信息、配套设施、品牌、资源"的优势互补,这样更有利于上海机场集团引进公务机维修、托管等领域的先进技术和管理经验,更有利于上海机场集团在国内创造全新的国际化的公务机基地经营管理模式,从而促进国内公务航空产业运营水平的不断提升,为在国内公务航空市场的全面发展提供示范效应。

(2) 采用了国际上最先进运营管理模式。在借鉴国内外公务机基地先进管理模式的基础上,按照上海机场"投资多元化、管理社会化、经营市场化"的经营理念,对上海虹桥机场公

务机基地采取"合资+特许经营"经营管理模式,不仅发挥了双方优势资源,实现了合作双赢的目的,而且通过社会资源整合,专业化和市场化的运营,打造了国际化一流的公务机全价值链服务平台。这不仅提升了上海机场虹桥公务机基地的"空中服务、地面服务、维修养护、托管、代理、金融服务、平台展示"的服务水平和档次,提高了其核心竞争力,还完善了上海国际大都市的服务功能,提高了上海市的国际化地位和城市形象。

案例 7-2　沪港机场管理(上海)有限公司简介

虹桥国际机场是中国机场中的"长者",曾经一直走在中国机场运营管理的最前沿。但是浦东开发开放以后,我们的建设发展重心转到了浦东国际机场。虹桥机场的基础设施不断老化、经营管理也越来越跟不上时代的发展,特别是在旅客服务和商业经营方面已经严重落后。2010年,借上海世博会东风虹桥国际机场完成了西区扩建工程。为了改进旅客服务和商业经营、引进香港机场的运营管理经验和人才,我们也借虹桥机场2号航站楼建成投运的东风,与香港机场管理局合资组建了沪港机场管理(上海)有限公司。

沪港机场管理(上海)有限公司是上海机场(集团)有限公司与香港机场管理局合资建立的机场管理公司。其注册资金为1亿元人民币,上海机场(集团)有限公司占51%股权,香港机场管理局占49%股权。自2010年起合资期限为20年。董事长由沪方派,总经理由港方派,虹桥机场公司还要派一名副总经理任该公司副总经理。

沪港机场管理(上海)有限公司接受上海机场(集团)有限公司的委托,在上海虹桥国际机场东西两个航站区,以及与旅客流程相关的区域内提供运营管理服务,包括对区域内的商业零售和餐饮企业进行管理和服务。

2014年2月19日,国际著名航空服务测评机构 Skytrax 公布了世界机场最新服务测评结果,上海虹桥国际机场2号航站楼获评国内首座"五星级航站楼",与新加坡樟宜机场2号、3号航站楼,韩国仁川机场航站楼和香港机场航站楼等,并列成为全球旅客服务最高水准的5座航站楼之一。

7.2　融资与企业改革

每一次融资都是企业改革的良机。以上海机场集团为例,第一次大规模融资是为了筹集浦东国际机场一期工程的建设资金,我们将虹桥国际机场的部分资产上市,我们非常传统的老虹桥机场公司从此走上了向现代企业制度改革之路。第二次大规模融资是为了筹集浦东

国际机场二期工程的建设资金,我们进行了一系列的资产重组,将上市公司的资产全部置换到了浦东国际机场。浦东国际机场的运营管理体制也进行了大规模的重筑,形成了"区域化管理、专业化支撑、面向客户、统一指挥"的大型枢纽机场运营管理模式与体制。第三次大规模融资是为了虹桥机场扩建工程,我们将虹桥国际机场的运营管理体制进行了一次彻底的改革,使之与浦东国际机场的运营管理完全并轨。使一个历史上资产纠葛不清的传统国企,做到了机构与人员"消肿",资产界面明晰,效率效能大幅度提升。

那么具体地,通过项目融资,怎样深化企业改革呢?各个公司都应该做什么呢?我们认为各个公司都应该抓住机遇,做好自己该做的事情:

集团公司——梳理出资关系、调整关系定位、优化公司治理;拓展集团功能、提升经营实力、发展临空产业。

股份公司——明确经营主业、缩减投资层次、优化组织体系;清理已有资产、改善资本质量、发现资本市值(案例 7-3)。

其他公司——强化市场评价、积极推进混改、放大资本规模;依托市场机制、引入多元投资、创新激励机制(案例 7-4)。

抓住每一次融资机遇,不断地发展壮大是我们每一个机场经营管理者都必须时刻考虑的问题。上海浦东国际机场货运站有限公司的发展历程,就是一个非常值得我们细致剖析、深入研讨的国有控股企业案例(案例 4-5)。

案例 7-3 中国六家机场上市公司的融资记录

目前,国内主要机场上市公司有六家,按照上市时间先后,分别是厦门空港(元翔国际,上海证券交易所,600897),上海机场(上海证券交易所,600009),深圳机场(深圳证券交易所,000089),首都机场(香港证券交易所,00694),美兰机场(航基股份,香港证券交易所,00357),白云机场(上海证券交易所,600004)。

根据从上海证券交易所、深圳证券交易所以及香港证券交易所获得的公开信息资料,表 7-1 对这六家机场公司上市以来的历年融资情况进行了汇总分析。根据汇总分析,可以得出如下几个初步结论:

(1) 20 世纪 90 年代末及 21 世纪初的几年,是中国机场上市的高峰期。北上广深以及厦门、海口等六地机场均在 1996—2003 年这七年间上市。这些上市的机场公司不同程度地发挥了融资平台的作用,积极从证券市场吸收资金,用于本地机场改扩建,取得了明显的效果,

有力推动了中国机场行业的发展。

(2) 从2003年之后至今10多年,没有出现新的机场上市公司。一方面说明成都、重庆、西安、杭州、昆明等更多的机场通过上市以外的渠道解决了建设资金筹措的问题,另一方面也从侧面反映出这10多年,中国机场行业整体增长较快,投资机场收益稳定。

表7-1 国内主要机场上市公司融资情况

上市公司	IPO	债券融资	股票融资
厦门空港	1996年,发行数量2 700万股,发行价格8.8元,募集资金2.376亿元	—	1997年,按10∶2.5比例配股,发行数量5 400万股,发行价格10元,募集资金5.4亿元
上海机场	1998年,发行数量30 000万股,发行价格6.41元,募集资金19.23亿元	2000年,发行13.5亿元可转换公司债券	—
		2007年,发行25亿元十年期普通公司债券	
深圳机场	1998年,发行数量10 000万股,发行价格6.38亿元,募集资金6.38亿元	2011年,发行20亿元可转换公司债券	2000年,按10∶2的比例配股,发行价格12元,募集资金3.6亿元
			2008年,定向募集25 056万股,发行价格4.9元,募集资金12.277 44亿元
首都机场	2000年,发行数量134 615万股,发行价格1.87港元,募集资金25.173 005亿港元	2010年,发行19亿元五年期、30亿元七年期普通公司债券	—
美兰机场	2002年,发行数量22 691.3万股,发行价格3.78港元,募集资金8.577 311 4亿港元	2012年,发行8亿元境内公司债券	—
		2015年,于中国非公开发行本金总额不超过30亿元人民币公司债券及总金额不超过10亿元人民币之债务融资工具	
		2016年3月8日,发行非公开定向债务融资工具15亿元	
白云机场	2003年,发行数量40 000万股,发行价格5.88元,募集资金23.52亿元	2016年,发行35亿元可转换公司债券	2007年12月14日,定向募集13 500万股,发行价格7.09元,募集资金9.571 5亿元
			2007年12月27日,定向募集1 500万股,发行价格15.05元,募集资金2.257 5亿元

（3）从十几年的统计数据看，主要机场上市公司历年分红的投资回报远超过其融资金额，从正面印证了国内机场行业发展较快，机场收益稳定、持久的特点。机场上市公司股票作为优秀蓝筹股，能够给投资者带来稳定、持久的现金流量和回报，为机构投资者所青睐。这一点，从各机场上市公司的持有股东名单中可见一斑。

（4）不难看出，机场上市公司（股份公司）随着基础设施建设周期，在证券市场上融资向集团母公司收购新建跑道、航站楼等设施资产，成为机场股的周期性行为。反映出机场行业强烈的内在周期性特征，也成为国内机场建设发展的普遍做法。

（5）近年来海航集团旗下的美兰机场（航基股份）在证券市场上的债券融资活动表现较为活跃，这里反映出海航集团较高的资本运作水准。

案例 7-4 茅台机场正式通航，机场建设拿什么吸引社会资本？

2017年10月31日，由茅台集团参与投资的遵义茅台机场正式通航。此前的10月下旬，茅台机场已在天津、上海、北京等多地举行首站通航推介会；资本市场也借机"发来贺电"：贵州茅台（600519.SH）在上个星期加速飙涨，成为令人惊叹的"600元股"，市值超8000亿元，今年以来涨幅近100%。不过，直接投资机场建设的并非上市公司贵州茅台，而是其母公司茅台集团。公开资料显示，"贵州仁怀茅台机场有限责任公司"由仁怀市人民政府持股30%，茅台集团持股70%。尽管上述机场公司注册资金仅为13亿元，但整个机场项目总投资高达24.37亿元。10月30日，在接受21世纪经济报道记者采访时，遵义茅台机场有限公司总经理助理周振乾表示，茅台集团采取与市政府组建合资公司、共派管理人员的方法建设、运营茅台机场，是社会资本参与机场建设的范例。

近年来，我国一直鼓励社会资本参与民用机场建设。2016年10月，民航局印发《关于鼓励社会资本投资建设运营民用机场的意见》，至此，民用机场建设和运营市场全面放开。那么，社会资本参与机场建设的情况如何？21世纪经济报道记者从财政部和发改委的PPP项目库入手，追踪地方社会资本投资机场的进展。据21世纪经济报道记者统计，在发改委的项目库中，除去重复项目，第一批与第二批推介的机场PPP项目共计31个，包括机场迁建项目和航站楼建设项目，发布时间为2015年年中及年底，迄今约为两年。从总投资金额来看，这些项目均在0.9亿元以上，最多的高达78亿元；从政府参与方式来看，以特许经营和股权合作为主，少部分为财政补贴。而根据"财政部政府和社会资本合作中心"的综合信息平台，目前已有52个在库的机场PPP项目，投资金额在0.5亿～203.17亿元之间，项目类别涵盖政府基础设施、旅游、市政工程、交通运输等。据记者初步统计，两份项目库中，重复的项目共有

7个,也就是说,在库的机场PPP项目约有76个,项目主要集中在内蒙古、贵州、甘肃等交通欠发达地区。不过,我国的机场PPP显然才刚刚起步,绝大部分项目处于识别阶段,推进到准备、采购阶段的较少。财政部公开的信息显示,目前为止,仅有3个项目确认已进入执行阶段,进入采购阶段的项目也只有3个——仅占总项目的一成。进入执行阶段的3个项目分别是:安康机场迁建项目、布尔津县通用机场建设项目和陕西省商洛市丹凤县通用机场改扩建项目。

可以看出,通用机场建设在PPP应用中相对较多,而公共运输机场整体工程建设则相对较少。发改委的机场PPP项目同样呈现了这一特点。记者联系了多处项目对接人,各方的反馈显示,机场PPP项目在实际中推行较难,最多应用在通用机场领域,而公共运输机场仍主要以财政投资、银行贷款为主。尽管我国的机场扩建工程中不乏采用PPP模式的先例,例如南京禄口机场的二期扩建项目;但业内人士指出,总体而言,更多的还是将民用机场的一个组成部分,如货站物流、航油、停机楼等项目以特许经营或股权合资的形式交由社会资本运营。"本来有几个意向方的,但当时机场建设还没有立项,所以没谈成;后来财政出钱了,现在也就基本不谈了。"江苏省某市机场办综合处负责人对记者说道。

事实上,由于多数地区财政能力有限,相关部门推动机场基建向社会资本开放已有多时。2005年,民航局就曾出台《国内投资民用航空业规定》,鼓励民用运输机场投资主体多元化,指出非国有投资主体可以参股;同年,由内蒙古西蒙集团及神东公司负责修建的鄂尔多斯机场,成为内地第一家由民营企业投资建设的民航机场。PPP模式兴起后,发改委也将"民用运输机场、通用机场及配套基础设施建设等项目"列入传统基础设施领域推广PPP模式的"重点项目";2016年,民航局又彻底放开了民用机场的市场准入,为社会资本进入机场建设、运营解决了"后顾之忧"。不过,政策的频繁示好并未产生立竿见影的效果。近两年来,社会资本投资民用机场的案例仍屈指可数。除了此次茅台集团投资的遵义茅台机场,比较著名的就是顺丰控股(002352.SZ)在湖北鄂州建设的枢纽机场。

从经济效益角度而言,投资金额巨大、盈利困难、回收周期长都是阻碍社会资金进入机场建设的原因。中国民航大学教授李晓津对记者表示,投资机场本身很难赚钱,一般而言,一个机场年旅客量达到500万人次以上,现金流才为正,1 000万人次才会有利润。该数据有一定的参考意义。实际上,由于机场盈利困难,民航局每年都会给予中小机场补贴。根据官方释义,"中小机场"即是年旅客量500万人次以下的机场。数据显示,民航局专门补贴的中小机场数量逐年增加,今年的预算数达164个,占总体颁证机场数量的75.23%;此外,补贴平均值也逐年上涨,由2013年的391.22万元升至2017年的871.35万元。

整体而言,社会资本进入机场建设领域存在一个"悖论"。罗兰贝格企业管理(上海)有

限公司执行总监于占福表示,有商业前景的大机场,不需要社会资本参加;小机场有资金需求,但又面临盈利的巨大挑战。那么,地方政府靠什么来吸引社会资本加入机场建设呢?从茅台集团的投资中不难看出,赋予高附加值是个关键因素。按照遵义茅台机场的发展规划,到2020年将实现机场旅客量35万人次,2045年将实现旅客量150万人次。即使在乐观估计的情况下,茅台机场也是个难以"赚钱"的小机场。但是,机场定位于"为茅台架起一座直通桥梁",在推介会现场,仁怀市市政府方面也重点介绍了仁怀酒都旅游景点及旅游项目,重点景点包括:茅台酒厂包装车间、茅酒之源、中国酒文化城等。顺丰货运机场也将为顺丰的物流业务形成有力支撑。分析指出,国际上的快递领军企业大都拥有一个全球或是全国性的货运枢纽,以提高货物周转率和飞机使用率。李晓津称,货运机场或许不会给顺丰直接增加利润,但是无疑能让它的货运航线网络更加完善。"附加值"不仅仅是对原有业务的"锦上添花",也可以是企业新的盈利点。湖北机场集团有限公司财务部经理朱荣生曾撰文建议,在优化机场产业链的同时,应加强"机场+土地"融资模式的探索与实践。以上述安康机场迁建项目为例,其引入的社会资本为"陕西建工有限公司"牵头的联合体,合作期限为14年(含建设期4年)。根据合作协议,联合体与安康市机场办共同组建项目公司,负责项目融资、建设,联合体和市机场办分别投入4亿元、1亿元。按照承诺,至2021年12月底,联合体获得的回报率为年8%,同时还将享有老机场土地的开发收益。

7.3　机场工程的融资方案与治理结构

为机场工程做融资方案总是一件非常愉快的事情。因为机场之所以要扩建,都是因为该机场已经或即将超负荷运营。要知道作为基础设施的机场,当它处于超负荷运营的时候,该机场一定也处于盈利状态。也就是说我们有一个很好的融资平台——一个盈利的机场公司。

为了做出一个好的融资方案,我们一定要做好相近的市场调研和分析,明确界定航空市场的潜力,一定要适度超前,一定要避免过度超前。要设置必要的保护期、孵化期,一定要掌握好进入市场的时机。

机场工程的融资一定要制定一个完整可信的策划方案(如案例7-5),一定要充分准备好资产经营和资本运作的方案,做好公司治理的顶层设计,明确各自公司的融资策略。基于本书的讨论,集团公司、股份公司和PPP公司的融资策略应该是非常清楚的了:

集团公司应该关注沉淀资产和公共资产,也就是土地和交通市政设施。集团公司在条件

具备时,可以用航站区(或航站楼)对应的土地作价出资给股份公司作为资本金。当然集团公司也可以投入适度的现金作为资本金,用以支持股份公司的发展壮大。

股份公司应该关注寻找战略、战术合作方,吸引他们投资入股,优化股份公司资本结构。如果是上市公司,还应该尽量从证券市场上融资。这其实是最好的办法,把大家都变成是机场的股东,与我们机场作为公共基础设施的本质是一致的。当然股份公司也可以从银行贷款。

PPP公司应该关注寻找战略、战术合作方投资入股,成立项目公司,该项目公司应当全权负责融资、规划、建设和运营。集团公司应该用各项目所对应的土地作价出资,当然集团公司、股份公司都可以用适量现金,适势、适度地出资这些合资合作公司。

以下介绍两个案例:一个是机场部分设施的融资方案,一个是机场整体的融资方案。

案例7-5 西部某机场扩建工程的融资策划

2016年,我们为西北某机场集团做了"西部某机场扩建工程融资策划"。由于我们做的是融资专项策划,没有能和扩建工程的规划设计密切结合,结果该融资策划的实施落地就打了一个折扣。但我们在融资策划报告中的基本理念和方法还是有参考价值的。

该机场扩建工程投资巨大,包括两条跑道和新的航站区等设施。其主要投资构成和投资估算如下:土地获得及动拆迁费用60亿元,土方工程66亿元,地基处理工程10亿元,航站楼工程66亿元,飞行区工程51亿元,消防救援工程2亿元,特种车辆11亿元,交通中心工程(不包括站台)8亿元,停车库5亿元,货运区工程2亿元,机务区工程1亿元等,再加上二、三类费用(不可预见费和建设期贷款利息),总投资约400亿元。

针对400亿元的投资,我们推荐的融资方案中,首先找到了机场集团公司、机场股份公司、其他PPP公司等三大融资主体。

建议由集团公司承担沉淀资产和机场公用设施的投资。主要包括土地造成的费用和市政交通配套的费用。机场集团应该以这些是不可经营的公共、公益设施为由,申请各级政府和国资委的资金支持,作为资本金投入集团公司。该机场扩建项目中应该包括:土地获得及动拆迁费用60亿元、土方工程66亿元、地基处理工程10亿元、道路桥梁工程25亿元、供电工程8亿元,以及供水、供气、绿化等的投资,集团公司需要的投资共计约为170亿元。按照国家有关规定,该机场扩建项目必须获得总投资50%以上的资本金,亦即集团应可以从各级政府和国资委获得资本金约200亿元。集团公司承担上述170亿元的投资后还剩30亿元,可作为资本金投入股份公司。

建议由股份公司承担以飞行区、航站区为核心的航空主营业务相关设施的投资。这些都是自然垄断的可经营性资源,预期收益好,成长性好。对于年处理旅客量超过1000万人次的机场,如果按照我们行业内有关收费规定执行,大多数都已经具备盈利的条件。事实上,该机场过去三年一直是盈利的,如果剥离出一些非经营性资产将会更好。这样该机场扩建工程中的项目就是:航站楼工程66亿元、飞行区工程51亿元、消防救援工程2亿元、特种车辆11亿元(由于这次扩建紧邻正在运行的区域,我们建议特种车辆投资从工程投资中剥离,可以暂缓采购,今后由股份公司适时、自行采购)等,合计约需股份公司投资130亿元。

我们建议的股份公司的资金来源是:

① 机场集团公司投入资本金30亿~40亿元;

② 对机场公司进行股份制改造(通过引进投资者,或上市,或先引进投资者再上市等)获得30亿~40亿元资本金;

③ 向银行贷款40亿~60亿元;

④ 优化航站区设计、采用分期实施的方案压缩本期投资10亿~20亿元(主要是缓建第三跑道、航站楼设计优化、缓建预留面积,预留分期建设的可能性等,可参阅案例5-3)。

建议组建一批PPP公司,由这些PPP公司承担剩下部分的投资。在本次机场扩建工程中包括:交通中心与停车库工程13亿元、货运站工程2亿元、航空配餐工程3.6亿元、机务维修工程1亿元等,合计约20亿元。

建议机场集团公司从机场商务区和机场货运物流园区的开发收益中,拿出一部分投入本机场的扩建工程。我们接下来对机场集团所持机场商务区和机场货运物流园区的开发价值做一个简单的评估。按机场总体规划,机场商务区现有商业、商务开发面积约200万~300万 m^2,按楼面5000元/m^2 计,开发价值100亿~150亿元。(机场周边地区现状住宅售价10000元/m^2,我们的计算没有考虑未来的升值空间,属于"非常保守"。)机场货运物流园区现有商业、商务和工业、仓储开发面积约100万 m^2,按3000元/m^2 计,土地价值约30亿元。显然这些资金是未来的,不是眼前的现金流,但是有了这些资产就可以向银行贷款了。

我们同时还建议:机场这两大开发区的经营性资产用地要尽量留给后人。要精确地策划好开发的时间,一般来说土地增值的空间是大于贷款利息的。因此,建议一次性土地转让的规模要尽量小、尽量推迟,机场扩建完成工程投运后土地的升值空间会更大。

综上所述,我们建议的融资方案的结构如图7-2所示。

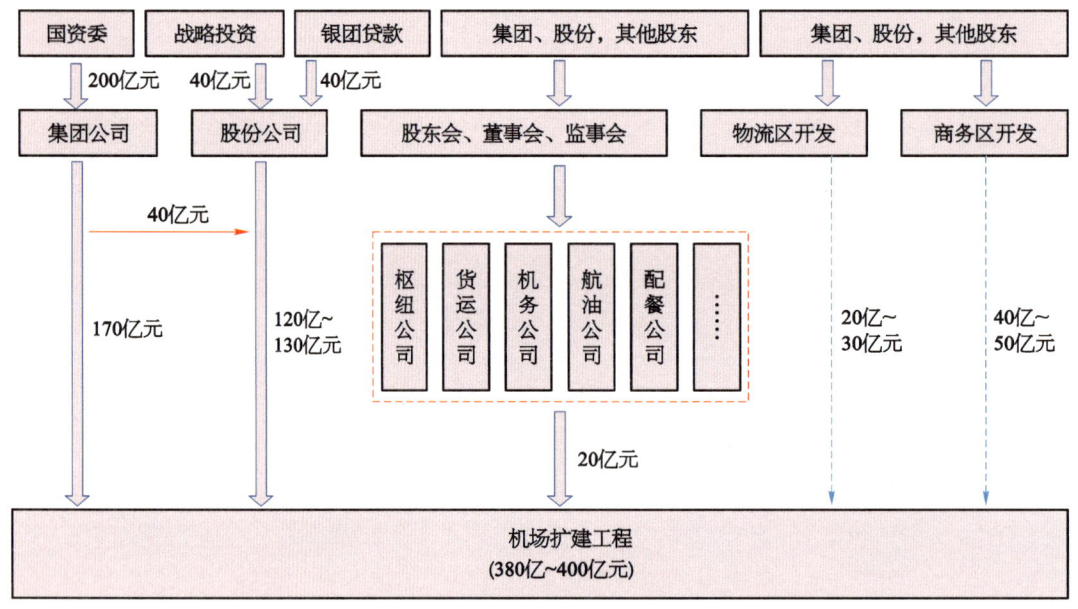

图 7-2 西北某机场扩建工程融资策划方案的结构

案例 7-6 揭阳潮汕国际机场综合交通枢纽项目融资

粤东地区的揭阳、潮州、汕头三市,位于粤港澳大湾区与海西经济区之间的中心位置(图7-3),是我国东南沿海非常富庶的地区。2019年揭潮汕三市人口约1 500万,实现生产总值5 875亿元。全球潮汕籍总人口达4 500万以上,主要分布于东南亚、香港、澳门、台湾、广东等地。过去该地区的航空旅客大多被厦门机场、深圳机场、广州机场吸引,随着这些机场的能力趋于饱和,揭阳潮汕机场迎来了一个高速发展期。

揭阳潮汕国际机场位于揭阳、潮州、汕头三市的地理中心位置,距离揭阳22 km、汕头28.5 km、潮州市区24 km。潮汕机场是粤东联系世界的门户,广东第四大国际机场,广东机场集团下辖的第二大机场。它辐射闽西南、赣东南部分地区,直接服务人口3 000万左右。2011—2019年,年均旅客吞吐量增长率为15%,2019年已经达到了735万人次。根据机场总体规划,2025年潮汕机场的年旅客吞吐量将达到1 450万人次,2040年达到2 800万人次。同时机场周边交通便利,甬莞高速公路与汕昆高速公路在此交汇,已建成并于2019年10月通车的广梅汕高铁在航站楼前设有机场高铁站,厦深高铁站距机场8 km。另外,规划中的揭潮汕城际铁路将设揭阳潮汕机场站、潮汕站、汕头站等,以这些交通枢纽为中心,揭潮汕中心城区间实现

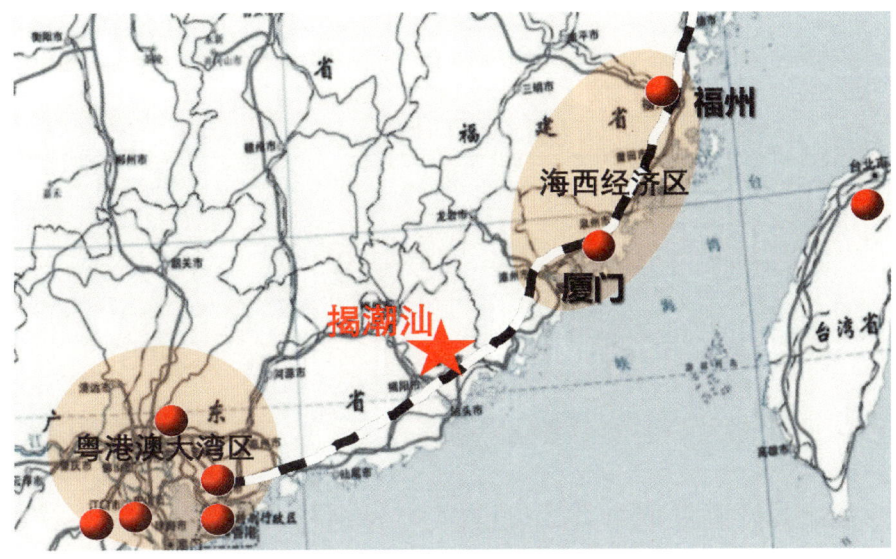

图 7-3 揭阳潮汕国际机场的位置

30 分钟互达。随着旅客吞吐量的快速增长,机场周边有望发展成为三地交汇的新城区,成为揭潮汕地区的 CBD(图 7-4)。这些都为综合体项目带来商业、住宿等业态的巨大市场空间。

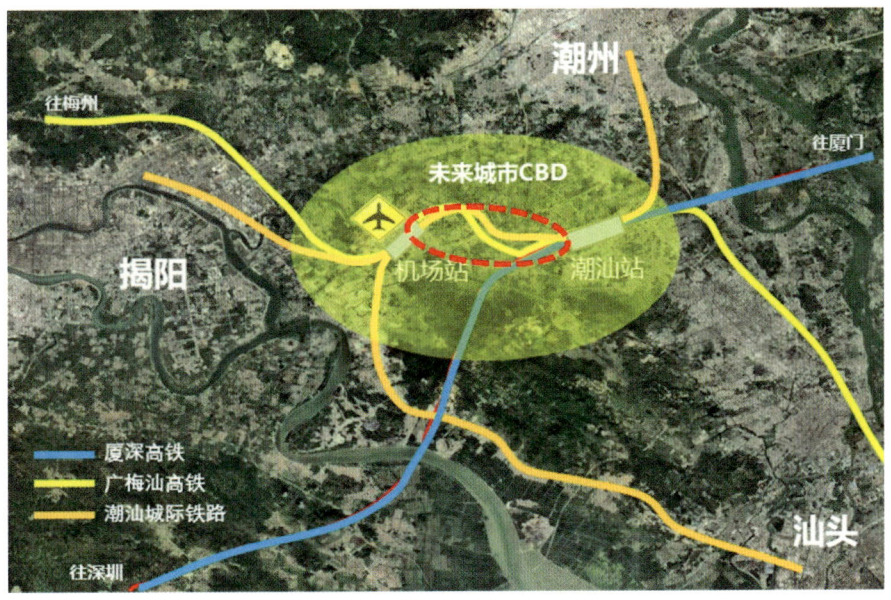

图 7-4 揭阳潮汕的"未来城市 CBD"

第 7 章　融资方案与公司治理的设计

揭阳潮汕国际机场综合交通枢纽(图 7-5)项目位于揭阳潮汕机场航站楼正前方,规划总建筑面积约 13.7 万 m^2(其中地上部分面积约 9.4 万 m^2,地下部分面积约 4.3 万 m^2,另含项目室外工程),造价估算约人民币 8.77 亿元(其中地上部分约 4.87 亿元,地下部分约 3.90 亿元,地下为航站楼的人防设施)。综合交通枢纽实际上是一个综合体,主要包括综合换乘中心、停车库、旅客过夜用房和商业配套办公四大部分。作为航站楼的配套服务设施,其主要功能是为航站楼进出港的旅客与地面各种交通工具(高铁、公交、旅游大巴、出租车及私车)换乘。其中综合换乘中心为本项目的核心空间,发挥了衔接航站楼、高铁站及道路交通的枢纽作用。该综合体位于机场的最核心位置,往来机场航站楼和高铁站非常便捷。综合体地下一层和地上一层均与航站楼和高铁站直接连通,地上三层的旅客过夜用房大堂与航站楼三层(出发层)直接连通。

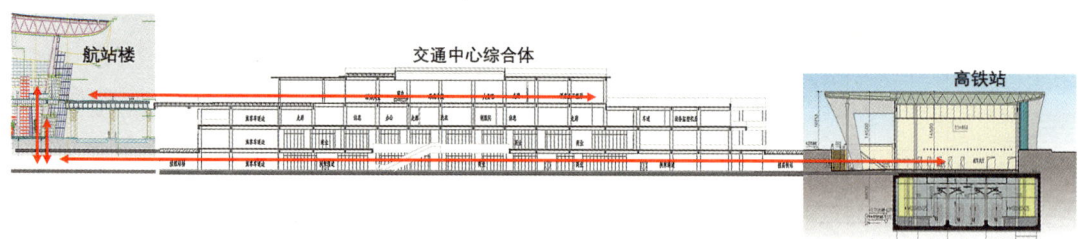

图 7-5　揭阳潮汕国际机场综合交通枢纽

该项目的主要业态有三大部分,分别为旅客过夜用房、停车楼和商业配套(图 7-6)。旅客过夜用房位于综合体的三至六层,规划面积为 22 442 m^2,共设房间 416 间,主要为过夜航

班机组和有过夜用房需求的旅客提供客房及餐饮服务。停车场建筑面积 113 442 m²,位于综合体的一至二层以及地下一层的人防地下室,为机场和高铁站旅客、过夜用房及商业设施提供配套停车位,初期设计车位共 2 700 个。商业配套位于综合体的地下一层和地上一、二层,面积约 2 034 m²,包括购物、餐饮、娱乐、文化、休闲、展示、办公等设施,为旅客、航空公司工作人员提供配套办公、餐饮、广告等全方位服务。

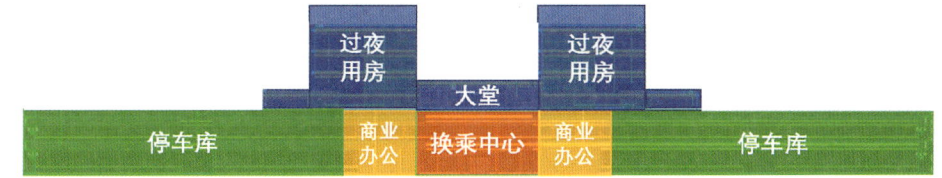

图 7-6　揭阳潮汕国际机场综合交通枢纽的功能构成

中交航空港与广东机场集团以股权合作方式成立合资公司,由合资公司负责该项目投资、建设和运营。公司注册资本为人民币 4.87 亿元,各方以现金出资,其中中交航空港出资人民币 3.94 亿元,占合资公司 81% 股权;广东机场集团出资人民币 0.93 亿元,占合资公司 19% 股权。

广东机场集团对其实施的工程范围的工期、质量、安全和造价等负责,配合合资公司完成其实施的工程范围的工序衔接和工程竣工验收以及按规定需要进行的消防、卫生、人防等报建、检测及验收。合资公司对交通中心综合体的运营期限不低于 30 年(不含该项目的建设期)。

根据详细的市场调研和财务分析,预计该项目在 2022 年(运营第 1 年)实现盈亏平衡。随着运营成熟,项目利润总额将保持稳定增长(图 7-7)。预计该项目当期现金流将在 2022 年(运营第 1 年)回正,累计现金流将在 2037 年(第 16 年)回正(图 7-8)。

图 7-7　综合交通枢纽的项目经营业绩

图 7-8 综合交通枢纽的项目现金流

合资公司可在土地等资产注入后进行资本运作，包括但不限于产业基金、公募 REITs 等资本运作方式。

案例讲评：

揭阳潮汕国际机场综合交通枢纽的项目策划持续做了五年，在这个不断谋划、不断克服困难、不断推进的过程中，我们看到了广东机场集团对科学和市场的尊重，以及开放的胸怀。他们做得非常睿智、非常成功。

该项目的规模和复杂程度，对于一个年旅客量不足 1 000 万人次的机场来说，是有一定挑战的。广东机场集团早谋划、充分调动市场上的资金为自己的发展服务，高水平地完成了国内首个小机场的综合交通枢纽综合体，并且抓住了市场机遇，占得了民用航空市场先机。这是一个借船出海的典型案例，非常值得国内小机场借鉴。

同时，该项目从投资效益分析指标来看，其财务内部收益率、资本金财务内部收益率、资本金财务现金流动态回收期、项目投资财务净现值等各项指标均较好，具有较好的投资收益。

7.4 机场集团的治理结构

机场集团公司是一个承担机场公益责任的公司，它的融资任务就是拿到政府和国资委的投入。它的职责就是保障机场地区的公共服务，包括土地、规划、道路和其他市政配套设施的正常运行。因此它就应该是一个隶属国资委的 100% 国企，没有必要上市或引进其他社会投资。

机场集团应该具备建设、运营、投资三大管理平台（图 7-9）。

机场建设管理平台至关重要，建设管理公司的职责是为集团公司未来的发展搭建舞台、框定成本。因此，建设管理公司必须长期存在，必须有一部分人才作为集团公司的"冷班子"，

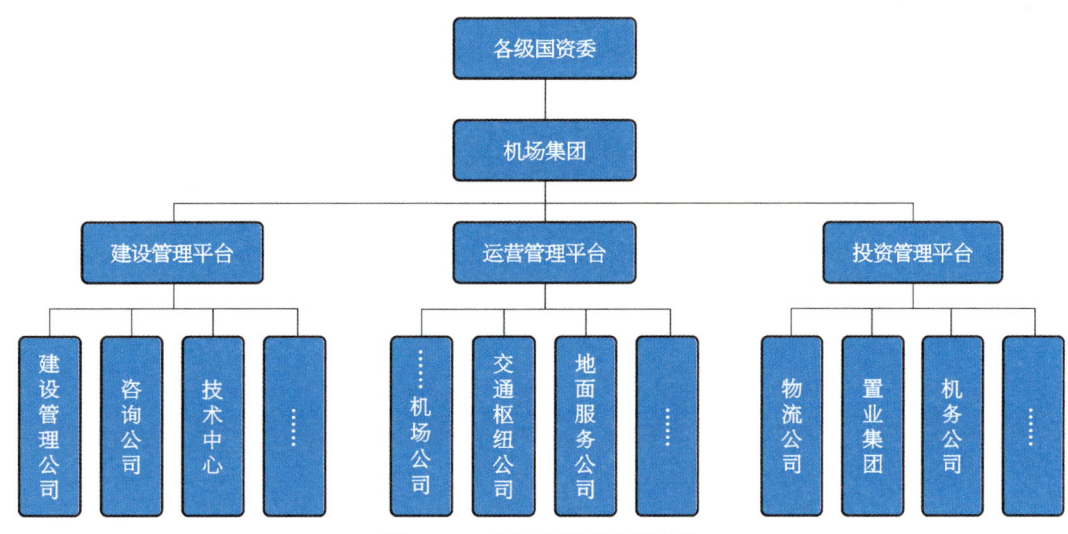

图7-9 机场集团的治理结构

为机场的未来谋篇布局。

机场股份公司或者是机场集团内的几个机场运营管理公司、地面服务公司等,是机场集团的运营管理平台,是一群承担公共服务的功能性企业。它们的职责就是要不断地完善机场服务,对社会、经济发展起到保驾护航的功能。它同时具备公益性和经营性,它可以凭借其自然垄断地位或有限竞争环境提供有偿服务,以求得自身的可持续发展。

机场集团还要建立一个投资管理平台,将机场集团参股、控股的所有PPP公司全部纳入,例如房地产开发公司、物业管理公司、物流公司、机务公司、巴士公司、公务机公司、贵宾服务公司、宾馆等。这是一个典型的资产管理的平台,最好还要将其打造成一个融资平台。在这个平台上机场集团公司要学会资产经营,要学会造公司、买公司、卖公司、拆公司,而不是直接经营管理。集团公司高管一定要学会做"老板",而不是做"伙计"。现在最常看到是我们集团公司的高管们"热爱打工呀!不要做老板呀!"

案例7-7 某机场集团的治理结构

机场集团的治理结构应该不拘一格、形式多样,只要符合自己的实际,高效、可持续就行。

某机场集团直属地方国资委管辖,下辖建设、运营、投资三个管理平台。第一是一个机场

建设公司,一直以机场规划建设为中心,不间断地工作了20多年,积累了一整套投资管控的制度和丰富的人力资源。第二是机场集团下辖的两个机场,两家机场运营管理公司,其中一家为上市公司。今后如果收购几家其他机场也置于这个平台上。第三是三家投资公司,由于业务量越来越大,集团公司把非航业务的投资管理工作分给了三家公司。第一家为航空货运物流管理公司;第二家专门负责临空产业的投资与管理,第三家叫实业投资管理公司,集团公司把其他投资参股、控股的公司都归于其下,交由其统一管理。该实业投资管理公司旗下有近40家不同类型、不同行业的合资合作企业。某机场集团的公司架构如图7-10所示。

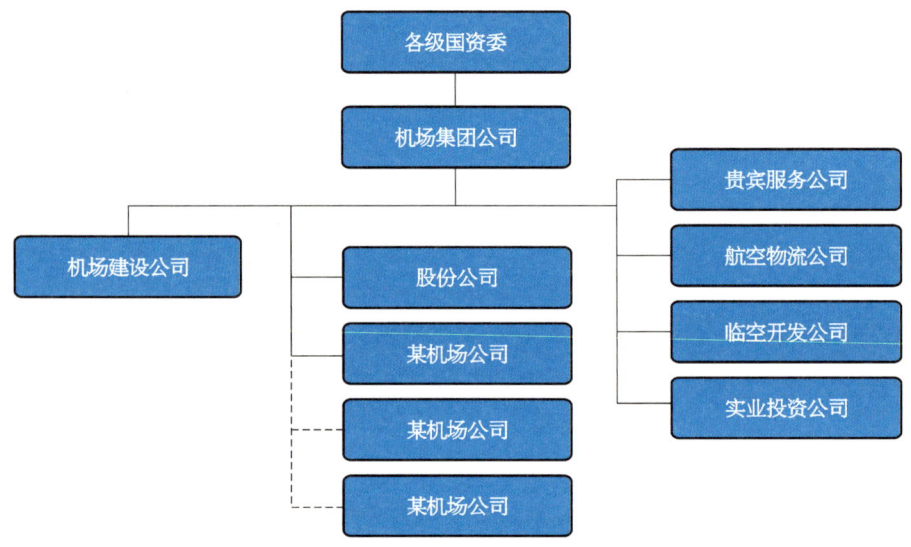

图7-10 某机场集团的公司架构

只有一家企业比较特殊,那就是贵宾服务公司,它直挂在集团公司之下,也算是中国特色吧!

7.5 小结

我们往往都是在研究机场工程的建设资金时,才会考虑融资问题的。由于融资问题总是以建设资金的面目出现,所以大家都把资金来源问题当成了主要矛盾。其实,融资是天大的事情,它是关于企业基因重组和基因改良的大事。

每一次融资都是企业改革、资产重组的绝好机会,都是一个新型现代企业诞生或再生的

机遇。我们一定要抓住机遇、迎接挑战、走向更大的辉煌。

机场集团的高管们,一定要把项目的融资方案与项目公司的治理设计放在一起考虑,它们其实就是一张纸的两面。

机场集团都应该建立自己的建设、运营、投资三大管理平台。

第 8 章

结 语

我们在第 1 章学习了机场的经济属性、机场规划和机场作为交通基础设施的利益循环规律；在随后的第 2～4 章中，我们针对机场建设运营中的三大收益来源，讨论了机场三大公司（群）的组建，及其融资模式和公司治理理念；然后我们又在第 5、6 章中研究了机场运营成本和经营收益两大核心课题，为我们在第 7 章中提出机场建设的投融资方案和机场公司治理结构的顶层设计奠定了理论基础。可见本书的逻辑结构是非常简单的：机场的公益性、自然垄断性和收益性催生了机场集团公司、机场股份公司和一批 PPP 公司，既然是公司，就要控制运营成本、争取最大收益。

因此，本书的关键词就是：机场的社会效益、直接经济效益、间接经济效益，机场的投资管控、增加经营性资产。机场集团形式多样的融资模式和公司治理结构，都是它们在不同环境下结出的果实。

8.1 造一艘航母，还是建一支舰队

融资策划不仅要解决工程建设的资金问题，更重要的是要解决建成后的公司治理问题。因此，我们首先要思考的是要把我们的机场集团建设成一支能打仗的队伍。就像我们的远洋海军，仅有一艘航空母舰是不行的，要有战斗力就必须形成一支舰队。

通常，单航母编队要包括一艘航空母舰，2～3 艘导弹巡洋舰或驱逐舰，2～3 艘反潜驱逐舰或者护卫舰，1～3 艘攻击型核潜艇，1～2 艘综合补给舰。单航母编队一般是执行非战斗巡逻任务。双航母战斗编队就要执行中低强度的战斗任务，以两艘航母为中心，6～8 艘巡洋舰或驱逐舰，4～6 艘反潜驱逐舰或护卫舰，2～4 艘攻击型核潜艇，2～3 艘综合补给舰。当大规模危机出现时，通常要有 3～4 艘航母组成的特混编队，包括 9～12 艘巡洋舰或驱逐舰，12～16 艘反潜驱逐舰或护卫舰，4～6 艘攻击核潜艇，3～6 艘综合补给

舰,舰队规模可能会超过40艘。不过这些配置都是灵活的,根据任务的性质和强度可以进行调整(图8-1)。

图8-1 航母舰队

如果我们机场集团只是一个独立法人,我们只是一味地把集团公司做大,就像海军只有一艘航空母舰,当机场集团这艘船越来越大时,伴随着的风险也会越来越大。我们根本无法想象一艘航母出去打仗不带上驱逐舰、护卫舰、核潜艇和补给舰等,那不是等于挨打吗? 反之,如果我们的机场集团是由很多个独立法人的公司组成的一支特混舰队,那我们就具备了更好的抗风险能力,我们就不怕冒被打沉两艘战舰的风险出击,就会有更强的战斗力。即使一艘被打沉了,我们还可以派另一艘去把人救起来,也就是说即使一个公司倒闭了,我们还可以把员工转到其他公司去工作。最重要的是,我们也不用大事小事都出动航空母舰,更何况有的地方是不适合航空母舰去的。

案例8-1 美国海军第七舰队简介

美国海军第七舰队(以下简称"第七舰队")成立于1943年3月15日,是美国部署在东亚的最大机动力量,由美国太平洋总部直接指挥,其司令部设在日本的横须贺港。该舰队参加过日本无人岛的登陆战役、西南太平洋战役、朝鲜战争、海湾战争等。

第七舰队的巡防区域包括西太平洋、印度洋及阿拉伯海岸,由国际日期变更线起至非洲

东海岸,北至千岛群岛,南至南极洲。作战辖区包括中国、日本、印度、澳大利亚及东盟等国家和地区,涉及人口多达25亿。该舰队的基本任务是保护西太平洋和印度洋的海上交通线,维护美国及其盟国在亚太地区的利益,显示威力,遏制地区强国。同时,一旦爆发战争,应迅速做出反应,与美国陆、空军及其盟军一起联合作战,确保赢得战争的胜利。

第七舰队总兵力6万人,其中包括38 000名海军官兵和22 000名海军陆战队员,分别在西太平洋和印度洋各部署1个航母战斗群和1个两栖攻击舰编队,下编有9个特混舰队,即第70(机动作战部队)、第71(指挥与协调部队)、第72(巡逻侦察部队)、第73(后勤部队)、第74(潜艇部队)、第75(水面作战部队)、第76(两栖部队)、第77(航母攻击部队)及第79(陆战队登陆作战部队),规模通常维持在45艘左右的水平。

第七舰队的旗舰为LCC19"蓝岭"号两栖指挥舰,整个舰队武器装备包括:45艘各型战舰、180架各型战机,其中常驻舰只18艘,总排水量约20万t,1个舰载机联队,1个陆战远征分队。

最近,我们完成了华东某省机场集团的发展战略规划研究,该省已经拥有三个千万级大型枢纽机场。我们就认为该机场集团可以打造一支三航母舰队(图8-2)。当然,也可以组成一艘航母、两艘两栖攻击舰,加上其他舰船;或者两艘航母、一艘两栖攻击舰,加上其他舰船等不同的舰队配置。

图8-2 三航母舰队

这是不是对我们机场集团的公司的治理结构非常有参考价值!

那么,我们机场集团是做成一艘航母呢?还是做成一个舰队?答案应该是非常明确的吧!当然要建一支强大的舰队啦!我们要有我们的旗舰(集团公司)、N 艘航母(股份公司、某机场公司)和大量的驱逐舰、护卫舰、核潜艇、补给舰等各型战舰(一批 PPP 公司)。比如浙江机场集团就可以打造杭州机场、宁波机场、温州机场三艘航母。

还有,我们的机场集团不能让国资委总放在船坞里吧,我们当然要下海,还要走向蓝海,打造出我们强大的战斗力嘛!那就让我们研究一下厦门机场集团(翔业集团)吧!

案例 8-2　走进了"蓝海"的厦门机场集团"舰队"

"厦门国际航空港集团有限公司"成立于 1995 年 1 月,是一个以机场业为基础、酒店与物流等相关产业为延伸的企业集团。2012 年 1 月 1 日,"厦门国际航空港集团有限公司"正式更名为"厦门翔业集团有限公司",注册资本金 20 亿元,是一家跨地域、多元化发展的大型国有企业集团。

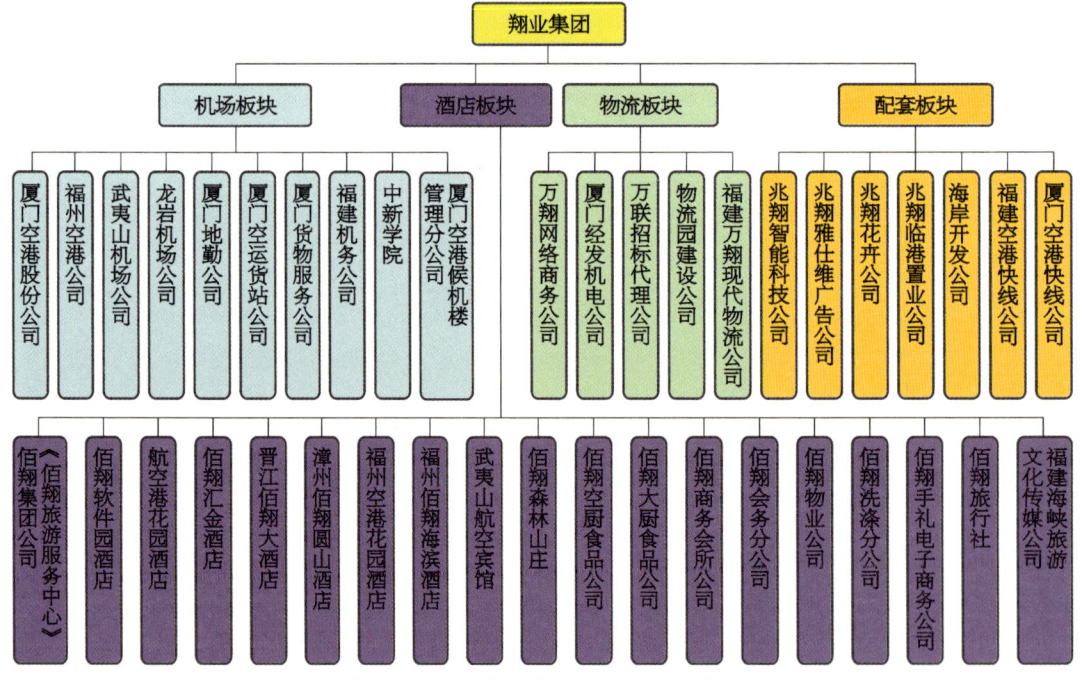

图 8-3　厦门翔业集团有限公司架构图

该集团下辖厦门高崎国际机场和福州长乐国际机场两个千万级以上的枢纽机场,还辖有武夷山机场、龙岩冠豸山机场等多个支线机场。同时拥有全资或控股下属公司40家,其中1家上市公司,5家中外合资公司,另参股7家公司。其经营管理的产业覆盖机场、码头、城际客运,酒店、会展、电子商务、物流服务,临港商业地产,食品,广告传媒,智能科技,花卉科技等领域,是中国服务业500强企业之一。

该集团重视深度开发并合理配置资源,创新体制,规范管理,稳健经营。航空业务稳定增长,盈利能力位居行业前列。根据资源性及关联性投资原则,该集团大力发展非航空业务,其收入约占总收入的78%。2016年翔业集团总资产已经达到232.18亿元人民币,净资产为78.37亿元人民币,劳动生产总值34.31亿元人民币,归属母公司利润7.64亿元人民币。厦门翔业集团有限公司架构图如图8-3所示。

8.2 投资管控永远都是成败的关键

项目融资就是让别人出钱成就你自己的事业。而成功融资的秘诀就是让你的项目盈利!如果你的盈利率超过了贷款利息,人家就会"找关系""开后门"给你送钱来。要使你的项目盈利,首先就是要控制住项目的运营成本。

机场作为公用基础设施,其运营成本由人工成本、摊销成本、运维成本等三块构成,三块成本基本上各占三分之一。这其中最重要的是:三块成本都基本上由机场投资建设所形成的固定资产规模决定,而且非常刚性。固定资产一旦形成,运营成本基本不变,也就是说"边际成本几乎为零!"因此,我们在机场规划建设中要特别关注投资管控,力求做到用最小的固定资产规模承载最大的机场运输能力(案例8-3),就是要"能省就省"。

在过去的多年实践中,我们看到我国机场集团的运营成本,基本上是符合这个"三个1/3"理论的。但呈现出三大特征:一是大多数机场集团对人工成本的控制不够有效,呈稳步上升之势;二是摊销成本在大中型机场有失控的倾向,利不抵息者开始出现;三是运维成本普遍偏低,对旅客服务水平的提高和设施设备维护、改造的投入不足,这会加速机场设施设备的老化和破损,会造成设施设备寿命的缩短(案例8-4)。

案例8-3 虹桥国际机场扩建工程的投资管控

在虹桥国际机场2号航站楼规划设计之前,我们综合考虑了电子值机比例的提高趋势和

旅客托运行李比例的下降等多个方面因素,确定了航站楼 25 万 m^2、只在航站主楼设置 80 个值机柜台。同时,提出了航站楼处理能力要达到每年 4 000 万人次旅客量,航站楼的能耗最低、用地最少等技术要求。

到 2010 年,我们只用了约 60 亿元人民币就完成了虹桥国际机场的扩建工程。包括一条 3 400 m 长的跑道、2 条平行滑行道、91 个机位、1 座 25 万 m^2 的旅客航站楼、1 栋货运站、4 栋办公楼、2 座 35 kV 变电站,以及其他相关交通和市政配套设施。实际上,加上虹桥机场原有的一条跑道,这些设施就具备了每年处理 4 000 万人次旅客量的能力。

可见我们对固定资产投资的管控,做到极致了吧!这使得虹桥国际机场公司在投运后的第二年,也就是 2011 年,就盈利了。

案例 8-4　某机场集团的运营成本构成变化

从某机场集团过去 5 年的成本构成比重来看,人工成本已经开始超过 33% 的警戒线;摊销成本自 2010 年其下属的某国际机场扩建工程投运后,呈逐年下降趋势;而运维成本逐年上涨应该说是正常的(表 8-1)。与香港机场相比,该机场的运维投入是不够的,因此我们就能看到香港机场总是设施常新、服务越来越好。因此,为了固定资产的保值增值,为了不断地改进我们的服务,运维成本的不断提高是必需的。如果运维成本总是不变,甚至不升反降,那只能说明我们运营管理人员的懒惰。

表 8-1　2011—2015 年某机场集团运营成本构成比重　　　　　　(%)

年　份	人力成本	摊销成本	运维成本	其他成本	合　计
2011 年	36.8	40.7	20.9	1.6	100
2012 年	41.5	40.2	21.8	−3.6	100
2013 年	40.1	39.6	26.7	−6.4	100
2014 年	40.0	33.5	28.0	−2.4	100
2015 年	42.3	31.2	27.0	−0.5	100

20 多年以来,某机场集团利用建设管理平台,对基础设施的投资进行了认真细致的管控,使其固定资产规模得到了比较好的控制。到 2016 年,该机场集团以 600 亿元左右的固定资产支撑了 1 亿多人次的旅客量和 380 多万 t 的货运量,利润总额达到 50 亿元人民币。真的是"想不挣钱都难啊!"

但是,如果我们不是 600 亿元固定资产,而是 1 200 亿元,甚至 1 800 亿元的固定资产,会怎么样呢?由于我们在每个旅客和每吨货物上挣得的收益基本是不变的,因此我们的总收益也就不会有大的变化。也就是说我们的收益就要打对折或三折,甚至我们就会面临亏损了!

8.3 做大做强经营性资产才是成功之道

作为一个企业,最大的成功就是盈利,否则它就不是企业。但我们又是公共产品的提供者、属于功能性企业,于是我们应该将注意力放在非航业务上,放开手脚在临空产业链上施展身手。

要盈利就要有足够的经营性资产,只有做大做强这些经营性资产才是我们机场集团的成功之道。机场作为交通基础设施,最大的特点就是集聚了大量的高端商务人士和高附加值的货物。人流、物流的集聚必然带来信息流、资金流的集聚,必然带来巨大的商机。由于我们总是位于这些非航业务链的龙头地位,这为我们的非航业务的发展提供无限的舞台和机遇。

过去 20 年,我国机场集团发展的最大特点之一就是非航业务的突飞猛进。今天我国相当多的机场集团的非航业务收入,都已经超过了航空主业的收入,有些机场集团的非航业务收入甚至超过集团总收入的 70%。即使是在临空产业这一块很不努力的某机场集团,2011—2015 年的经营性收入也一直稳定在 60% 左右(表 8-2)。2016 年某机场集团的 120 多亿元营业收入中,非航空性业务也占到了 60%。

表 8-2 2011—2015 年某机场集团收入构成比重   (%)

年 份	运行类收入	经营性收入	其他收入	合 计
2011 年	36.3	63.1	0.6	100
2012 年	35.0	63.1	1.9	100
2013 年	37.0	60.9	2.1	100
2014 年	37.8	60.5	1.7	100
2015 年	38.4	59.8	1.8	100

做非航业务,特别是在临空产业链上,我们并无垄断地位,我们只能走投资多元化、管理

社会化、经营市场化的道路,在市场竞争中杀出一条血路,确立自己的市场地位。因此,我们必须要"能挣就挣",要有"能挣一百、九十为亏"的共识,同时建立符合自己实际的、精准的考核体系。

8.4 多元融资是公司健康发展的起点

机场集团谈融资问题往往都是在机场大规模新建、扩建时,其实融资策划不仅要解决工程建设的资金问题,更重要的是要解决工程建设完成后,公司的可持续发展问题。因此,融资过程是对公司治理的顶层设计。

一方面,机场融资的融资主体是机场集团公司,其融资的目的是通过各种融资方案,实现机场集团公司从已有的机场的经营权或所有权中退出。机场集团这样的融资目的,也就决定了机场集团的融资思路和可以采用的模式,即通过转让经营权或所有权进行融资。因此,投资多元化、管理社会化、经营市场化是机场集团资产经营中的基本原则。在这里,投资多元化是一切的前提,是公司健康发展的起点。而管理社会化和经营市场化的实质则是私营部门对机场设施经营权或所有权的参与,同时也是机场集团公司所代表的国有资产监督管理委员会(简称国资委)对国有资产经营权或所有权的适度退让。

另一方面,由于机场集团公司是代表国资委对机场行使经营管理权的,所以我们所说的"机场融资",讨论的并不是一般意义上的"融资",不是简单的资金如何筹集的问题。现实中我们往往"并不缺钱"。我们多数情况下是为了改善我们的服务水平、提高我们的经营性收入,或者是为了进一步提高我们的市场竞争力,有时候甚至就是为了提高一个企业的竞争力。我们看重的是希望通过项目融资和公司融资,找到战略合作者、开拓新的市场、改进我们的公司治理。因此,在我们所说的机场融资中,资金筹集只是问题的表象,问题的实质是关于未来公司的所有权、经营权等的一系列体制、机制层面的顶层设计,因为融资方案是会决定公司的治理结构的。

8.5 融资方案决定公司治理模式

机场融资方案的策划在建设开发阶段和生产经营阶段都需要做的。新建设施要同时考虑建设开发阶段和生产经营阶段两个阶段的问题,而已有设施则只要考虑生产经营阶段的需求即可。融资过程其实是给公司注入新的基因的过程,是设计治理结构的过程。对新的项目

公司来说,是基因配置的问题;对于已有的项目公司来说,就是基因改良的问题。

机场集团的所有融资方案都应该是基于图1-17所示的开发利益循环模型的,它是机场融资的理论基础和行动起点。基于这一理论,我认为机场集团应该建立起建设、运营和投资三大投融资平台,并让三大平台上的这些公司担当起它们各自的责任(图8-4)。

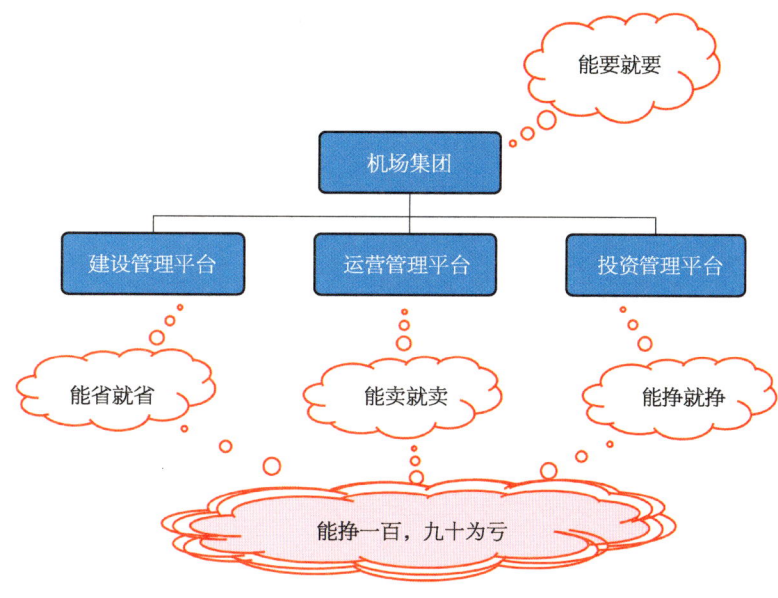

图 8-4　机场集团三大平台的融资与治理

机场作为公共基础设施,其准公共产品的经济属性决定了机场集团公司融资的基本方式就是"能要就要";对于功能性、公益性特征较强的机场主业资产,机场股份公司的融资方式就是"能卖就卖"。

机场作为公共基础设施,其"边际成本超低""先期投入巨大""资本密集型"等特点,突出了我们在机场建设中控制投资规模、控制投资节奏的极端重要性。这要求我们的机场建设公司和机场建设指挥部要做到"能省就省",要建立"节省就是盈利"绩效考核机制。

我们的目标是对航空公司和旅客少收费或不收费。这就要求我们机场的经营性收入应该主要来自非航空业务和临空产业链上,这就要求我们必须建立追求卓越的公司治理机制,做到"能挣就挣",而且要建立"能挣一百、九十为亏"的绩效考核体制和公司文化。

总之,机场集团公司对内"管战略、管资产、管干部"、对外"要土地、要政策、要资金",就是要做到"能要就要",保障机场内公共基础设施的建设和运营;建设公司要关注"能省就省",节

省就是盈利;从集团公司的角度来看,要适时地用好股份公司资本运作平台,择机把主业资产"能卖就卖"掉;PPP公司天天都要想着开疆拓土,做到"能挣就挣"。集团公司下辖各公司都要把"能挣一百、九十为亏"的理念落实到具体的经营管理工作中去,共同为我国机场集团的可持续发展而努力奋斗。

附 录

上海市民用机场地区管理条例

第一章 总 则[*]

第一条 为了加强本市民用机场地区的管理,促进民用机场地区的建设和发展,保障民用机场的安全运营,维护驻场单位、旅客和货主的合法权益,根据《中华人民共和国民用航空法》和有关法律、法规,结合本市实际情况,制定本条例。

第二条 本条例适用于本市管辖的民用机场地区(以下简称机场地区)以及与机场地区相关的机场规划控制、净空保护、噪声影响的管理活动。

民用航空的行业管理按照法律、行政法规和国家有关规定执行。

第三条 本条例所称的机场地区,包括浦东国际机场地区和虹桥国际机场地区。机场地区的范围根据依法批准的城市规划确定,包括机场围场河、围墙、围栏或者其他围界设施以内的区域,以及围界设施以外的城市航站楼区域。

本条例所称的驻场单位,是指机场地区内的机关、团体、企业事业单位以及其他组织。

本条例所称的机场控制区,是指根据航空安全需要划定的进出受到限制的区域,包括候机隔离区、行李分拣装卸区、航空器活动区、航空器维修区和货物存放区等。

本条例所称的公共开放区,是指机场地区内未对人员、车辆出入予以限制的区域,包括公共停车场、道路、商务和娱乐场所以及候机楼的公共开放部分等。

第四条 上海市空港管理委员会办公室(以下简称市空港办)行使市人民政府对机场地区的行政管理职能,负责组织实施本条例。

上海机场(集团)有限公司(以下简称机场集团公司)负责机场的建设、运营及其相关的公

---

[*] 《上海市民用机场地区管理条例》经1996年6月1日上海市人大常委会第10次会议通过,2011年9月22日上海市十三届人大常委会第29次会议又进行了修订。但因1999年版可能对外省市更有参考意义,故本书选录了1999年版的该条例。

共事务管理,并依照本条例的授权在机场地区依法实施行政处罚。

本市城市规划、房屋土地、公安、工商行政、交通、市政工程、公用事业、植树造林绿化、市容和环境卫生、环境保护、气象、卫生等行政管理部门,以及出入境检查机构(包括海关、边防检查机构、进出口商品检验机构、出入境卫生检疫机构、动植物检疫机构,下同)按照各自职责,协同实施本条例。

第五条　机场地区的管理应当遵循统一、安全、高效、规范的原则。

第二章　规划和建设管理

第六条　市空港办负责组织有关驻场单位编制、修订机场地区总体规划,报市城市规划管理部门综合平衡,并按照国家规定的程序报经批准后,纳入全市总体规划。

市空港办应组织有关驻场单位配合市城市规划管理部门编制机场地区详细规划,经批准后组织实施。

机场地区总体规划和详细规划应当符合国家有关机场净空保护和飞行安全的技术规范要求。

机场地区的土地使用和各项建设必须符合机场地区总体规划和详细规划。

第七条　机场地区土地应当根据国家和本市的有关规定实行有偿使用。

需改变机场地区内土地用途或者建筑物使用性质的,应当向市空港办提出书面申请,经审核同意后向城市规划、房屋土地等管理部门办理审批手续。

机场地区内土地使用权人或者建筑物所有权人、使用权人发生变更的,有关驻场单位应当报市空港办备案。

第八条　在机场地区新建或者改建、扩建工程项目的,建设单位应当在申请建设项目选址意见书或者在申请建设工程规划许可证前,向市空港办提出书面申请,经审核同意后向市城市规划管理部门办理审批手续。

第九条　市空港办应当组织机场集团公司和其他有关驻场单位,配合市城市规划管理部门编制机场地区户外广告设施的设置规划,并负责组织实施。

在机场地区设置户外广告设施,应当在征得市空港办同意后向有关部门办理审批、登记手续。

第十条　机场地区的各土地使用权人应当按照规定负责其所使用土地范围内道路、环境保护、环境卫生、绿化等公共设施的建设、养护与维修。

机场的围界设施由机场集团公司负责设置和维修。

第十一条 在机场地区设立驻场单位的,应当向市空港办备案。设立企业或者企业分支机构的,其生产经营场所的选址应当征得市空港办的同意。

第十二条 城市规划管理部门应当确定机场发展规划控制区范围。

城市规划管理部门在审批机场发展规划控制区范围内的新建、改建、扩建项目时,应当征求市空港办的意见。

第十三条 进入机场地区的单位和个人应当遵守城市规划管理规定。

任何单位和个人不得在机场地区擅自新建、改建、扩建建筑物和构筑物,不得擅自设置户外广告设施。

第三章 安全管理

第十四条 机场控制区和其内部功能区的范围及其通道的划定或者调整,由机场集团公司提出,经机场地区公安部门和市空港办按照国家有关规定批准。

机场控制区安全防护设施和明显标志的设置与维护,由机场集团公司负责。

第十五条 进入机场控制区的人员、车辆,应当出示有效的机场控制区通行证件,在限定的区域内活动,并服从警卫人员的检查和管理。

第十六条 机场控制区人员、车辆的通行证件,由使用单位根据工作需要向机场地区公安部门提出申请,由机场地区公安部门按照国家有关规定核发。

机场地区公安部门制定机场控制区人员、车辆通行证件核发和使用规定时,应当征求上级公安部门和机场集团公司的意见,并报市空港办备案。

第十七条 机场集团公司和公共航空运输企业应当按照国家有关规定实施安全检查工作,并接受有关公安部门的监督检查。

航空货物、航空邮件应当经过安全检查或者对其采取国家规定的其他安全措施。航空旅客及其携带的行李物品在登机前应当接受安全检查,但国家另有规定的除外。

持有机场控制区通行证件的工作人员(包括机组人员)携带物品进入机场控制区的,应当从专用通道经安全检查后,方可进入。

第十八条 机场地区禁止下列危害或者可能危害民用航空安全的行为:

(一)无有效机场控制区通行证件进入机场控制区;

(二)携带危害民用航空安全的危险品进入候机楼、乘坐航空器或者在行李、货物中夹带危险品托运;

(三)强行登、占航空器;

(四)攀(钻)越、损毁机场围界设施以及安全防护设施,或者损毁明显标志;

(五)放养牲畜、狩猎、晾晒谷物、教练驾驶车辆;

(六)其他危害民用航空安全的行为。

第十九条　市空港办应当按照国家有关规定,会同民用航空管理部门以及相关行政管理部门划定机场净空保护区,明确机场净空保护区内建筑物、构筑物的高度控制标准,规定机场净空保护区电磁环境保护范围,确定禁止饲养、放飞影响飞行安全的鸟类动物或者其他物体的范围,报市人民政府批准后执行。

机场地区以及机场净空保护区外的高大建筑物、构筑物或者其他设施可能影响飞行安全的,应当按照国家有关规定设置飞行障碍灯和标志,并使其保持正常状态。

第二十条　机场地区以及机场净空保护区内禁止下列行为:

(一)修建可能在空中排放大量烟雾、粉尘、火焰、废气而影响飞行安全的建筑物、构筑物等设施,或者从事会产生这些后果的作业;

(二)修建靶场、强烈爆炸物仓库等影响飞行安全的建筑物、构筑物或者其他设施;

(三)修建不符合机场净空要求的建筑物、构筑物或者其他设施;

(四)设置影响机场目视助航设施使用的灯光、标志或者物体;

(五)种植影响飞行安全或者影响机场助航设施使用的植物;

(六)饲养、放飞影响飞行安全的鸟类动物和其他物体;

(七)修建影响机场电磁环境的建筑物、构筑物或者其他设施。

第二十一条　任何单位或者个人使用的无线电台和其他仪器、装置,不得干扰、妨碍民用航空无线电专用频率的正常使用。对民用航空无线电专用频率造成有害干扰的,有关单位或者个人应当排除干扰。在排除干扰前,本市无线电管理部门和民用航空无线电管理部门可以按照各自职责责令停止使用该无线电台或者仪器、装置,也可以报请国家有关部门处理。

本市无线电管理部门在受理机场地区以及机场净空保护区电磁环境保护范围内的无线电台、寻呼机发射台等设施的设置申请时,应当听取民用航空空中交通管制部门和市空港办的意见。

第二十二条　机场集团公司应当对影响飞行安全的鸟类活动进行监测,制订防治鸟害的预案,并采取有效措施防治鸟害。

第二十三条　市空港办负责组建机场地区应急救援机构。机场地区应急救援机构由市空港办、机场集团公司、民用航空管理部门、机场地区公安部门、航空安全管理部门、医疗卫生机构、驻场武警部队、公共航空运输企业等单位组成。

机场地区应急救援机构负责救援现场的统一指挥和协调,有权调动有关救援单位进行应急救援。有关救援单位应当服从应急救援机构的指挥。

第二十四条　机场地区应急救援机构应当按照有关规定制定机场地区应急救援预案,明确应急救援程序及有关救援单位的救援职责,报民用航空管理部门和市人民政府审批,并抄送市民防办公室。有关救援单位应当按照机场地区应急救援预案制定本单位的应急救援预案,报机场地区应急救援机构备案。

机场地区应急救援机构应当定期组织应急救援演练,有关驻场单位应当参加。

第二十五条　单位或者个人发现机场地区出现航空器失事、航空器空中故障、爆炸物威胁、建筑物失火、非法干扰航空器运行、传染病疫情和放射性物质污染等严重威胁航空器、人员和财产安全的紧急情况时,应当立即向民用航空管理部门和机场地区应急救援机构报告。

机场地区应急救援机构可以根据应急救援预案规定的程序和权限,决定机场地区处于应急救援状态,通报各救援单位和市民防办公室,并立即向市人民政府报告。

第二十六条　机场地区公安部门应当设立专职的消防队伍,按照国家有关规定配备相应的消防器材和设施,并使其保持正常状态。

驻场单位应当按照有关规定配备消防器材和设施,并接受机场地区公安部门的监督管理。

第四章　口岸协调管理

第二十七条　机场地区口岸管理部门根据国家和本市的有关规定,负责机场口岸的日常管理,督促、协调出入境检查机构做好出入境人员、交通工具、货物和行李物品的查验和监督管理工作。

第二十八条　机场口岸查验通道,由机场地区口岸管理部门和机场地区公安部门会同出入境检查机构和机场集团公司,根据国家规定的查验程序和实际工作需要开设或者调整。

第二十九条　机场地区口岸管理部门应当会同出入境检查机构和机场集团公司,按照安全简捷和方便旅客、货物进出的原则,合理确定或者调整机场口岸查验流程和查验方法。

第三十条　机场地区口岸管理部门负责对下列口岸查验工作进行协调:

(一)组织召开机场口岸工作联席会议,协调口岸管理中的重大问题,并向市人民政府报告;

(二)对出入境检查机构之间有关查验工作的争议进行协调,经协调仍有争议的,按照国家和本市的有关规定作出决定,并先予执行;

(三)对口岸管理中发生的突发性事件或者紧急情况,及时进行协调并妥善处理。

第五章 公共秩序管理

第三十一条 机场集团公司应当按照国家规定的标准,为旅客提供候机、饮食、购物、邮电、银行、停车、医疗急救等场所,并采取措施,维护机场地区的公共秩序。

第三十二条 机场地区禁止下列扰乱或者妨碍公共秩序的行为:

(一)破坏标志、标牌以及电子显示屏等引导性标识;

(二)损坏公用电话、路灯、邮筒或者其他公共设施;

(三)燃放烟花爆竹;

(四)无照设摊经营、兜售物品;

(五)随地露宿、流浪乞讨;

(六)其他扰乱或者妨碍公共秩序的行为。

第三十三条 在机场候机楼、广场和航空器活动区从事下列活动的,应当经市空港办批准:

(一)散发广告、宣传品;

(二)组织展览、咨询、文娱、体育等活动;

(三)举办商业展销会、促销会;

(四)开展募捐活动;

(五)拍摄影视片;

(六)市人民政府规定应当由市空港办批准的其他活动。

第三十四条 驾驶车辆进入机场地区的,应当服从机场地区公安部门的指挥,按照规定的路线、规则行驶或者停放。

在机场控制区行驶的作业机动车辆必须经机场地区公安部门检验合格,取得机场地区公安部门制发的车辆号牌和行驶证件。

在机场控制区行驶的作业机动车辆的驾驶人员必须经机场地区公安部门考核合格,取得机场地区公安部门制发的驾驶证件。

第三十五条 进入机场地区的出租汽车应当在机场地区公安部门规定的站点停靠。进入机场候机楼区域营业的出租汽车应当遵守机场管理秩序,服从统一调度。不得无序出车或者擅自载客,不得无准营证或者无营运证非法经营。

第六章 场容环境管理

第三十六条 机场地区禁止下列违反植树造林绿化管理规定的行为:

（一）侵占绿地、林地；

（二）擅自变更绿地、林地用途；

（三）临时使用绿地、林地不按照规定的时间归还；

（四）擅自折损树木，在树旁和绿地、林地内堆放杂物、借树搭棚、倾倒垃圾或者有害废渣废水，在绿地、林地内违法设置广告设施或者损坏园林绿化设施；

（五）非法砍伐、迁移树木。

驻场单位确属需要在机场地区占用或者临时占用绿地、林地以及迁移、砍伐、采伐树木或者变更绿地、林地用途的，应当向市空港办提出书面申请，经审核同意后向园林或者农林管理部门办理有关审批手续。

第三十七条　市空港办应当会同机场集团公司划定和调整驻场单位的环境卫生责任区。

驻场单位应当认真执行环境卫生责任制，做好环境卫生责任区的清扫保洁工作，保持责任区内环境整洁。

第三十八条　机场地区禁止下列违反环境卫生管理规定的行为：

（一）随地吐痰、乱扔杂物，随地便溺，乱倒垃圾、污水、粪便等污物；

（二）在露天场所和公共垃圾容器内焚烧树叶和垃圾；

（三）在道路两侧堆物，影响环境卫生；

（四）未做好环境卫生责任区内的清扫保洁；

（五）车辆在行驶中泄漏、散落货物、垃圾，或者装卸货物后未做到场地整洁；

（六）擅自拆除、迁移、占用、损毁、封闭环境卫生设施或者擅自改变环境卫生设施使用性质；

（七）建筑施工未采取相应措施，影响环境卫生；

（八）任意倾倒建筑垃圾、工程渣土；

（九）建设工程竣工后未按规定清除建筑垃圾或者工程渣土。

驻场单位在建设、拆除或者搬迁公共开放区内的环境卫生公共设施前，应当向市空港办提出书面申请，经审核同意后向环境卫生管理部门办理审批手续。

第三十九条　机场地区禁止下列违反环境保护管理规定的行为：

（一）焚烧产生有毒、有害烟尘和恶臭气体的物质；

（二）施工、运输、装卸和生产中产生大量粉尘、扬尘；

（三）违反规定安装空调器和冷却设施；

（四）任意排放油类、酸液、碱液和未经消毒处理的含病原体的污水。

第四十条　市空港办应当协同市城市规划管理部门和市环境保护管理部门划定机场地

区噪声影响范围。

在机场地区噪声影响范围内,限制新建、改建、扩建噪声敏感建筑物。经批准在机场地区噪声影响范围内建设噪声敏感建筑物的,建设单位应当采取减轻、避免噪声影响的措施。

机场集团公司应当对航空器产生的噪声实施监测,并会同有关部门和单位采取措施,控制航空器噪声对周围环境的污染。

第四十一条 机场地区禁止下列违反道路桥梁管理规定的行为:

(一)擅自占用道路、挖掘道路、修筑出入口、搭建临时性建筑物或者构筑物、明火作业、设置路障;

(二)占用桥面,在桥面上停放车辆、试刹车或者设摊;

(三)车辆载物拖刮路面,履带车、铁轮车直接在道路、桥梁上行驶以及拌和混凝土等有损道路的各种作业;

(四)超重车辆擅自上桥行驶,利用桥梁设施进行牵拉、吊装等施工作业;

(五)占用道路安放空调散热器、放置装饰物品;

(六)堵塞下水道等造成浸泡道路;

(七)偷盗、收购、挪动、毁损窨井盖等道路附属设施;

(八)超面积、超期限占用道路;

(九)超面积、超期限挖掘道路;

(十)未在道路施工现场设置明显标志和安全防护设施;

(十一)占用道路期满或者挖掘道路后未及时清理现场。

在机场地区需临时占用或者挖掘道路的,应当向市空港办提出书面申请,经审核同意后向有关部门办理审批手续。

第四十二条 在机场地区应当遵守有关市容管理规定。经批准设置的宣传牌、指示牌、霓虹灯、户外广告等设施应当保持整洁和功能完好。不得在建筑物、构筑物、树木、雕塑以及其他设施上涂写、刻画或者擅自张贴。

第四十三条 机场地区建设工程的建设单位和施工单位应当文明施工,在施工现场周围设置符合统一标准的围墙、围栏以及明显的工程指示标牌和安全警示标志,并采取有效措施防止施工对交通、市容和环境的影响。

第七章 服 务 管 理

第四十四条 机场集团公司依法享有的在其土地使用权范围内的经营权,可以通过土地

使用权有偿转让或者场地设施出租等方式,将土地或者场地、设施转让给其他企业、机构,从事与航空运输服务有关项目的开发、经营和使用;需要向其他企业转让与航空运营有关的项目专营权的,应当通过招标的方式择优选择。

第四十五条　机场集团公司和公共航空运输企业以及银行、邮电、公共交通、宾馆饭店、商场等驻场经营服务企业,应当按照规定和实际需要提供安全、便捷的服务设施,设置醒目的中外文标志,保持良好、整洁的服务环境。

电力、供水、燃气等相关部门应当采取措施,保障机场运营活动的正常进行。

第四十六条　市空港办应当会同机场集团公司、出入境检查机构以及公共航空运输企业等驻场单位制定机场地区服务规范。

有关驻场单位制定的机场地区行业服务标准,应当符合机场地区服务规范的要求,保证机场地区的服务质量。

第四十七条　市空港办应当依法履行其管理职能,采取措施保障旅客、货主及驻场单位的合法权益。

市空港办根据本条例规定受理有关事项申请的,应当自受理申请之日起十五日内作出审核决定,并书面通知申请人;经审核不同意的,应当书面说明理由。

由于航班延误或者取消,造成旅客、货物滞留的,机场集团公司应当及时通报航班信息,并协助有关公共航空运输企业做好应急服务和善后处理工作。

由于机场经营管理或者设施的原因,造成旅客、货主以及驻场单位损失的,机场集团公司应当依法赔偿。

第四十八条　市空港办、机场集团公司和其他有关驻场单位应当建立投诉受理制度,公布接受投诉的时间、地点和方式。

市空港办应当对机场集团公司和其他有关驻场单位处理投诉的情况进行监督,及时提出监督建议并督促改进。

第四十九条　市空港办应当会同有关行政管理部门组织、协调全市性重大或者重要涉外活动在机场地区内的接待工作,有关驻场单位应当予以配合。

第八章　法　律　责　任

第五十条　违反本条例第十三条第二款、第三十二条第(四)项、第三十五条、第三十六条第一款、第三十八条第一款、第三十九条、第四十一条第一款、第四十二条、第四十三条的规定,由机场集团公司分别依照有关城市规划、市场管理、出租汽车管理、植树造林绿化管理、市容和

环境卫生管理、环境保护、道路桥梁管理、建筑管理等法律、法规的规定处理或者实施行政处罚。

机场集团公司在依法作出五千元以上罚款、没收违法所得或者非法财物、责令停产停业、暂扣许可证的处罚决定前,应当报市空港办审核。法律、法规另有规定的,从其规定。

对于违反本条例规定,属于本条第一款、第二款授权机场集团公司实施行政处罚以外的行为,机场集团公司发现后应当予以制止,并及时告知或者送交有关行政管理部门处理。

第五十一条 违反本条例规定,有破坏机场地区内治安秩序、影响民用航空安全、违反消防和道路交通管理规定的违法行为的,由机场地区公安部门依法处理。

第五十二条 机场集团公司执法人员在进行调查、检查时,应当向当事人出示执法身份证件。

机场集团公司在作出行政处罚决定前,应当告知当事人作出行政处罚决定的事实、理由、依据以及当事人依法享有的权利。

机场集团公司实施行政处罚应当出具行政处罚决定书。不出具行政处罚决定书或者执法人员不出示执法身份证件的,当事人有权拒绝接受行政处罚。

罚没款全部上缴国库。

第五十三条 市空港办应当建立健全对机场集团公司遵守、执行本条例和实施行政处罚的监督制度。

机场集团公司执法人员应当经过培训、考核合格并取得执法身份证件。机场集团公司执法人员的培训和考核工作由市空港办组织。

市空港办工作人员和机场集团公司执法人员玩忽职守、滥用职权、徇私舞弊的,由其所在单位或者上级机关给予行政处分;构成犯罪的,依法追究刑事责任。

第五十四条 当事人对机场集团公司的具体行政行为不服的,可以依照国家有关行政复议的法律、法规或者《中华人民共和国行政诉讼法》的规定,向市空港办申请行政复议或者提起行政诉讼。

当事人对市空港办和其他有关行政管理部门的具体行政行为不服的,可以依照国家有关行政复议的法律、法规或者《中华人民共和国行政诉讼法》的规定,申请行政复议或者提起行政诉讼。

当事人对具体行政行为逾期不申请行政复议,不提起行政诉讼,又不履行的,作出具体行政行为的行政管理部门或者机场集团公司可以申请人民法院强制执行。

第九章 附 则

第五十五条 机场地区内的居民生活区依照有关法律、法规进行管理。

第五十六条 本条例自1999年8月1日起施行。

图表索引

图 1-1　全向型枢纽和定向型枢纽示意图　11
图 1-2　虹桥机场的功能分区　12
图 1-3　北京大兴国际机场临空经济区鸟瞰图　14
图 1-4　北京大兴国际机场临空经济区位置　15
图 1-5　北京大兴国际机场临空经济区总体规划　16
图 1-6　北京大兴国际机场临空经济区结构规划　17
图 1-7　北京大兴国际机场临空经济区土地利用规划　19
图 1-8　北京大兴国际机场临空经济区绿地规划　21
图 1-9　北京大兴国际机场临空经济区总平面图　22
图 1-10　北京大兴国际机场临空经济区路网系统规划　24
图 1-11　北京大兴国际机场临空经济区建设时序引导图　25
图 1-12　临空产业链的设施群　26
图 1-13　济宁临空经济区位置图　27
图 1-14　济宁临空经济区产业设施分区图　29
图 1-15　济宁临空经济区功能分区图　30
图 1-16　兖州"空铁新城"之城市结构示意图　31
图 1-17　机场的开发利益循环模型　32
图 1-18　机场集团的三大融资平台　33
图 2-1　某机场集团基于集团战略的业务分层与管控策略　41
表 2-1　股份公司注入项目建议　42
图 2-2　某机场集团的业务体系　43
图 2-3　某机场集团的资产体系　43
图 2-4　某机场集团的管控体系　44
图 2-5　某机场集团专业板块的平台公司体系　45
图 2-6　临空开发平台投融资模式与推进路径　46
图 2-7　支线机场平台投融资模式与推进路径　46
图 2-8　某机场集团多元化融资模式与推进路径的战略框架　47
图 2-9　浦东国际机场一期工程设施布局　49
图 2-10　浦东国际机场一期工程融资结构　49
图 2-11　某机场集团董事会与监事会的组织结构　53
图 2-12　某机场集团经营管理层的组织结构　54
图 2-13　某机场集团党群管理层的组织结构　55
图 2-14　西部机场集团的组织结构　56
表 3-1　2013—2015 年新疆机场主要财务指

图 3-1	对机场设施进行的区分 63
表 3-2	按可拆分性对机场设施的区分 63
表 3-3	按可经营性对机场设施的区分 64
图 3-2	虹桥国际机场的土地与航站楼(1998年) 66
图 3-3	上海国际机场股份有限公司的股东构成与资产结构(2004年) 66
图 3-4	上海国际机场股份有限公司在证券市场的融资 69
图 3-5	上海国际机场股份有限公司的资产增值过程 69
图 3-6	浦东国际机场的"区域化管理"与"专业化支撑" 72
图 3-7	浦东国际机场"以客户为导向的经营管理理念" 72
图 3-8	浦东国际机场的运营指挥平台系统 73
图 4-1	首都机场地产集团有限公司组织架构 80
图 4-2	上海机场集团临空产业投资发展有限公司组织架构图 81
表 4-1	常见的合资合作(PPP)模式 82
图 4-3	公私合资合作(PPP)模式的分类 83
表 4-2	法兰克福航空铁路中心开发概况 85
图 4-4	法兰克福机场的 Airrail 车站 86
图 4-5	扩建后的法兰克福航空铁路中心 86
图 4-6	航站楼前的各种车道边 87
图 4-7	法兰克福机场高铁和地铁车站 88
图 4-8	史基浦机场航站楼前的商务园区 89
图 4-9	航站楼前的单元式的发展模式 89
图 4-10	航站楼前的世贸中心和喜来登酒店 90
图 4-11	史基浦机场的地下铁路车站 90
图 4-12	史基浦机场航站楼前地区的商业街 90
图 4-13	虹桥综合交通枢纽地区规划图 91
表 4-3	虹桥综合交通枢纽核心设施的资金平衡模型 92
图 4-14	虹桥综合交通枢纽融资方案 92
图 4-15	物流产业链空间布局 93
图 4-16	航空物流合资有限公司的组织架构 94
图 4-17	浦东国际机场货运站有限公司融资模式 95
图 4-18	浦东国际机场西区公共货运站有限公司融资模式 96
图 4-19	浦东国际机场西区公共货运站 96
表 4-4	广西临空投资发展有限公司各方出资方式及股比 98
图 4-20	南宁机场大通关基地项目用地区位示意图 99
图 4-21	南宁机场大通关基地项目分层规划理念 100
图 4-22	作为综合保税区的监管设施规划 101
图 4-23	位于浦东国际机场机务区的波音机库 103
图 4-24	厦门高崎机场航空产业园 104
图 4-25	浦东国际机场佳美航空食品配餐有限公司 105
图 4-26	浦东国际机场商务园区开发策划 106
图 4-27	浦东国际机场生活与商务园区开发愿

图4-28	虹桥机场东片区改造规划 109
图4-29	土地供给模式的创新——"双评估补地价" 111
图4-30	临空产业链的交叉点：会展设施 111
图4-31	上海新国际博览中心 113
图4-32	上海新国际博览中心总图 113
图4-33	位于虹桥的国家会展中心（上海） 114
表4-5	浦东国际机场一期工程邮政通信设施的建设 116
图4-34	四级土地市场 117
图4-35	机场发展对周围地区的冲击过程 119
图4-36	虹桥综合交通枢纽在长三角的位置 121
图4-37	虹桥综合交通枢纽的构成 122
图4-38	虹桥综合交通枢纽、虹桥商务区与国家会展中心 123
图4-39	虹桥综合交通枢纽对城市结构的完善 123
图4-40	海口市"双港驱动"示意图 125
图4-41	江东新区总体规划与美兰机场 126
图4-42	江东新区"港产城一体化"发展的内在逻辑 127
图4-43	美兰机场货运物流设施拓展示意图 128
图4-44	美兰机场北货运物流产业园区规划布局 129
图4-45	双枢纽视角下的海口城市空间结构 130

表5-1	上海国际机场股份公司2012年运营成本 135
表5-2	上海机场固定资产折旧相关情况 136
图5-1	基础设施的特征之一 137
图5-2	"无效资产"释义 138
表5-3	某机场扩建工程投资情况 139
图5-3	我们对某机场高程规划的建议 140
图5-4	西安咸阳国际机场规划鸟瞰 140
图5-5	洛杉矶国际机场的单元式航站楼 141
图5-6	航站楼规模与市场需求的关系 142
图5-7	浦东国际机场国际方案征集中的两类方案 142
图5-8	某机场航站楼设计中的预留设施布置 143
图5-9	机场集团将旅客捷运系统的建设和运营管理移交地铁集团 145
图5-10	北京新机场综合交通枢纽与商务区开发策划 146
图5-11	北京新机场商务区分区分期开发策划 147
图5-12	"负资产"概念说明图 148
表5-4	设计管理的内容 149
图5-13	项目成本的三条曲线 150
图5-14	不同角色对项目成本的影响度 150
图5-15	建设公司的组织结构 151
表6-1	上海国际机场股份公司2012年运营收入 155
表6-2	机场的主要经营性支出 156
表6-3	机场的主要经营性收入 157
图6-1	浦东国际机场卫星厅商业服务设

图 6-2	浦东国际机场交通中心的商业服务设施 159
图 6-3	浦东国际机场交通中心屋盖上的经营性资产 160
图 6-4	虹桥机场2号航站楼旁的中航泊悦酒店 161
表 6-4	上海机场集团的广告收益变迁 163
图 6-5	虹桥机场的指廊扩建示意图 164
图 6-6	虹桥机场2号航站楼的"品牌大道" 165
图 6-7	"品牌大道"下层的广告效果 165
图 6-8	虹桥机场2号航站楼屋顶上的旅客俱乐部 166
图 6-9	虹桥机场2号航站楼"21 m层旅客俱乐部" 167
图 6-10	虹桥机场2号航站楼前的土地开发规划 168
图 6-11	北京新机场功能区布局与临空产业园规划建议 169
图 6-12	某机场提供给咨询单位的规划图 170
图 6-13	对某机场功能区与临空产业园规划的调整建议 171
图 6-14	对某机场土地使用规划的建议 172
图 7-1	上海虹桥机场公务机基地 176
表 7-1	国内主要机场上市公司融资情况 179
图 7-2	西北某机场扩建工程融资策划方案的结构 185
图 7-3	揭阳潮汕国际机场的位置 186
图 7-4	揭阳潮汕的"未来城市CBD" 186
图 7-5	揭阳潮汕国际机场综合交通枢纽 187
图 7-6	揭阳潮汕国际机场综合交通枢纽的功能构成 188
图 7-7	综合交通枢纽的项目经营业绩 188
图 7-8	综合交通枢纽的项目现金流 189
图 7-9	机场集团的治理结构 190
图 7-10	某机场集团的公司架构 191
图 8-1	航母舰队 195
图 8-2	三航母舰队 196
图 8-3	厦门翔业集团有限公司架构图 197
表 8-1	2011—2015年某机场集团运营成本构成比重 199
表 8-2	2011—2015年某机场集团收入构成比重 200
图 8-4	机场集团三大平台的融资与治理 202

案例索引

案例 1-1　关于乌鲁木齐机场发展战略的研讨　9
案例 1-2　北京大兴国际机场临空经济区详细规划（北京部分，2020—2035 年）　14
案例 1-3　济宁市"空铁新城"发展规划　27
案例 2-1　某机场集团多元化融资模式及推进路径研究　40
案例 2-2　浦东国际机场一期工程的融资结构　48
案例 2-3　《上海市机场地区管理条例》　50
案例 2-4　某机场集团公司组织结构简介　53
案例 2-5　西部机场集团及其组织结构简介　55
案例 3-1　关于创建乌鲁木齐机场股份公司融资平台的建议　61
案例 3-2　上海国际机场股份有限公司上市　65
案例 3-3　西安咸阳国际机场公司股份制改造简介　67
案例 3-4　萧山国际机场有限公司引入战略投资者　67
案例 3-5　上海国际机场股份有限公司的资本运作　68
案例 3-6　上海国际机场股份公司的治理变革　71
案例 4-1　首都机场地产集团有限公司组织架构简介　80
案例 4-2　上海机场集团临空产业开发事业部简介　80
案例 4-3　法兰克福机场航站楼前再开发　85
案例 4-4　史基浦机场综合交通枢纽与商业园区开发　88
案例 4-5　上海申虹投资发展有限公司融资策划　91
案例 4-6　某机场集团航空物流发展有限公司简介　94
案例 4-7　上海浦东国际机场西区公共货运站有限公司（PACTL WEST）简介　95
案例 4-8　南宁机场大通关基地项目开发实践　97
案例 4-9　上海波音航空维修改装工程公司简介　102
案例 4-10　厦门太古与厦门自贸园区的航空维修产业链　103
案例 4-11　浦东国际机场佳美航空食品配餐有限公司简介　104
案例 4-12　浦东国际机场商务与生活园区开发策划　106

案例索引

案例 4-13	上海虹桥机场东片区的改造与更新	108
案例 4-14	上海新国际博览中心简介	112
案例 4-15	国家会展中心(上海)简介	114
案例 4-16	浦东国际机场一期工程邮政通信设施的融资	115
案例 4-17	虹桥综合交通枢纽"港产城一体化"实践	120
案例 4-18	海口美兰机场"港产城一体化"规划	124
案例 5-1	两个机场的不同土石方工程方案	139
案例 5-2	浦东国际机场2号航站楼设计方案的选择	142
案例 5-3	某机场航站楼设计方案中的设施预留	143
案例 5-4	旅客捷运系统的投资管控和运营成本管控	144
案例 5-5	北京新机场商务区开发策划	146
案例 5-6	某机场集团的建设开发公司简介	151
案例 6-1	浦东国际机场卫星厅的经营性资源最大化	157
案例 6-2	浦东国际机场陆侧交通中心的经营性设施	158
案例 6-3	虹桥国际机场2号航站楼旁的泊悦酒店简介	161
案例 6-4	上海机场广告的合资经营	162
案例 6-5	虹桥机场2号航站楼的"品牌大道"	164
案例 6-6	虹桥机场2号航站楼的"21 m层旅客俱乐部"	166
案例 6-7	虹桥机场2号航站楼前的土地开发预留	168
案例 6-8	北京新机场功能区布局与临空产业园规划的调整建议	169
案例 6-9	某机场功能区布局与临空产业园规划的调整建议	170
案例 7-1	上海霍克太平洋公务航空地面服务有限公司	175
案例 7-2	沪港机场管理(上海)有限公司简介	177
案例 7-3	中国六家机场上市公司的融资记录	178
案例 7-4	茅台机场正式通航,机场建设拿什么吸引社会资本?	180
案例 7-5	西北某机场扩建工程的融资策划	183
案例 7-6	揭阳潮汕国际机场综合交通枢纽项目融资	185
案例 7-7	某机场集团的治理结构	190
案例 8-1	美国海军第七舰队简介	195
案例 8-2	走进了"蓝海"的厦门机场集团"舰队"	197
案例 8-3	虹桥国际机场扩建工程的投资管控	198
案例 8-4	某机场集团的运营成本构成变化	199

参 考 文 献

[1] Samuelson Paul A.. Diagrammatic exposition of a theory of public expenditure[M]. Macmillan Education UK,1995：350-356.
[2] 21世纪上海空港发展战略编委会. 21世纪上海空港发展战略[M]. 上海：上海人民出版社,2001.
[3] [英]达霖·格里姆赛(Darrin Grimsey),等. PPP革命——公共服务中的政府和社会资本合作[M]. 北京：中国人民大学出版社,2016.
[4] 刘武君. 重大基础设施建设项目策划[M]. 上海：上海科学技术出版社,2010.
[5] 刘武君. 重大基础设施建设设计管理[M]. 上海：上海科学技术出版社,2009.
[6] 顾承东,等. 机场融资[M]. 上海：上海科学技术出版社,2014.
[7] 陈建国,等. 虹桥综合交通枢纽开发策划[M]. 上海：上海科学技术出版社,2010.
[8] 赵海波. 航空枢纽发展战略与评价[R]. 上海：上海机场集团有限公司,2013.
[9] 王景霞,代少勇. 以价值为导向的机场战略规划与管控[M]. 北京：中国民航出版社,2015.
[10] 北京城市规划设计研究院. 北京新机场及其周边地区开发机制策划研究[R]. 2013.
[11] 中国民航管理干部学院. 北京新机场综合交通枢纽项目策划[R]. 2014.
[12] 顾承东,刘武君. 机场融资：大型国际机场多元化融资模式研究[M]. 上海：上海科学技术出版社,2009.
[13] 兰德龙与布朗交通技术咨询(上海)有限公司. 乌鲁木齐机场扩建工程融资策划[R]. 2017.
[14] 陈荣富. 公共管理学前沿问题研究[M]. 哈尔滨：黑龙江人民出版社,2002.
[15] 陈毅蓉. 浅析我国民用机场管理制度创新[J]. 经济问题探索,2004(4)：100-102.
[16] 邓淑莲. 中国基础设施的公共政策[M]. 上海：上海财经大学出版社,2003.
[17] 耿莉. 基础设施民营化的公私伙伴关系研究[D]. 大连：东北财经大学,2004.
[18] 顾承东,等. 工程无标底招标及工程价格形成机制的探讨[J]. 价格理论与实践,2005(8)：35-36.

[19] 黄奇帆. 资产经营——理论与实践[M]. 上海：上海科学技术出版社，1997.

[20] 黄嵩. 公用事业民营化的六大模式[J]. 中国招标，2004(5M)：9-12.

[21] 刘春晨. 关于我国民航机场建设投融资管理问题的思考[J]. 民航管理，2003.

[22] 刘武君. 21世纪航空城——浦东国际机场地区综合开发研究[M]. 上海：上海科学技术出版社，1999.

[23] 卢现祥. 西方新制度经济学[M]. 北京：中国发展出版社，1996.

[24] 马洁华. 从香港机场的建设和发展看内地机场特许经营[J]. 民航管理，2004(11)：58-62.

[25] [美]美国城市土地协会. 联合开发——房地产开发与交通的结合[M]. 北京：中国建筑工业出版社，2003.

[26] 刘武君. 机场土地开发研究[M]. 上海：上海科学技术出版社，2014.

[27] [美]萨瓦斯. 民营化与公私部门的伙伴关系[M]. 北京：中国人民大学出版社，2002.

[28] 中国民用航空总局. 《关于外商投资民用航空业有关政策的通知》若干问题的解释[R]. 1994.

[29] 中国民用航空总局. 外商投资民用航空业规定[R]. 2002.

[30] 中国民用航空总局、对外贸易经济合作部. 关于外商投资民用航空业有关政策的通知[R]. 1994.

[31] 清华大学，上海机场(集团)有限公司. 天津空港发展战略研究[R]. 2004.

[32] 宋孝鋆，许巨川，赵刚. 上海磁浮示范线投融资、建设与运营管理模式初探[J]. 2003(8)：40-43.

[33] 宋孝鋆. 上海轨道交通的可持续发展[J]. 城市轨道交通研究，2001，4(4)：47-50.

[34] 谭崇台. 发展经济学[M]. 上海：上海人民出版社，1989.

[35] 陈姗姗. 外资民资潜进 机场改革暗潮涌动[N]. 第一财经日报，2005-04-14.

[36] 王辰. 基础产业融资论[M]. 北京：中国人民大学出版社，1998.

[37] 王新中，高俊. 机场靠什么挣钱[J]. 中国民用航空，2003(7)：37-38.

[38] 汪永成，马敬仁. 香港政府的公共物品供给模式及其对内地城市政府的启示[J]. 城市发展研究，1999(3)：39-45.

[39] 肖云. 城市基础设施投资与管理[M]. 上海：复旦大学出版社，2004.

[40] 许彬. 公共经济学导论[M]. 哈尔滨：黑龙江人民出版社，2003.

[41] 张永莉，张晓全. 民营化：民用机场改革的新趋势. 综合运输，2005(8)：24-26.

[42] 赵海波,宋玲玲.浦东国际机场通信系统的总体规划建设[C]//浦东国际机场建设——论文集.上海:上海科学技术出版社,1999.

[43] 中国民用航空总局.国内投资民用航空业规定(试行)(CCAR-209)[R].2005.

[44] 朱咏,黄苏萍.投资项目的融资渠道分析[J].工业技术经济,2004,23(4):126-129.

[45] The Public Sector Comparator. Canadian Council for Public Private Partnerships [EB/OL]. www.pppcouncil.ca.

[46] European Investment Bank. Public-Private Partnerships for Transport Infrastructure Projects [J]. EIB, 2003.

[47] IVG Immobilien's Investment Magazine. Plan, Investment, Markets, Projects-Special issue airrail[R].2005.

[48] 张极井.项目融资.2版[M].北京:中信出版社,2003.

[49] 刘武君.航空港规划[M].上海:上海科学技术出版社,2013.

[50] 刘武君.航空城规划[M].上海:上海科学技术出版社,2013.

[51] 刘武君.机场"港产城一体化"发展研究[J].交通与港航,2021,(2):2-9+93.

[52] 北京市规划和自然资源委员会.北京大兴国际机场临空经济区(北京部分)控制性详细规划(街区层面)[EB/OL].(2020-12-02)[2021-07-29].http://ghzrzyw.beijing.gov.cn/zhengwuxinxi/ghcg/xxgh/dx/202012/P020201215545307199896.pdf.

后记

自1998年成为上海机场（集团）有限公司高管以来，我一直在思考"中国机场集团的运营管理模式到底应该是什么样的"这样一个很大的问题。其实，这是有关机场集团公司治理的一系列课题。例如，机场应该是个怎么样的定位？集团公司应该管什么、不应该管什么？股份公司、机场运营公司管什么？它们又应该怎么定位？机场集团应该建立一些什么样的分公司、子公司和合资公司？这些分公司、子公司又该做什么？哪些公司是功能保障型的公司？哪些是市场竞争型的公司？这些公司各自都应该是一个什么样的组织结构？……在过去的20年中，我参与了上海机场（集团）有限公司针对这些课题所做的大量探索性工作，有许多经验教训可以提供给大家参考。这就是我写此书的起因之一。

在过去的20多年中，我不仅为我直接任职过的虹桥国际机场扩建工程、浦东国际机场新建和扩建工程、虹桥综合交通枢纽工程、上海轨道交通3号线和7号线工程，以及上海磁浮交通发展有限公司、上海迈创科技有限公司、上海迈祥工程咨询公司等工程和公司做了完整的融资策划工作，同时还为深圳轨道交通3号线工程、北京新机场综合交通枢纽工程、珠海横琴口岸与综合交通枢纽工程、港珠澳大桥珠海口岸岛工程、海口市新港海铁枢纽工程、揭阳潮汕国际机场综合交通枢纽工程等做了包括融资策划的项目策划工作。2016年为西安国际机场扩建工程和乌鲁木齐国际机场扩建工程做了项目策划和融资策划工作。这

些工作使我对我国机场集团的融资模式和公司治理有了许多新的认识,对于多元化融资的重要性有了更深刻的理解。把我的这些认识介绍给大家,并接受各位专家学者的批评指正,引起大家对这一研究领域的兴趣并展开探讨。这是我写此书的起因之二。

当前,正值国家大力提倡公私合作。相信以公私合作为代表的投资多元化浪潮,将会给中国机场集团的发展带来新的巨大的空间。总结过去20多年我国机场集团在融资模式和公司治理方面的探索,并在理论上对机场的定义、定位,及其经济、社会职能进行一次再认识、再讨论,对我们迎接即将到来的我国机场高速发展的新时代一定是非常有意义的。这是我写此书的起因之三。

但是,"理想很丰满,现实很骨感"。当本书初成之时,我才发现书稿远没有达到初衷,书中的许多观点都很不成熟、许多地方值得商榷。总体来说,我们对中国机场集团的融资模式与公司治理还基本上处于盲人摸象的阶段,但书已至此、覆水难收。因此,我们真诚地恭请各位读者多多斧正,并希望各位专家、学者早出论文、专著,以覆盖这本书中的拙述糙文。

最后,还是要感谢在本书成书过程中给予了多方帮助和指导的上海机场集团的顾承东博士、曹莼女士、谭晓洪先生,同济大学的陈建国教授、乐云教授、唐可为教授,中国民航干部管理学院的王云访教授、李桂进教授、张迎军教授、林霞博士,新疆机场集团的李宏斌董事长、姚新民先生、廖正军先生,厦门翔业集团的钱进群总经理、汪晓林副总经理,西部机场集团的邹展业董事长、陈波董事长、程峰总裁助理,首都机场地产集团的李洪董事长,以及重庆机场集团、浙江机场集团、贵州机场集团的各位,上海科学技术出版社的各位编辑,等等。没有各位的鼎力支持,本书的面世是不可能的。

谢谢各位!

2021年8月于世博花园